高职高专物业管理专业系列教材

物业管理导论

全国房地产行业培训中心组织编写
刘喜英　主　编
宋颖怡　副主编
张弘武　主　审

中国建筑工业出版社

图书在版编目(CIP)数据

物业管理导论/全国房地产行业培训中心组织编写，刘喜英主编.—北京：中国建筑工业出版社，2004
(高职高专物业管理专业系列教材)
ISBN 978-7-112-06617-9

Ⅰ.物… Ⅱ.全… Ⅲ.物业管理—高等学校：技术学校—教材 Ⅳ.F293.33

中国版本图书馆CIP数据核字(2004)第055646号

本书共分十四章，系统介绍了物业管理基础知识，业主自治组织，物业管理企业，物业管理人才的培养与管理，物业管理的前期工作，物业管理的进驻阶段，日常运作，物业租赁经营，档案管理，财务管理，安全工作，投诉与处理，物业管理与保险，各种类型物业的管理与服务。全书内容翔实，可供高等职业教育物业管理专业师生使用。

* * *

责任编辑：张　晶
责任设计：孙　梅
责任校对：张　虹

高职高专物业管理专业系列教材
物业管理导论
全国房地产行业培训中心组织编写
刘喜英　主　编
宋颖怡　副主编
张弘武　主　审

*

中国建筑工业出版社出版、发行(北京西郊百万庄)
各地新华书店、建筑书店经销
北京市书林印刷有限公司印刷

*

开本：787×1092毫米　1/16　印张：$12^{1}/_{4}$　字数：294千字
2004年8月第一版　2012年11月第十次印刷
定价：**20.00**元
ISBN 978-7-112-06617-9
(20870)

本社网址：http：//www.cabp.com.cn
网上书店：http：//www.china-building.com.cn

《高职高专物业管理专业系列教材》编委会名单

前　言

物业管理在我国属于新兴行业，一出现就充满生机和活力，并显示出强大的生命力，人们用“三分建，七分管”，来形容这一行业的重要性。

物业管理人才的培养有多种途径，可以由建设部指定的培训机构和各地建设行政主管部门对物业管理企业经理岗位、部门经理岗位和管理员岗位进行培训，也可以由各高等院校开设相关专业进行学历教育。因此，大量内容合理、针对性强、专业水平较高的物业管理教材相继出版发行，对全面提高物业管理从业人员的理论水平和专业技术知识会起到重要作用。

本书的出版，对于物业管理专业的在校学生和准备从事物业管理工作的人员，可以提供具体的操作方法、运作程序和处理具体问题的技巧；对于长期从事物业管理工作的人员，可以借鉴书中的内容改进工作。本书围绕物业管理的实际工作展开论述，每章的理论论述之后，附以相应的复习思考题，使读者能够在熟悉基本原理之后运用所学的知识去解决实际工作中遇到的问题。

本书由天津市房管局职工大学刘喜英主编。天津市天孚物业管理有限公司宋颖怡常务副经理为副主编，天津市物业管理招投标服务中心孙英、杨旭和陈世卓同志为本书资料的搜集、录入作了大量工作，在此一并表示感谢。

物业管理在我国是一个新兴行业，在理论体系的建立上、在相关理念的确立上、在政策法规的制定上以及在具体工作的实践中，存在着相当多的问题，有待于进一步的探讨，加之我们的水平有限，书中难免有不妥之处，敬请广大师生和读者批评指正。

目　录

第一章 物业管理基础知识概述

物业管理是指业主通过选聘物业管理企业，由业主和物业管理企业按照物业服务合同约定，对房屋及配套的设施设备和相关场地进行维修、养护、管理，维护相关区域内的环境卫生和秩序的活动。

物业管理推行的是业主自治与专业服务相结合的社会化、市场化管理体制，物业管理和服务的对象是物业及物业的业主和使用人。物业管理是集管理、经营、服务为一体的有偿劳动，实行社会化、专业化、企业化的经营管理模式，最终实现社会效益、环境效益和经济效益相统一的管理目标。

本章从阐述物业及物业管理的基本概念着手，着重论述物业管理的概念、内容及作用，目的是使读者对物业管理有一个总体认识。

第一节 物业及物业管理的概念

房地产是现代社会的重要经济资源，是社会财富的重要组成部分，随着房地产业的发展而带来的对物业管理业务的需求已经摆在开发商和业主面前，对这一部分经济资源进行有效的管理和经营是一个不容回避的现实问题。国际上通行的物业管理已经运行了一个多世纪，而中国的物业管理服务是在改革开放、实行社会主义市场经济以后才出现的。物业管理在中国是蓬勃发展的一个新兴行业，是正在发展完善的新生事物。结合目前许多物业管理企业的成功经验，对物业管理的理论进行探讨和挖掘，对于形成科学合理的、有中国特色的物业管理理论和方法，是一件十分有意义的工作。

一、物业的概念

(一)"物业"一词的起源

20 世纪 50 年代初，香港快速发展的楼宇物业使开发商开始从提高楼宇管理质量方面下功夫，他们从英国聘请专业化的房屋管理经理，逐步摸索出一套切合实际的、与房地产开发相对独立的管理方法，形成物业管理行业。中国实行改革开放以后，"物业"一词首先由香港引入到深圳等沿海地区，又从沿海地区传播到内地。物业是指以土地和土地上的建筑物形式存在的不动产，但是由于对物业管理行业性质认识上的偏差，以及受我国传统的房地产管理体制的制约，没有把物业管理作为一个独立的行业来看待，认为物业附属于房地产，无法单独从房地产业中剥离出来。因此，我国的物业管理理论探讨落后于物业管理的实践。总结物业管理企业在物业管理方面的成功经验，对这些经验和做法从理论层面上进行系统化、规范化、科学化的总结和完善，给予物业管理以相应的地位，是本书编写的任务之一。

(二) 物业的概念

"物业"一词是由英语词汇"property"引译而来的，其含义为："财产"、"资产"、"拥有物"、"房地产"等，是一个较为广义的范畴。而现实中我们所称的"物业"是物业的一种狭义范畴，即指各类有价值（经济价值和使用价值）的土地、房屋及其附属市政、公用设施、毗邻场地等，物业可以是未开发的土地，也可以是整个住宅小区或单体建筑，包括高层与多层住宅楼、综合办公楼、商业大厦、旅游宾馆、工业厂房、仓库等等。物业的概念可大可小，一座大厦可以称作物业，一个住宅小区也可以称为物业。对物业所包括内容的理解不同，会带来对物业的狭义、广义的理解，或称为微观物业和宏观物业。根据目前许多物业管理企业所开展的业务范围，物业的概念在逐步扩大，例如：学校、医院、园林等也属于物业的范畴。

对物业一词无论怎样理解，它应该包括的内容有：

（1）已建成并具有使用功能的各类供居住和非居住的房屋；

（2）与上述房屋相配套的设备和市政、公用设施；

（3）房屋的建筑实体和与之相连的场地、庭院、停车场、区域内的非主干交通道路；

（4）一切与房地产有关的、可被人们使用的建筑物、构筑物以及相关场所；

（5）与物业有关的文化背景、外在景观、配套服务和与物业有关的各种权利。

在进行“物业”概念的辨析时，同时要分清物业与房地产、物业与不动产等概念的区别和联系。

（1）在所谓领域上的区别

房地产一般是广义上的对房屋开发、建设、销售等方面的统称，是对房屋建筑物进行描述时最常用的概念；不动产一般在界定法律财产关系时使用，其着眼点是该项财产实物形态的不可移动性；物业一般在描述房地产项目时使用，是针对具体房屋建筑物及其附着物的使用、管理、服务而言的概念。

（2）适用范围的区别

房地产一般在经济学范畴使用，用以研究房屋及其连带的土地的生产、流通、消费和随之产生的分配关系；不动产一般在法律范畴使用，用以研究该类型财产的权益特性和连带的经济法律关系；物业一般在房屋消费领域使用，而且特指在房地产交易、售后服务这一阶段的针对使用功能而言的房地产，一般是指具体的房地产。

从物业与房地产、物业与不动产等概念的联系来看，房地产是指房屋、房基地以及附属土地，其中包括以土地和房屋作为物质形态的财产和由此形成的所有权、使用权、租赁权和抵押权等财产权益。不动产是指土地以及附着在土地上的人工构筑物和房屋等位置固定、不可移动的财产。物业是指以土地和土地上的建筑物、构筑物形式存在的不动产。

经过以上的研究，我们可以对物业下这样一个定义：物业是指房屋和与其相配套的共用设施、设备和场地。

（三）对物业概念的拓展性思考

物业有大小之分，小的物业可以特指某一个楼房甚至其中的一个单元，而大的物业可以是对一切在使用中的房屋建筑物、构筑物、设施或相关场地的涵盖。站在宏观角度对“物业”这一概念给予创新和拓展，可以对物业管理业务范围作新的界定：物业首先是人与人关系的界定，是对房屋（住宅、写字楼、商铺、宾馆等）及其他经营场所中所发生的委托方与被委托方，即买方和卖方关系的一种界定，是一种特殊商品使用功能的人格化、精神化、情感化和法制化的延续，站在这一角度，整个国家、整个城市就是一个大物业。这一概念，使物化的静态物变为人格化的动态物，给无生命的房地产注入经济关系并使之人性化、情感化。这种对物业的超常规理解，使物业这一依附于房地产的概念扩展到社会财富，涵盖了能够为人们提供满足使用功能的所有物业，这一概念的创新，使物业管理行业的业务范围从传统的对已售楼盘的管理扩展到所有的社会资产，为物业管理行业发展提供了无限的业务空间。

二、物业管理

（一）物业管理的概念

国务院第379号令颁布施行的《物业管理条例》第二条规定："本条例所称物业管理，是指业主通过选聘物业管理企业，由业主和物业管理企业按照物业服务合同约定，对房屋及配套的设施设备和相关场地进行维修、养护、管理，维护相关区域内的环境卫生和秩序的活动。"根据《物业管理条例》对物业管理的界定，我们对物业管理的概念可以进一步理解为：物业管理是指物业管理企业的经营人接受物业所有人的委托，依照国家有关法律规范，按照物业服务合同或契约行使管理权，运用现代管理科学和先进维修养护技术，以经济手段对物业实施多功能全方位的统一管理，并为物业所有人和使用人提供高效、周到的服务，使物业发挥最大的使用价值和经济价值。

"物业管理经营人"是指从事物业管理的企业或组织。"物业所有人"是指房屋所有权人，即业主；物业管理的管理对象是物业；物业管理的服务对象是人，即物业的所有权人和使用人。物业管理是集管理、经营、服务于一体的有偿劳动，实行的是社会化、专业化、企业化、经营型的管理。

传统意义上的物业管理所管理的对象往往局限在建筑实体的管理，也就是说所管理的是建筑的结构主体和配套设施、设备、场地的物业实体，忽视了建筑的文化含量和精神价值以及建筑与人息息相关的心理联系。现代物业管理应包括新的内涵，在更开阔的层面上不再局限于对建筑实体的管理而要关注空间与人，文化与价值等附着于建筑物之上的精神内涵。

（二）关于物业与物业管理概念的思考

物业与物业管理既有相关联的一面，同时又在许多方面存在不同。

1. 联系

(1) 物业管理是对现有物业进行管理。如果没有物业，物业管理就失去了实施对象，物业管理也就无从谈起；

(2) 物业管理可以延长物业的使用寿命，使物业保值、增值。物业借助于管理使其保持良好的使用功能；

(3) 对于开发商，良好的物业管理是房屋销售的最有利的促销因素，是对房屋销售的有力支持。因此，许多开发商将物业管理看作是销售的后续环节。

2. 区别

(1) 本质不同。物业具有实体性，是指各类有价值的土地、房屋及其附属市政、公用设施、毗邻场地等，可以比喻为硬件，是有形资产，而物业管理是指一类行业，属于第三产业中社会服务行业的一种。为物业的所有业主、租户和居民提供服务，其工作范围相当广泛，工作性质多元化，可以比喻为软件，所提供的是无形的服务。

(2) 服务对象不同。物业既可以为生活服务，也可以为生产服务。既可以充当生产资料，又可以充当消费资料；当物业是住宅时，就是消费资料，是厂房商店时就是生产资料。有的物业可以是生产资料，也可以是消费资料。如某一整体物业，一部分用于住人，一部分用于生产经营，有的物业今天是生产资料，随着经营方式和经营范围的变化，明天又可能是消费资料。

而物业管理的服务对象就是人，即物业的所有人和使用人。物业管理是针对物业所有人或使用人在使用物业的过程中所产生的种种需求而派生出的管理与服务。

(3) 效用性不同。物业的效用性，是指物业对人类社会的使用价值，即人们因占有、使用物业而得到某些需求的满足。物业管理是对现有物业进行管理，以期正常发挥物业的功能，保持正常的生活和工作秩序。

(4) 价值实现方式不同。物业价值是由物业的效用、物业的相对稀缺性和物业的有效需求三者共同决定的。物业价值＝物业自身价值＋物业管理价值。

物业管理价值是物业管理企业通过完善的管理和优良的服务，不断地完善和增加物业的使用功能，使物业效用最大限度地发挥，从而增加的那部分物业价值。相对来说，物业管理为物业所提供的增值空间取决于管理的理念和管理水平，具有人为因素，而物业的价值是在其建造过程中所发生的工程建设费用，主要受物业形成时工程成本的影响。

第二节　物业管理的主要内容

物业管理属于第三产业，是一种服务性行业，其内容主要包括经营、管理和服务三个方面。物业管理的性质主要是“服务性”的，融经营、管理于服务之中，其经营方针是“保本微利、服务社会”，不以牟取高额利润为目的。物业管理的风险较小，自然其利润也低，但由于其面对的业主层面较多，各种需求在日常生活中不断产生，从而需要物业管理企业提供新的服务内容和相应服务方式。所以一个经营管理良好的物业管理企业，其生存和拓展的空间是很大的。

物业经营、管理和服务的内容很多，这里主要分析物业管理企业的基本服务内容、特色经营业务管理和物业经营创新管理。

一、物业管理的基本服务

物业管理的基本服务主要包括：

房屋建筑管理：这是物业的基础管理，包括各种用途房屋的日常维护保养、定期检查维修和房屋大修中修等，使房屋建筑处于良好使用状态。

配套设施设备管理：这里主要指对房屋的供水、供电、空调、通讯、燃料等设施进行保养、维修等工作。

物业管理区域内的交通管理：包括车辆的行驶和停放，同时也包括电梯日常管理和维修。

消防管理：主要指消防制度的建立和执行，消防设施的配置及消防队伍的管理。

安全管理：包括物业管理区域内的安全、保卫、警戒以及对排除各种干扰的管理。

绿化管理：包括物业管理区域内的绿化建设、保养以及保持良好的生态环境。

清洁管理：包括各种垃圾、废物、污水、雨水的处理，使生活、工作环境保持清洁卫生。

二、物业的经营管理

物业的经营管理体现在物业管理企业的多种经营服务和特色业务中。物业管理企业开展的多种经营业务，一方面是增加物业管理企业的创收渠道；另一方面也是扩大服务范围和提升服务质量的举措。它主要包括物业投资咨询、物业中介、物业租售代理、住房置换、设备安装等内容。

物业管理企业的特色业务包括三个方面：

(一) 特约服务

特约服务是为满足物业产权人、使用人的个别需求，受其委托而提供的服务，也包括在物业管理服务合同中未要求，而业主、使用人又提出该方面需求的服务。在日常管理服务中，物业管理企业应在可能的情况下尽量满足其需求，提供特约服务。

特约服务的内容包括房屋代管、房屋租赁经营、室内清洁、家电维修、居室装修、代聘保姆、接送小孩等服务项目。

(二) 专项服务

专项服务是物业管理企业为改善和提高业主、使用人的工作、生活条件，面向广大住用人，为满足其一定需要而提供的各项服务工作。其特点是物业管理企业事先设立服务项目，并将服务内容与质量、收费标准公布，由业主、使用人根据自己的需要而选择。

专项服务的内容包括：商业网点的建设、文体、娱乐设施的提供、教育卫生条件的改善，交通网点的完善等服务项目。

以上所述管理内容，我们将在本书的第七章详细分析。

(三) 会所服务

会所是物业项目的配套设施，是提供休闲、娱乐、健身和联谊的场所。会所配套服务一方面可以为业主提供更多的服务内容，另一方面也是开发商销售房屋的卖点。

1. 会所服务的内容

(1) 购物场所：包括小型商场、便利店、快餐店等场所提供的服务。

(2) 文化娱乐：包括图书阅读、影视观赏、系列插花、系列茶艺等活动的开展，是以提高文化品位和引导消费为主的活动。

(3) 休闲联谊：开设咖啡厅、酒吧等，为业主提供商务会谈、朋友聚会的场所，也可以利用节假日为业主家庭聚会提供服务。

(4) 体育健身：推行系列健身活动，开设棋牌室、游泳池、健身房、美容厅等，并定期组织健康咨询活动。

2. 会所的经营方式

目前会所的经营有三种方式：自营、委托经营和联合经营。

(1) 自营

开发商将会所委托给物业管理企业经营，通过协议确定经营收入的分成。这种经营方式需要物业管理企业培养会所专业经营人员，开拓服务项目，善于从经营中要效益。同时还需要企业有先期的投入，例如会所装修、设备购置、运营费用等。

(2) 委托经营

在开发商和物业管理企业缺乏会所经营经验时，可以通过委托经营的方式寻求一家专业的经营机构，将会所的经营委托给专业运营商。再通过协议的方式确定开发商、物业公司和会所运营商三方的利润分成。

(3) 联合经营

开发商可以将一部分运营成本较高、专业性较强的项目委托给专业运营机构，可以将另一部分经营比较简单、以服务为主、经营为辅的项目委托给物业管理企业经营，以满足业主的服务需求。

三、物业经营创新管理

物业企业扩展业务经营的渠道很多，如人才、资本、营销、技术、文化等。但任何企业在扩展业务的同时，都有一个不可忽视的问题，那就是通过创新使企业的经营规模得以扩大。企业的发展不是靠继承，而是靠创新。物业经营创新管理的方式有以下几种：

（一）观念创新

思路决定出路，观念就是财富。观念创新是指形成能够比以前更好地适应环境变化，并更有效地利用资源的新概念或新构想的活动。观念创新主要表现为：

1. 树立以人为本的观念

这是一种新型的管理观念，它强调企业管理的核心在于如何发掘人的潜力，发挥人的价值，同时也提出了所有的管理都应该围绕着“人”来做文章。物业管理的许多服务方式、服务内容都可以因业主、使用人的需求而改变。

2. 树立以市场为导向的观念

市场惟一的法则就在于它永远在变。因此，要研究市场，读懂市场，用开放、超前的眼光把握市场规律，在满足需求和创造需求的原动力驱动下，科学选择目标市场。具体体现在：物业管理市场开拓、引导业主和使用人的需求；物业管理和服务的创新、赢得潜在的房屋租赁顾客；企业包装创新等等。

3. 树立竞争的观念

竞争是市场经济的一个主要现象。竞争能促使社会资源的合理配置和科学利用。因此应积极参与物业管理市场的竞争，在竞争中锻炼物业管理企业的自身能力，形成竞争优势。

竞争观念的确定和创新，是竞争获胜的前提条件。具体体现在：树立物业管理企业全方位的竞争观念，采取管理和服务多手段并存的竞争观念，以快速占领业主消费市场的竞争观念。

（二）组织创新

组织创新就是将一种有效的交易机制引入组织内部，不断变革组织的主体、组织条件和组织环境等诸多因素。通过增强组织的素质和能力，不断提高组织效益，使其处于一个健康状态的过程。

从创新过程看，组织创新涉及三个层次的问题，即三个序列的创新活动。

第一序列的创新，主要解决目前存在的问题。例如，对于有些发展缓慢的小型物业管理企业，其目前存在的主要问题是管理规模小、经营收益差、资质等级低。而对于一些急剧扩张的大型物业管理企业，其管理规模大、资质等级高，而管理服务跟不上。

第二序列的创新，探索根治问题的解决办法。如前所述，对于有些发展缓慢的小型物业管理企业，在提高物业管理服务质量的同时，积极拓展市场，接管新项目，扩大管理规模，促使企业资质等级的提升。对于一些急剧扩张的大型物业管理企业则应该在夯实管理基础、在提高服务质量方面下功夫，从提升企业品牌、从管理服务中要效益。

第三序列的创新，通过增强组织的素质和能力，使组织处于一种健康的状态。物业管理企业需要有一个科学合理的组织机构，需要有一支高水平的专业管理队伍，才能在管理服务中取得良好的效益。

（三）管理创新

管理创新包括管理制度创新和管理方法创新两类。

管理制度包括物业管理企业内部制度和公众制度两方面，关于制度等方面的内容我们将在第三章详细介绍，这里只是从创新的角度来分析。

制度的创新，包括两个方面：一方面制度要不断创新，避免僵化；随着物业管理项目类型的增加，服务项目创新，需要有新的、相应的管理制度、操作流程和服务标准；另一方面，创新要靠制度来巩固和保持，新制度的出现，是要经过实践的检验而逐步完善的，制度创新的过程是一个持续化完善过程，要反复修正才能逐步符合管理的需要。

管理方法直接涉及企业资源的有效整合。管理方法的创新可以从以下几个方面分析：

(1) 管理风格、服务方式的创新；

(2) 人力资源管理方法的创新；

(3) 对管理、服务、经营等方面管理方法的创新；

(4) 现代化的管理手段的应用；

(5) 企业服务组合的创新。

(四) 技术创新

1. 技术包括三个组成部分

(1) 技术实现的手段，即用于完成特定任务和目标的设备或机器的物理结构和逻辑安排；

(2) 关于技术的信息，即如何使用上述设备来完成特定任务的知识；

(3) 对技术的诠释，即以某种特有的方式使用技术的理由。西方管理学家一般将技术概括为硬件、软件和智能三个部分。

2. 技术创新具有三个鲜明的特征

(1) 以市场实现程度和获得商业利益作为检验成功与否的最终标准；

(2) 强调从新技术的研究开发到首次商业化应用，是一个系统工程；

(3) 强调企业是创新的主体。

物业管理企业技术创新的基本思路：以市场为导向，以企业为主体，以服务为龙头，以新技术开发应用为手段，以提高企业经济效益，增强市场竞争力和培育新的经济增长点为目标，重视市场机会与技术机会的结合，通过新技术的开发应用，带动物业管理企业或整个行业生产要素的优化配置。

从上述分析可知，物业管理企业技术创新应以服务创新和营销创新作为两个相关联的重点。

四、物业管理的地位与作用

(一) 促进房地产市场的发展

物业管理是深化房地产经济体制改革，实行房屋商品化的客观需要，具有繁荣和完善房地产市场的作用。

我国房地产经济体制改革的方向是市场化、商品化和住房私有化。随着房屋商品化的逐步实施，各类住房分幢、分套出售，大厦分层分单元出售后形成了一个住宅区域内的多元化产权的毗邻关系。它不仅使原有的以公有房所有制为主的房屋格局被大量共有、共用而又相互毗邻的房屋格局所取代，而且也使传统的按产权、按部门分散管理的办法以及用计划包干的维修管理办法不能适应新形势的发展需要，由此形成了产权多元化和管理社会化的新格局。这种新格局要求有与之相适应的房屋管理新模式来代替传统的、非市场取向的管理模式。所以物业管理是房地产经济体制改革和住房制度改革不可缺少的因素，并且具有深化、促进和完善房地产经济体制改革的意义和作用。就整个房地产市场来说，物业管理无疑拓宽了房地产市场范围，促进了房地产市场向健康有序的方向发展。

（二）有利于提高房地产投资效益

在房地产市场中，就一个房地产项目而言，存在着开发、经营、管理三个环节。按程序来说，物业管理是房地产开发、经营的落脚点。房地产要提高投资效益，要向效益增长型转变，就必须加强物业管理，使房地产开发、经营、管理三个环节全面协调地发展。

加强物业管理，不仅能使物业保值，而且还可使物业增值。一方面，良好的物业管理可以使物业处于完好状态并使之正常运行，可以延长物业的使用寿命，还可以通过公共服务、专项服务和特约服务，改善和提高物业的使用功能，提高物业的档次和功能，进而推动物业的升值；另一方面，优质的物业管理，还能受到房地产开发商、交易商的青睐，从而推动物业价格上升。

因此，物业管理是房地产开发经营活动的重要保证。只有运用现代化的管理手段，提供优质、周到、完善的物业管理服务，才能保证房地产价值和使用价值的最终实现，进而提高房地产的投资效益。

（三）提升城市形象，完善城市功能

居民工作、生活环境的改善和居住水平的提高是城市生活水平和消费水平提高的基本前提。现代化城市需要高质量的管理服务，管理运作良好的大厦设施设备，有助于工作效率的提高；称心如意的居住环境，有助于人际关系的调和，物业管理正是顺应了这一要求而产生和发展起来的。

物业管理的目的是为业主创造一个整洁、舒适、安全、优雅的工作和生活环境，并且其基准还应随着社会的不断进步而逐步拓展和提升。高质量的物业管理不仅是单纯的技术性保养和事务性管理，而且还要在此基础上为业主创造一个从物质到精神的工作和生活环境。因此，高质量的物业管理既可以改变城市风貌，改善居住和工作环境，又能提高人们的精神文明素质和现代化城市意识，为提升城市形象，完善城市功能起到积极的推动作用。

（四）有助于提高房地产综合开发企业的信誉

随着房地产业的进一步发展，很多具有一定规模和实力的房地产综合开发企业已意识到物业管理的重要性，越来越关注物业管理，并把物业管理作为企业的重要战略决策。因为优质的物业管理，可以提升开发企业所开发物业的价值，解决业主和使用人的后顾之忧，也可树立开发企业在公众中的良好形象，促进销售工作的顺利开展。因此，优质的物业管理是房地产综合开发企业最形象、也是最实惠的广告，具有提高开发企业信誉的作用。

复习思考题

1. 如何理解物业的概念？物业与房地产、物业与不动产概念的区别与联系是什么？
2.《物业管理条例》对物业管理的界定是什么？
3. 物业管理的主要内容包括哪些？
4. 物业管理的地位与作用有哪些？

第二章　业主自治组织

第一节　业主与业主大会

一、业主

按照《物业管理条例》规定，房屋的所有权人为业主。一般是指拥有物业所有权的房地产开发企业和购房人及与购房人长期共同居住的自然人。

业主是物业管理区域内房屋和相关设施设备的所有权人，是物业的主人，是物业管理权的主体。业主有权直接参与物业管理区域内的物业管理活动，即业主的自治自律管理。

（一）业主的权利

业主在物业管理活动中，享有下列权利：

(1) 按照物业服务合同的约定，接受物业管理企业提供的服务；

(2) 提议召开业主大会会议，并就物业管理的有关事项提出建议；

(3) 提出制定和修改业主公约、业主大会议事规则的建议；

(4) 参加业主大会会议，行使投票权；

(5) 选举业主委员会委员，并享有被选举权；

(6) 监督业主委员会的工作；

(7) 监督物业管理企业履行物业服务合同；

(8) 对物业共用部位、共用设施设备和相关场地使用情况享有知情权和监督权；

(9) 监督物业共用部位、共用设施设备专项维修资金（以下简称专项维修资金）的管理和使用；

(10) 法律、法规规定的其他权利。

（二）业主的义务

业主在物业管理活动中，履行下列义务：

(1) 遵守业主公约、业主大会议事规则；

(2) 遵守物业管理区域内物业共用部位和共用设施设备的使用、公共秩序和环境卫生的维护等方面的规章制度；

(3) 执行业主大会的决定和业主大会授权业主委员会作出的决定；

(4) 按照国家有关规定交纳专项维修资金；

(5) 按时交纳物业服务费用；

(6) 法律、法规规定的其他义务。

二、业主大会

业主大会是代表和维护物业管理区域内全体业主在物业管理活动中的合法权益的自治自律组织。

（一）业主大会的组成

物业管理区域内全体业主组成业主大会。业主大会应当代表和维护物业管理区域内全体业主在物业管理活动中的合法权益。

一个物业管理区域成立一个业主大会。物业管理区域的划分应当考虑物业的共用设施设备、建筑物规模、社区建设等因素。同一个物业管理区域内的业主，应当在物业所在地的区、县人民政府房地产行政主管部门的指导下成立业主大会，并选举产生业主委员会。但是，只有一个业主的，或者业主人数较少且经全体业主一致同意，决定不成立业主大会的，由业主共同履行业主大会、业主委员会职责。

（二）业主大会的职责

业主大会应履行下列职责：

（1）制定、修改业主公约和业主大会议事规则；

（2）选举、更换业主委员会委员，监督业主委员会的工作；

（3）选聘、解聘物业管理企业；

（4）决定专项维修资金使用、续筹方案，并监督实施；

（5）制定、修改物业管理区域内物业共用部位和共用设施设备的使用、公共秩序和环境卫生的维护等方面的规章制度；

（6）法律、法规或者业主大会议事规则规定的其他有关物业管理的职责。

（三）召开业主大会

1. 业主大会的筹备

业主筹备成立业主大会的，应当在物业所在地的区、县人民政府房地产行政主管部门和街道办事处（乡镇人民政府）的指导下，由业主代表、建设单位（包括公有住房出售单位）组成业主大会筹备组（以下简称筹备组），负责业主大会筹备工作。筹备组成员名单确定后，以书面形式在物业管理区域内公告。

筹备组应当做好下列筹备工作：

（1）确定首次业主大会会议召开的时间、地点、形式和内容；

（2）参照政府主管部门制订的示范文本，拟定“业主大会议事规则”（草案）和“业主公约”（草案）；

（3）确认业主身份，确定业主在首次业主大会会议上的投票权数；

（4）确定业主委员会委员候选人产生办法及名单；

（5）做好召开首次业主大会会议的其他准备工作。

上述内容应当在首次业主大会会议召开15日前以书面形式在物业管理区域内公告。筹备组应当自组成之日起30日内在物业所在地的区、县人民政府房地产行政主管部门的指导下，组织业主召开首次业主大会会议，并选举产生业主委员会。

2. 业主投票权的确定

业主在首次业主大会会议上的投票权，根据业主拥有物业的建筑面积、住宅套数等因素确定。

业主大会会议可以采用集体讨论的形式，也可以采用书面征求意见的形式，但应当有物业管理区域内持有1/2以上投票权的业主参加。

业主大会作出决定，必须经与会业主所持投票权1/2以上通过。业主大会作出制定和修改业主公约、业主大会议事规则，选聘和解聘物业管理企业，专项维修资金使用和续筹方案的决定，必须经物业管理区域内全体业主所持投票权2/3以上通过。

业主大会的决定对物业管理区域内的全体业主具有约束力。

3. 定期会议与临时会议

业主大会会议分为定期会议和临时会议。业主大会定期会议应当按照法律、法规和政策规定以及业主大会议事规则的规定召开。一般每年至少召开一次。因此，定期会议也称为年度会议。业主委员会成立以后，由业主委员会负责召集此后的业主大会，并每年至少召开一次。

有下列情况之一的，业主委员会应当及时组织召开业主大会临时会议：

(1) 经20%以上的业主提议；

(2) 发生重大事故或者紧急事件需要及时处理的；

(3) 业主大会议事规则或者业主公约规定的其他情况。

发生应当召开业主大会临时会议的情况，业主委员会不履行组织召开会议职责的，区、县人民政府房地产行政主管部门应当责令业主委员会限期召开。

(四) 首次业主大会召开的条件

为了使首次业主大会召开能圆满成功，在召开之前必须做到符合以下条件：

(1) 物业必须已竣工并交付使用

即物业经过综合验收合格，可以交付给业主使用。在未交付之前，物业可能因期房的销售而具有所有者，但业主不能在入住前召开业主大会。

(2) 物业交付使用后，住宅小区(大厦)已入住的业主合计拥有物业的建筑面积已达到总建筑面积的50%，或超过50%以上者，业主方可按照有关规定召开业主大会。

(3) 召开首次业主大会前，物业管理企业应根据"业主公约"或开发商委托来积极组织筹备工作。

(4) 由物业管理企业将有关召开首次业主大会的相关材料报送物业所在地的物业管理行政主管部门审核、备案，送审材料如下：

1) 成立业主委员会的申请书；

2) 业主委员会章程；

3) 办公场所的证明文件。

如一切文件和程序皆符合有关法规和条例的规定，物业管理行政主管部门在接到书面申请之日起15日之内，应给予批复。

(五) 召开业主大会的程序

1. 开会程序

(1) 由物业管理企业提前7天将会议的时间、地点、内容、方式及有关事项预先公告。

(2) 大会正式召开前，报告审核代表资格情况。

业主因故不能参加业主大会，可以由书面委托代理人出席业主大会，由代理人代表业主行使投票权。如果业主不满18岁，理应由法定代表人参加。

入住业主已达到物业的50%以上，且有过半数的具有投票权的业主到会，业主大会才能生效。如一些业主因未收到通知，或无时间参加大会，或对大会不感兴趣，造成到会投票权人数达不到50%时，即使召开大会，通过决议也无效，应立即宣布休会。如果事先知道到会者不足50％时，应分别做工作，保证出席率。

2. 业主大会的内容

业主大会的内容主要如下：

(1) 报告业主大会及业主委员会成立前的筹备情况；

(2) 通过“业主委员会章程”；

(3) 通过“业主公约”；

(4) 选举产生业主委员会的组成人员；

(5) 决定物业管理企业选聘、续聘问题；

(6) 决定有关业主利益的一些重大事项；

(7) 听取业主的意见和建议；

(8) 其他需要研究的问题。

在首次业主大会上，建设单位还应当做物业管理前期工作报告，物业管理企业还应当做物业承接验收情况的报告。

(六) 业主大会的议事规则

业主大会议事规则应当就业主大会的议事方式、表决程序、业主投票权确定办法、业主委员会的组成和委员任期等事项作出约定。

涉及全体业主利益的决定事项，应当书面和口头通知或者张贴公布。其中涉及物业管理的重大事项，必须经业主大会讨论通过。

第二节 业主委员会

一、业主委员会的产生

为了代表全体业主的共同利益，并能反映各业主的物业比例及其自身利益，在召开首次业主大会时应选举产生业主委员会，业主委员会是业主大会的执行机构。业主委员会产生的办法是按物业比例(如果全部是分散的个人，则可按业主比例)来选举产生代表，而不应按单位来决定。这样才能保证业主委员会所形成的决议具有代表性、公正性和权威性。

业主委员会是业主大会(或者业主代表会)的执行机构。业主委员会委员应当由热心公益事业、责任心强、具有一定组织能力的业主担任。业主委员会由主任1名、副主任1～2名、委员3～11名组成，由业主大会在业主中选举产生，每届任期3年，可以连选连任。业主委员会主任、副主任在业主委员会委员中推选产生。

业主委员会成立之后，首先要讨论拟定业主大会章程。这一章程也可以由物业管理企业事先拟定好，只需在委员会上审议、修改，最后表决通过即可。

每当物业管理的重大事项需要全体委员讨论决定时，由物业管理企业或业主委员会主任召集全体委员和物业管理企业的有关领导开会，经过讨论表决，形成决议，然后由物业管理企业具体执行。这时物业管理企业应把会议决议印发给所有业主，使每个业主都能知道会议的内容以便配合物业管理企业开展工作。

同一个物业管理区域内的业主在100人以上的，不成立业主大会，应当推选业主代表，组成业主代表会，由业主代表会行使业主大会的职权。

二、业主委员会的备案

业主委员会应当自选举产生之日起30日内，将业主大会的成立情况、业主大会议事规则、业主公约及业主委员会委员名单等材料向物业所在地的区、县人民政府房地产行政主管部门备案。业主委员会备案的有关事项发生变更的，依照上述规定重新备案。

业主委员会由业主代表组成，并代表业主利益，有权向社会各方反映业主的意愿和要求，并监督物业管理企业的管理行为。业主在业主委员会中权力大小，取决于他在该物业中所拥有的物业份额的多少。业主委员会不得从事经营活动，其组成人员不得在其业主大会委托的物业管理企业中兼职。

三、业主委员会应履行的职责

业主委员会是业主大会的执行机构，履行下列职责：

1）召集业主大会会议，报告物业管理的实施情况；

2）代表业主与业主大会选聘的物业管理企业签订物业服务合同；

3）及时了解业主、物业使用人的意见和建议，监督和协助物业管理企业履行物业服务合同；

4）监督业主公约的实施；

5）业主大会赋予的其他职责。

根据规定，物业管理企业有下列行为之一的，房地产产权人和使用人有权投诉；业主委员会有权制止，并要求其限期改正；房地产行政主管部门可对其予以警告，责令限期改正，赔偿损失，并可处以罚款。

1）房屋及公共设施、设备修缮不及时的；

2）管理制度不健全，管理混乱的；

3）擅自扩大收费范围，提高收费标准的；

4）私搭乱建，改变房地产和公用设施用途的。

四、业主委员会章程

要成立业主委员会，必须要拟订章程。业主委员会的议事方式、业主代表投票权数的计算方法、表决程序等由业主委员会章程规定。制定一份业主委员会章程，应考虑以下几个方面：

（一）业主委员会成立的目的；

（二）业主委员会成立的宗旨；

（三）业主委员会的权利和义务；

（四）业主委员会成立的办法；

（五）业主委员会的任务；

（六）有关补充说明。

五、业主委员会会议

经三分之一以上业主委员会委员提议或者业主委员会主任认为有必要的，应当及时召开业主委员会会议。业主委员会会议应当做书面记录，由出席会议的委员签字后存档。业主委员会会议应当有过半数委员出席，作出决定必须经全体委员人数半数以上同意。

业主委员会的决定应当以书面形式在物业管理区域内及时公告。业主大会、业主委员会应当依法履行职责，不得作出与物业管理无关的决定，不得从事与物业管理无关的活动。

六、业主委员会委员的任期及变更

业主委员会任期届满2个月前，应当召开业主大会会议进行业主委员会的换届选举；逾期未换届的，房地产行政主管部门可以指派工作人员指导其换届工作。原业主委员会应当在其任期届满之日起10日内，将其保管的档案资料、印章及其他属于业主大会所有的财物移交新一届业主委员会，并做好交接手续。

经业主委员会或者20%以上业主提议，认为有必要变更业主委员会委员的，由业主大会会议作出决定，并以书面形式在物业管理区域内公告。业主委员会委员有下列情形之一的，经业主大会会议通过，其业主委员会委员资格终止：

(1) 因物业转让、灭失等原因不再是业主的；

(2) 无故缺席业主委员会会议连续3次以上的；

(3) 因疾病等原因丧失履行职责能力的；

(4) 有犯罪行为的；

(5) 以书面形式向业主大会提出辞呈的；

(6) 拒不履行业主义务的；

(7) 其他原因不宜担任业主委员会委员的。

业主委员会委员资格终止的，应当自终止之日起3日内将其保管的档案资料、印章及其他属于业主大会所有的财物移交给业主委员会。

因物业管理区域发生变更等原因导致业主大会解散的，在解散前，业主大会、业主委员会应当在区、县人民政府房地产行政主管部门和街道办事处（乡镇人民政府）的指导监督下，做好业主共同财产清算工作。

第三节　业主自治组织与居民委员会的关系

业主大会、业主委员会属于业主自治组织，要代表全体业主行使管理监督权，代表业主聘用物业管理企业。如果它具备法人地位，会有利于以法律主体的身份代表业主进行经济和民事活动，如签订物业管理服务合同等。但如果业主委员会成为社会法人，除了对物业管理企业实施监督管理以外，还可以以法人的身份从事经营性活动，这样难免会使业主委员会精力分散，不能较好地行使监督管理权，违背了成立业主委员会的目的与作用。同时，业主委员会不是联盟性社团主体，又无社团法人登记注册的注册资金等，达不到社团法人的基本条件。究竟如何对待这一问题，各地做法不一，还有待于在实践中总结。

关于业主委员会的法律地位，有以下三点：

第一，业主委员会属社会团体法人，具有法律规定的法人地位和资格，可以与物业管理企业签订“物业管理服务合同”。

第二，业主委员会以业主、使用人代表为主要组成部分，是业主、使用人的权益代表。享有监督物业管理企业运作的权利，同时也有督促业主、住户履行各项义务的义务。

第三，业主委员会作为业主、使用人的代表组织，其各种活动应在全体业主、住户及政府相关行政部门的监督之下。

一、业主委员会的权利

业主委员会的权力基础是他对物业的所有权。业主委员会代表该物业的全体业主，对于该物业有关的一切重大事项拥有决定权。其拥有的权利具体包括以下几个方面：

(1) 召集和主持业主大会

除第一次业主大会外，以后每次业主大会均由业主委员会负责召集和主持，遇有特殊情况，还有权召开"业主大会特别会议"。

(2) 修订业主公约和业主委员会章程

业主委员会不仅要负责制定业主公约和业主委员会章程，而且有权对其进行修改和补充，修订后的文件要经业主大会通过，并报物业管理行政主管部门备案。

(3) 选聘或改聘物业管理企业

由于物业开发时，房地产开发商可能已聘请了物业管理企业，或是房地产开发商指定的物业管理企业或行政部门已经在管理。在物业正式运行一年，其间业主委员会已经产生后，业主委员会有权根据一年来的管理情况决定是否续聘或改聘该物业管理企业。业主委员会与物业管理企业正式签订聘用合同，是物业管理企业今后开展工作的依据。

(4) 审核物业管理企业测算的各种费用

物业管理是有偿服务，因此物业管理企业有权制定各种收费标准。但是否在合理的范围内，是否符合国家有关政策的规定，业主委员会有权要求物业管理企业对计算收费方法进行说明；如果不合理的，业主委员会可与物业管理企业一起讨论、协商、修改，使各项费用更趋于合理，使全体业主乐于接受。

(5) 审议年度管理工作计划、年度费用概预算

对物业管理企业制定的物业管理年度工作计划和年度费用概预算进行审议，并根据业主的意见和建议提出修改意见。

(6) 检查、监督物业管理企业的物业管理工作。

(7) 监督公共建筑、公共设施的合理使用，负责物业维修基金的筹措、使用和管理。

(8) 业主大会或业主委员会赋予的其他职责。

二、业主委员会的义务

权利与义务在法律上是相辅相成的。业主委员会的义务有以下几点：

(1) 筹备并向业主大会报告工作；

(2) 执行业主大会通过的各项决议，接受广大业主的监督；

(3) 贯彻执行并督促业主遵守物业管理及其他有关法律、法规和政策规定，协助物业管理企业落实各项管理工作，对住户开展多种形式的宣传教育；

(4) 严格履行物业管理服务合同，保障本物业各项管理目标的实现，协助和支持物业管理企业开展工作；

(5) 接受政府行政管理机构的监督指导，执行政府部门对本物业的管理事项提出的指令和要求；

(6) 本会作出的决定不得违反法律、法规政策，不得违反业主大会的决定，不得损害业主公共利益。

业主大会、业主委员会应当依法履行职责，不得作出与物业管理无关的决定，不得从事与物业管理无关的活动。

业主大会、业主委员会作出的决定违反法律、法规的，物业所在地的区、县人民政府房地产行政主管部门，应当责令限期改正或者撤销其决定，并通告全体业主。

三、与居民委员会的关系

《物业管理条例》规定：业主大会、业主委员会应当配合公安机关，与居民委员会相互协作，共同做好维护物业管理区域内的社会治安等相关工作。在物业管理区域内，业主大会、业主委员会应当积极配合相关居民委员会依法履行自治管理职责，支持居民委员会开展工作，并接受其指导和监督。

住宅小区的业主大会、业主委员会作出的决定，应当告知相关的居民委员会，并认真听取居民委员会的建议。由此可见，业主委员会与居民委员会的关系十分密切。

业主委员会是以物业为纽带而形成的业主自治组织，该组织产生的目的在于更好地维护全体业主的财产，创造更好的生活环境，它有明确的财产和利益边界，边界所围成的区域就是物业管理区域。

正因为业主委员会有上述的权利，因此在物业项目管理中，业主委员会处于代表全体业主利益的重要地位。但由于当前业主委员会尚不具备独立承担民事法律责任的能力，因此业主委员会在行使这些权利时，必须受到政府的必要引导和业主大会的监督。

（一）业主大会、业主委员会与居民委员会的关系

理顺业主大会、业主委员会与居民委员会的关系，推进物业管理与社区建设的协同发展，是实行物业管理的重要目的之一。社区建设是以社区服务业为龙头，包括社区组织、社区卫生、社区治安、社区环境、社区文化等方面的综合性工作。随着社会体制的转型，社区建设越来越受到社会各界的普遍关注，已经成为新形式下城市建设与管理的基础性工作。社区居民委员会委员除居委会主任是由街道办事处直接任命以外，委员多是由居民代表组成，在居民中有一定的群众基础和倡导力，又因其掌握政府的最新精神和政策，所以，业主大会、业主委员会应当与居民委员会相互协作，提高居民素质，保持小区整洁环境，积极配合政府创建文明小区，共同做好维护物业管理区域内的社会治安等相关工作，并接受其监督指导。

在物业管理区域内，居民委员会依法履行自治管理职责时，业主应当接受相关居民委员会的管理，参加居民委员会组织的各项活动。

（二）住宅小区的业主大会、业主委员会作出的决定，应当告知相关的居民委员会并认真听取居民委员会的建议

为了使居民委员会及时了解和掌握住宅小区内业主大会、业主委员会的工作情况，以利于协调各方面的关系，住宅小区的业主大会、业主委员会作出的决定，应当告知相关的居民委员会，并认真听取居民委员会的建议。

（三）业主大会、业主委员会与居民委员会的关系定位

1. 关系定位

业主委员会是通过物业管理企业对小区行使管理权和监督权，与居民委员会的根本目标是一致的。从总体上看，居民委员会更加注重精神文明建设领域的事务，而业主委员会更加关注小区物质文明建设的结果。

2. 两者之间难以相互取代

业主委员会代表业主与业主大会选聘物业管理企业并签订物业服务合同，在日常管理过程中，监督和协助物业管理企业履行物业服务合同。因此，业主委员会是一个小区业主自理自治的与物业管理相关的一个专业组织，其活动经费来源于物业管理服务费按照一定比例的提取部分，有的业主委员会没有活动经费。在业务上与物业管理企业共同配合，做好小

区的物业管理工作，其工作性质是自我维护、自我管理。居民委员会是群众自治性非专业组织，其活动经费来源于政府，在业务上接受街道办事处的指导和监督以及群众的监督，其工作性质是公益性的。业主委员会与居民委员会之间难以相互取代。

复习思考题

1. 什么是业主？如何理解业主的权利和义务？
2. 什么是业主大会？业主大会的职责有哪些？
3. 业主委员会应履行哪些职责？
4. 如何理解业主委员会的法律地位？

第三章　物业管理企业

第一节　物业管理企业的设立

物业管理企业设立的第一步就是机构建设，这是保证物业管理企业正常运转、承担和完成各项业务的前提，也是重要的基础性工作。物业管理企业应依法成立并必须经有关部门的资质审查。物业管理企业的机构设置与部门职能的划分，除了要考虑企业的业务量及业务复杂程度外，更重要是要体现人员精干、工作高效的原则，从而使企业充满活力并具有竞争力。

一、物业管理企业的组建

（一）物业管理企业

物业管理企业是指按合法程序成立并具有相应资质条件的经营物业管理业务的企业型经营实体，是独立核算的企业法人，有经主管部门批准认可的管理章程，能独立承担民事和经济法律责任。

物业管理企业的主要职能是遵照国家有关法律法规，运用现代管理科学和先进的维修养护技术管理物业，妥善处理业主的投诉，有效地维护业主合法权益，为业主和使用人创造一个优美、舒适、安全的居住和工作环境。它已经从简单的设备维修及保安保洁等基本功能的执行者，演变成住宅文化的参与者，综合环境的营造者，功能服务的维护者和售后信息的沟通者。

物业管理企业的成立须按照一定的程序报批，在物业管理企业领取营业执照后，应向当地物业管理主管部门办理资质核准手续。在现实中，物业管理企业有多种划分方式：

1. 按照物业管理企业的运行机制的不同可以分为以下几种类型：

（1）管理型物业公司；

（2）服务型物业公司；

（3）顾问型物业公司；

（4）综合型物业公司。

2. 按照物业管理企业财产组织方式的不同可以分为以下几种类型：

（1）独资企业：是指物业管理企业资产全部由个人单独出资经营的，出资者对企业债务承担无限责任的企业。

（2）合伙企业：是指2人以上、以书面协议的方式进行投资，组成的共同经营、共负盈亏、合伙人对企业债务负连带无限责任的物业管理企业。

（3）公司企业：是指按照《公司法》要求组建的有限责任公司或股份有限公司。

通常，物业管理企业的业务范围分为主营和兼营。一般的物业管理企业，主营业务范围有：建筑楼宇维修保养，为业主提供多种形式的综合性服务，改善和实现建筑物的功能设施等。兼营业务范围有：物业的销售、租赁，建筑材料的供应，承揽房屋装饰工程，从事与物业有关的咨询、代理和中介业务等。

（二）物业管理企业的资质条件

建设部于 2004 年 5 月 1 日颁布施行的《物业管理企业资质管理办法》规定，物业管理企业资质等级分为一、二、三级。各资质等级物业管理企业的条件不同，现以物业管理企业“三级资质”为例加以说明：

(1) 注册资本人民币 50 万元以上；

(2) 物业管理专业人员以及工程、管理、经济等相关专业类的专职管理和技术人员不少于 10 人。其中，中级以上职称的人员不少于 5 人，工程、财务等业务负责人具有相应专业中级以上职称；

(3) 物业管理专业人员按照国家有关规定取得职业资格证书；

(4) 有委托的物业管理项目；

(5) 建立并严格执行服务质量、服务收费等企业管理制度和标准，建立企业信用管理档案系统。

（三）申请物业管理企业资质需要提供的文件

根据建设部 2004 年 5 月 1 日颁布施行的《物业管理企业资质管理办法》规定，新设立的物业管理企业应当自领取营业执照之日起 30 日内，持下列文件向工商注册所在地直辖市、设区的市的人民政府房地产主管部门申请资质：

(1) 营业执照；

(2) 企业章程；

(3) 验资证明；

(4) 企业法定代表人的身份证明；

(5) 物业管理专业人员的职业资格证书和劳动合同，管理和技术人员的职称证书和劳动合同。

另外还规定，新设立的物业管理企业，其资质等级按照最低等级核定，并设一年的暂定期。

（四）申请物业管理企业资质的办事程序

该部分内容以天津市为例加以说明。

1. 办事程序

(1) 申请办理物业管理企业资质的企业先到企业坐落的区、县物业办办理进件手续，提供所需资料，填写登记表。

(2) 区、县物业办受理进件，进行初审，签署意见报市场业办。

(3) 市物业办审核核准后，颁发《物业管理企业资质证书》。

2. 办事时限

(1) 区、县房地产管理局受理进件后，初审时间为 7 个工作日。

(2) 天津市房地产管理局审查合格后，发证的时间为 3 个工作日。

（五）物业管理企业的资质等级

物业管理企业的资质等级对外可表明物业管理企业的实力和信誉。根据我国现行的规定，严格进行物业管理企业资质的认定和管理，对于规范物业管理市场秩序，提高物业管理服务水平极为重要，也有利于物业管理企业的发展。建设部于 2004 年 5 月 1 日颁布施行的《物业管理企业资质管理办法》规定：将物业管理企业划分为三个资质等级：即一级、二级、三级物业管理企业，对新设立的物业管理企业设定一年的暂定期。申请核定资质等级的物业管理企业应提交下列材料：

（1）企业资质等级申报表；

（2）营业执照；

（3）企业资质证书正、副本；

（4）物业管理专业人员的职业资格证书和劳动合同，管理和技术人员的职称证书和劳动合同，工程、财务负责人的职称证书和劳动合同；

（5）物业服务合同复印件；

（6）物业管理业绩材料。

国务院建设主管部门负责一级物业管理企业资质证书的颁发和管理。省、自治区人民政府建设主管部门负责二级物业管理企业资质证书的颁发和管理，直辖市人民政府房地产主管部门负责二级和三级物业管理企业资质证书的颁发和管理，并接受国务院建设主管部门的指导和监督。设区的市的人民政府房地产主管部门负责三级物业管理企业资质证书的颁发和管理，并接受省、自治区人民政府建设主管部门的指导和监督。

二、物业管理企业的类型

（一）按物业管理主体的组建和形成分类

1. 房地产开发企业投资设立的物业管理机构（企业）

主要是管理由上级公司开发的物业项目，其优势在于项目的来源有保证，并且物业管理企业对项目运作的全过程比较了解，便于与房地产开发商协调工作。

2. 由房地产管理部门（房管局、房管所等）转变职能的物业管理机构（企业）

主要是管理原来所管辖的公房，这类企业的优点是有丰富的房屋管理经验，员工的专业技能较好；但是也存在着不足，即受传统房屋管理模式的影响，还存在政企不分、行政色彩较浓的情况，距离真正意义上的物业管理企业还有一定差距。

3. 由大中型企事业单位自行组织的物业管理机构

主要是管理单位的自有房屋和所辖房地产，其人员来自对企业自身员工的“分流”，运作往往带有较浓的行政性色彩，但是，在我国行政管理体制改革的形势下，对企事业单位所拥有的大量房地产予以现代化的经营运作，使之成为拥有者的财源，这是许多单位面临的问题。

4. 按照《公司法》的要求，由社会上的法人或个人发起组建的、独立运作的物业管理企业

这类企业具有较强的活力，通过竞争取得项目，实施物业管理。其运作必须适应市场需求，在提供多方位优质服务方面做出成就才能赢得信誉，获得生存和发展。

5. 由街道办事处组建的物业管理机构

主要是管理原来所辖范围的房产。这类物业管理机构的优势是熟悉当地情况，可以把物业管理与社区服务有机的结合起来，具有一定特色。但在规范运作方面以及契约化方面还需要磨合与适应。

（二）按物业管理的内部运作分类

1. 管理型物业管理企业

即物业管理企业内部除了主要领导和专业技术骨干外，其余各项服务如保安、绿化、清洁等均须通过合同形式，交由社会上的专业公司来承担。这类物业公司规模适中、人员精干、具有较强的活力。

2. 顾问型物业管理企业

即物业管理企业由经验丰富的复合型高层次物业管理人才组成，不承担具体的物业管理业务，只以顾问的形式出现，收取顾问费用。这类机构人员少、素质高，可以为物业管理提供高质量的智能服务。

3. 派员型的物业管理企业

由历史悠久、较有名望的物业管理集团派出极干练的高级管理人员组成物业管理决策层，并设计和移植一整套物业管理运作体系，领导和监督这一体系的运转。在实施管理中对物业的保值、增值负责，并收取物业管理费用。如著名的香港"怡高公司"派员管理北京的京成大厦，90 年代初每年收取的物业管理费用高达 180 万美元，超过 300 位中方职工工资的总和。同时也将先进的物业管理技术和方式带进内地。

4. 综合性的物业管理企业

这类物业管理企业既直接接受项目，提供全方位管理和服务，同时也提供顾问、咨询服务。通常这类物业公司职能最全、用人最多、规模相对庞大，能同时接管多个物业项目。

(三) 按物业管理机构与业主产权关系分类

1. 委托型物业管理

物业管理企业受多个产权单位委托，管理若干个小区或大厦。该种形式物业的产权(所有权)与经营权是分开的，物业公司不具有产权。因而，在操作上比较灵活，需要不断开拓服务领域和项目，不仅会取得好的经济效益，还会对公司的形象产生积极的影响，并有利于社会效益特别是环境效益的提高。

2. 自主经营型物业管理

即物业管理企业受上级单位(或是房地产开发商)的委托，管理自主开发的物业。该种形式中，物业的产权归房地产开发商或物业公司，也就是说物业的所有权和经营权是一致的。通过物业公司的经营活动，收取租金、收回投资并获得利润。这种形式实际上是房地产开发的延续，即通过物业公司对物业进行装修、改造、出租、经营，提高物业的档次和适用性，从而获得更多的经济收益。

三、物业管理企业的机构设置与职能划分

一个企业要保证自身高效、灵活地运转，很重要的是要考虑企业的规模与机构设置，这涉及到企业的运转成本和效率问题。

(一) 物业管理企业组织机构设置的步骤

1. 确定物业管理目标

即根据已经掌握的信息和承揽业务的渠道，判断、预测物业管理企业将获得怎样的管理项目(项目类型、管理面积)，再根据物业管理业务量的多少和繁简程度，确定物业管理企业的类型(管理型；综合性；顾问型)及公司的规模，再进一步明确组织机构的设置及各部门职责的划分。

2. 收集与分析资料

主要是寻找和研究同类型物业管理企业的组织结构形式，结合本企业所要完成的物业管理目标，分析各类组织形式的优缺点。在此基础上考虑本公司组织结构设置的大致轮廓。

3. 拟定和提出组织机构图

在提出组织机构框架图时，还需大致描绘每一机构的职能与业务范围。

4. 确定职责、岗位与权限

首先要确定各部门的职责，然后再对部门内作进一步分工，确定相应的职务（经理、主管）、岗位及相应的权限。要因岗位设职，以岗设人，并赋予履行岗位职责的相应权限。

5. 设计公司内协作与信息沟通的方式

根据业务量与信息量大小，及对沟通频率的要求（即一周一沟通、一天一沟通或是一天数沟通），规定公司内各单位的协作关系和沟通方式（办公例会，公告栏，文件传递，电话会议，现场办公）等。

6. 选择与配置人员

根据管理业务的要求选择和配置所需各专业、层次的人员，要本着专业互补，高、中、低层次人员呈金字塔形搭配的原则，组建公司的人员队伍，充实一线作业层。

7. 评价并批准机构设置方案

根据组织机构设置的原则，对机构设置方案进行审核评价，提出修改意见，经修正后报上级（集团或总公司）批准。

需要注意的是，在组织机构设置上，还应注意过去管理其他物业项目过程中，成功经验的移植、改造和创新。

（二）管理层级的设置

管理层级是指一个物业管理企业设置几个层次的机构，用于管理企业的业务。企业的管理层级的设置通常有如图 3-1 所介绍的两极制、图 3-2 所介绍的三级制和图 3-3 所介绍的四级制。

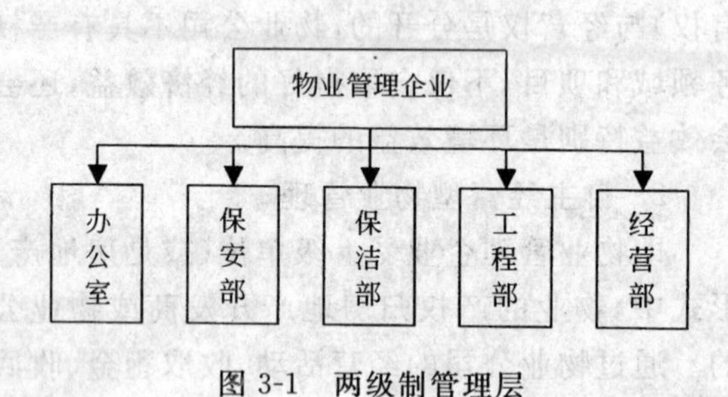

通常对管理层级较多的管理模式称之为竖高型（或纵深行、垂直型）管理组织结构；对

物业管理企业
办公室
保安部
保洁部
工程部
经营部

图 3-1　两级制管理层

物业管理企业
办公室
保安部
保洁部
工程部
经营部
人力资源管理
档案资料
员工培训
车辆道路管理
治安管理
消防管理
卫生清洁
绿化养护
设备维修
房屋维修
房屋租售
购物中心
健身中心

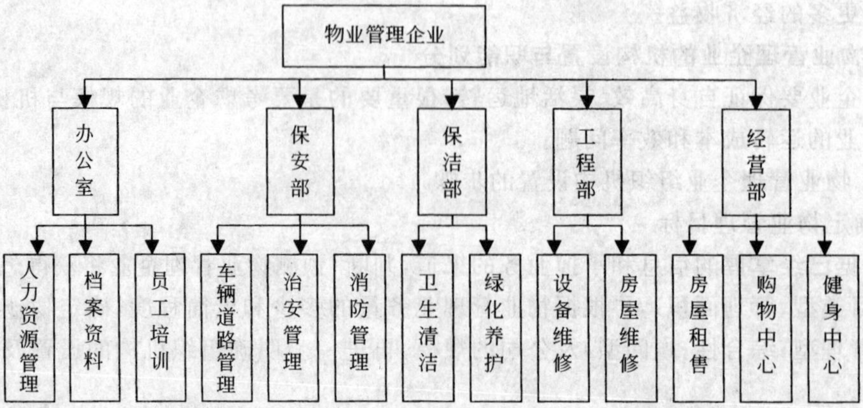

图 3-2　三级制管理层

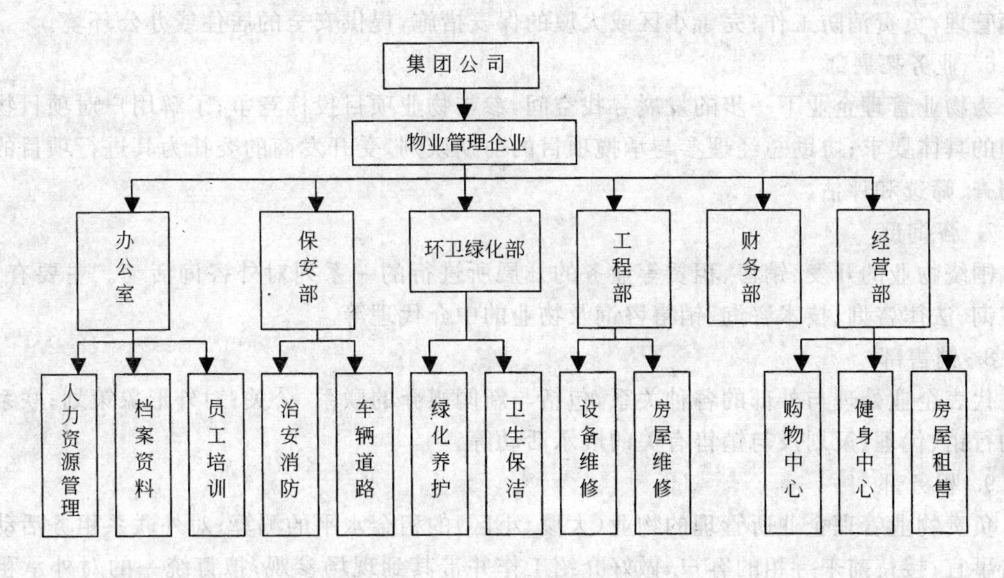

图 3-3 四级制管理层

管理层级较少的我们称之为扁平型管理组织机构。它们有着各自的适用范围。层级较少有利于提高办事效率，但往往造成管理工作的粗放；而管理层级多，指令从最高决策层传达到作业层所经过的环节过多，造成效率低并容易出现信息失真和衰减，且费用浪费大，使管理工作过于复杂，工作协调比较困难。物业管理应根据自身的实际和业务的需要，考虑管理层级的设置。

（三）物业管理企业机构的职能划分

物业管理企业应该根据所管理物业的类型和业务量的大小来组建职能部门。各部门的职能划分大致如下：

1. 办公室

协助总经理处理企业内部的日常事务，协调各部门的关系；协调企业与外部相关单位的关系；组织每周的公司例会；整理汇总总经理签署的所有文件；汇总所有业务往来的经济合同；完成总经理交给的其他任务。

2. 人力资源管理部

负责物业管理企业的人力资源管理。汇总各部门的用人计划，确定人员的录用；代表企业负责人员社会招聘；负责组织员工培训；组织公司内各部门的业绩考核。

3. 工程部

协助开发商协调项目的技术设计工作；保存重要的档案资料，审核设计概算；与开发商进行沟通，联系工程监理机构；为销售部提供项目的技术参数；承揽所管物业的装饰装修工程或代理建材及装饰材料的经营。

4. 维修部

负责所管理的物业（小区或大厦）内的房屋维修和相应设备的维修；定期进行所管理物业的设施、设备的巡查、保养，使其保持正常运转，发挥应有的功能。

5. 保安部

负责小区或大厦的安全管理工作。保证小区公共区域的安全，负责公共秩序维护；负责车辆管理；负责消防工作；完善小区或大厦的保安措施，提供安全的居住或办公环境。

6. 业务拓展部

为物业管理企业下一步的发展寻找空间，参与物业项目投标竞争；了解用户对项目物业管理的具体要求；协助总经理参与承揽项目的前期谈判，受开发商的委托为其进行项目的前期调查、筛选和评估。

7. 咨询部

围绕物业的开发、销售、租赁等业务的开展所进行的一系列对外咨询活动。主要有：政策咨询、法律咨询、技术咨询、销售咨询及物业的中介代理等。

8. 销售部

代表企业处理与外部的各种关系，包括与新闻媒介的联系、公关；对外形象策划；联系相应的行销、代理、策划及与销售有关的展示活动等。

9. 租务部

负责物业管理企业所管理的物业（大厦、小区）的租金水平的测算；对外联系租务活动的广告事宜；接待前来寻租的客户，做好介绍工作并带其到现场参观；拟订统一的对外承租合同；与销售部、业务拓展部一起做好物业项目的宣传工作。

10. 保洁、绿化部

负责物业（小区或大厦）的常规保洁和绿化工作。负责小区（或大厦）日常的环境管理与维护等。

第二节　物业管理企业的制度建设

一、内部制度建设

物业管理企业的内部制度是物业管理企业自律性的规章制度。它规定了物业管理企业内部各职能部门和各类人员的职责范围，包括领导制度（董事会制度、总经理制度）、职能制度（办公室职责、财务部职责、工程部职责、经营部职责）和岗位制度（管理人员岗位职责、工人岗位职责）等。物业管理企业岗位责任制的确定和实施，既能够体现企业的管理素质，又能够为业主提供优质服务，为业主创造幽雅、舒适、方便、卫生、安全的工作和生活环境。这里以物业管理企业内部的职能制度为例加以说明。

（一）总经理的职责范围

总经理在董事会的领导下，负责落实董事会的决议，负责物业管理企业全面的领导和管理工作。其职责范围是：

（1）贯彻执行国家的方针、政策、法令和主管部门的各项规章制度，对董事会负责，努力经营好物业管理企业；

（2）制定企业经营管理目标，包括一系列规章制度、操作程序，规定各级人员的岗位责任并监督实施，保证各项管理工作的质量，使业主满意；

（3）建立健全企业组织机构，使之合理、精简、高效，负责召集和组织公司例会，及时解决管理中暴露的问题；

（4）协调、指导副总经理及部门经理、各个管理处主任的工作，保证企业各方面工作的顺利进行；

(5) 有重点地、定期或不定期对一些部门或设备进行巡视检查，及时发现问题并予以解决；

(6) 其他相应的职责。

(二) 办公室的职责范围

办公室是经理领导下的综合管理部门，负责行政、人事、文件管理等工作。其职责范围是：

(1) 研究国家的政策、法规、方针，贯彻落实企业的各项工作指令；

(2) 负责企业会议的筹备和安排，并协调会议期间各部门工作的开展以及会议决定的催办和检查；

(3) 做好文书档案和有关资料的管理工作，包括文件的收发、印章的保管、文件核稿、呈批、催办归档、调卷和保密工作；

(4) 根据领导的布置和要求及时准确地起草或打印文件和资料；

(5) 做好人事管理工作，保管好职工的档案，根据需要做好劳动力的调配，人员的调入、调出工作，并协助办好各项有关手续；

(6) 做好企业的考勤统计工作，根据政策做好职工的调资定级；

(7) 负责企业职工的培训工作，包括文化教育、知识更新、思想政治教育；

(8) 负责企业有关办公用品和劳保用品的购买、保管和发放工作；

(9) 负责企业员工食常的管理工作；

(10) 负责企业车辆的调度、使用和维修保养工作；

(11) 负责企业对外宣传工作，做好来信、来访和安排好外单位人员参观接待工作；

(12) 完成好经理布置的其他工作。

(三) 开发部的职责范围

开发部是在经理领导下负责物业管理业务开发的部门，负责企业经营业务的开拓、可行性分析、项目投标等工作。其职责范围是：

(1) 根据市场经济的需要，对房地产市场进行信息的收集、整理和分析工作，努力掌握第一手资料，为经理的决策提供可靠的依据；

(2) 根据企业经营目标，对企业的经营环境进行调查、分析和预测，包括需求因素、竞争因素、宏观经济因素、政治因素、技术因素和社会因素等；

(3) 负责对外联络，了解国内外物业管理的先进方法与经验，了解同行业其他企业的经营状况；

(4) 选择适合企业发展的业务进行可行性分析；

(5) 负责企业物业管理招投标工作，制定拟接管项目的投标策略，进行业务开发。负责本企业选择专业化公司的招标工作；

(6) 负责业务委托合同的签订、落实；

(7) 完成好经理布置的其他工作。

(四) 财务部的职责范围

财务部是企业经理领导下的经济管理部门，应积极参与企业的经营管理，搞好会计核算工作。其职责范围包括：

(1) 认真贯彻《企业财务通则》和《会计准则》,执行国家财经政策、法令,遵守各项资金收入制度,严格执行费用开支范围及标准;

(2) 按照财会制度的规定,切实做好记账、算账、报账工作,做到手续完备、内容真实、数字准确、账目清楚、日清月结、按期报账,在规定时间内报送各项会计报表;

(3) 按银行有关制度规定,做好现金和支票的管理工作,遵守支票使用规定及银行结算纪律,加强现金管理工作,做好结算工作,对下属各管理处的现金和银行存款的收支情况进行经常性的监督指导;

(4) 根据财会制度,结合本企业实际,协助企业的领导制定有关财产管理、经济核算、费用开支等具体办法,并监督各部门执行;

(5) 妥善保存会计档案资料,接受财税机关、上级主管部门和本企业领导的监督检查,及时提供财务资料,如实反映情况;

(6) 每月为企业领导提供全企业的财务情况,为企业搞活经济、增加经济效益做好参谋;

(7) 完成好经理布置的其他工作。

(五) 业务管理部的职责范围

业务管理部要落实企业关于物业辖区的相关管理计划,有计划、有步骤地完善物业辖区内的各种配套设施,负责环境卫生、园林绿化、治安消防、车辆交通、水、电、煤及业主投诉的管理和处理。其职责范围是:

(1) 根据政府和上级领导的要求,制定和实施文明物业小区计划;

(2) 负责物业辖区内的环境卫生工作,加强环境卫生建设、监督和管理,创造一流的卫生环境;

(3) 负责辖区内的园林绿化工作,加强绿化的养护管理,提高绿地景观效益;

(4) 负责辖区内治安消防工作,加强物业辖区的安全、保卫、治安、消防管理,严防和杜绝物业辖区内发生恶性治安、消防事件,保护广大业主的生命财产安全;

(5) 负责辖区内的车辆管理工作,严格车辆停放管理,保持道路行车的通畅;

(6) 负责解决业主投诉和回访工作;

(7) 完成好经理布置的其他工作。

(六) 工程部的职责范围

工程部是经理领导下的技术部门,负责房屋设备及公共设施的使用、管理、维修、保养,负责参与物业前期的管理和接管、验收、装修等工作,其职责范围是:

(1) 参与物业管理的前期介入工作,对物业的规划设计及建筑施工提出合理化建议,参与物业的检查、验收工作;

(2) 负责物业的接管、验收、移交工作,并与开发商协商工程遗留问题的解决方案;

(3) 负责业主装修房屋的审批、监督、检查工作,保持物业整体结构的完整;

(4) 掌握机电设备情况,编制机电设备维修保养计划,检查执行情况,对设备维修管理进行技术指导;

(5) 负责对物业内各项工程技术资料、设备说明书、维修保养记录的收集、整理和存档;

(6) 对各楼宇电梯、电视、呼叫等设备进行直接管理、维修,做好年审工作,保证其正常运转;

(7) 完成经理布置的其他工作。

(七) 经营服务部的职责范围

经营服务部是为业主提供各种综合服务和代办业务的部门,物业管理企业通过经营服务部门,开展各种经营业务,既方便业主,又增加了企业的经济效益,增强了企业实力。其职责范围是:

(1) 立足物业辖区,面向社会,确定综合服务多种经营项目。选择那些投资开发周期短、效益高、风险小、回报率高的项目,以弥补物业管理经费不足,增强企业实力。

(2) 建立业主信息库,在业主有特殊要求时,能够及时联系,予以解决。

(3) 以承包、出租、自营等方式搞好物业辖区的商业网点,以服务为本,既方便业主,又增加企业收入。

(4) 加强商业网点的管理,树立良好的商业信誉,保证不出售伪劣商品。

(5) 定期检查并向经理汇报各项多种经营业务的经营管理情况。

二、公众制度建设

物业管理的公众制度包括的内容主要有:业主临时公约与业主公约、服务手册、业主委员会章程以及物业管理委托合同等等。

(一) 业主临时公约与业主公约

业主临时公约是由房屋建设单位或物业管理行政主管部门制定的。根据《物业管理条例》规定,建设单位应当在销售物业之前,制定业主临时公约,对有关物业的使用、维护、管理,业主的共同利益,业主应当履行的义务,违反公约应当承担的责任等事项依法作出约定。建设单位制定的业主临时公约,不得侵害物业买受人的合法权益。

业主在购房时,首先要了解业主公约的内容,建设单位应当在物业销售前将业主临时公约向物业买受人明示,并予以说明。物业买受人在与建设单位签订物业买卖合同时,应当对遵守业主临时公约予以书面承诺。

业主公约是物业管理中一个极为重要的文件,是由全体业主承诺的,并对全体业主有共同约束力,是有关业主在物业使用、维护和管理方面权利义务的行为守则。

业主公约是物业管理中的一个重要的基础性文件,是全体业主共同制定、共同遵守的行为准则。在实际工作中一般是由政府主管部门制定业主公约的示范性文本,由业主大会结合物业的实际情况进行修改补充,经业主大会讨论通过。在第一次业主大会召开之前,可以将业主临时公约提交第一次业主大会讨论通过,并经业主签字后生效。

业主公约的主要内容:业主大会的召集程序;对业主委员会成员的选举与罢免程序;业主参与物业管理的权利;业主对业主委员会和物业管理企业的监督权;业主使用物业区内公共场所及公共设施的权利;业主对住宅小区或物业区域内重大事项的表决程序等。业主公约的主要内容包括:

1. 有关遵守物业管理法规、规章和规范性文件的规定

业主公约首先要求全体业主在使用、经营、转让其所有物业时,应当遵守物业管理法规、规章和规范性文件的规定,执行并遵守业主大会通过的各项决议和有关决定,支持、配合业主委员会的工作。同时还要遵守物业管理企业根据有关法规、规章、规范性文件制定的各项物业管理制度,支持配合物业管理企业的各项管理服务活动。

2. 对公共部位、公共设施、公共环境使用和维护方面的规定

物业范围内的所有人对物业的公共部位、公共设施、公共环境的使用，要在国家和地方有关政策法规及《物业服务合同》规定范围内合理使用，并有自觉维护的责任；不得侵占物业公共部位和附属用地以及物业管理范围内的道路和附属设施，也不得随意接引、拆除和损坏市政公用设施；禁止在建筑物和构筑物上涂写、刻画、张贴；不得在住宅区内随意停放车辆，未经批准，禁止载重车通行。

3. 对房屋装修方面的规定

在业主公约中，一般都对房屋装修做了明确规定。要求业主或物业使用人装修房屋时遵守有关房屋装饰装修的制度，并事先告知物业管理企业，由物业管理企业对装修房屋进行指导和监督，并将注意事项和禁止行为告知业主或物业使用人。业主或物业使用人违规、违章装修房屋或妨碍他人正常使用物业的现象（如渗、漏、堵、冒等），应当及时纠正，造成他人损失的应承担责任。

业主公约还规定了业主和物业使用人的行为规范。主要有：

(1) 不得擅自改变房屋结构、外貌（含外墙、外门窗、阳台等部位的颜色、形状和规格）、设计用途、功能和布局等；

(2) 不得对房屋的内外承重墙、梁、柱、板、阳台进行违章凿、拆、搭、建；

(3) 不得损坏、拆除或改造供电、供水、供气、供暖、通讯、有线电视、排水、排污、消防等公用设施。

4. 对物业管理管辖范围内娱乐性场所和经营性场所的有关规定

(1) 有关环境卫生的规定和约定，如：不得随意堆放杂物、乱扔垃圾、高空抛物等，不得践踏、占用绿化用地，损坏园林建筑小品等；

(2) 有关噪音的规定和约定，如：不得聚众喧闹、噪声扰民等危害公共利益或其他不道德的行为等；

(3) 有关交通管理的规定和约定，如：不得在公共场所、道路两侧支设摊点等；

(4) 有关治安防范的规定和约定，如：不得违反规定存放易燃、易爆、剧毒、放射性等物品和排放有毒、有害、危险物等；不得违反规定饲养家禽、家畜及宠物等。

5. 有关处罚条款

(1) 擅自拆改房屋结构及其设施设备，影响房屋使用安全或影响房屋整体外观的有关处罚规定；

(2) 私搭乱建违章建筑的有关处罚规定；

(3) 侵占房屋公用部位和房屋的附属用地以及侵占物业管理范围内的道路的有关处罚规定；

(4) 噪声扰民、污染环境方面的有关处罚规定。

（二）服务手册

服务手册是由物业管理企业制定的，一般包括如下内容：所管物业的范围、名称、物业位置、管理者提供服务的种类、各种服务的收费标准、缴费时间以及业主应遵守哪些具体规定等，还包括公共设施和设备的使用、维修和管理的规定，物业管理企业各个部门所提供的服务内容、服务电话以及投诉接待、处理方面的规定等等。

（三）业主委员会章程

业主委员会负责制定业主委员会章程。业主委员会章程主要反映业主委员会的宗旨，是规范业主委员会的行为、保障业主委员会达到其目的的原则性文件。

业主委员会章程的主要内容如下：业主委员会的宗旨；业主委员会的组织机构；业主委员会成员的选举方式及任期；业主委员会的主要职责、权利、义务、作用；业主委员会与业主大会的关系；业主委员会成员惩罚奖励条款；业主委员会与物业管理企业的关系；业主委员会向业主大会报告制度等等。

（四）物业服务合同

物业服务合同是开发商或业主委员会与物业管理企业签订的合同，是物业管理企业对物业进行管理的法律依据。物业服务合同对物业管理企业的权利义务有明确的规定。物业服务合同一般先由开发商与物业管理企业签订，待业主委员会成立后，再由业主委员会与物业管理企业续签。如果业主委员会决定选聘新的物业管理企业，就不会与原来的物业管理企业续签合同，即使业主委员会同意与原来的物业管理企业续签合同，也可能会对原合同做出很大的修改。

物业服务合同的主要内容有：委托双方名称、地址、联系电话等；委托物业的基本情况、物业管理服务事项、服务期限、双方的权利义务、服务标准和服务费用；专项维修资金的管理与使用、物业管理服务用房、物业及物业管理交接、合同期限、违约责任、质量纠纷的约定、不可抗力的约定、争议处理以及合同附件等等。

除了上述四个重要的公约、手册、章程、合同外，在物业管理中，还会制定一些非常具体的文件和一系列规章制度，来保证物业管理工作的顺利实施，例如出入车辆管理办法、居民安全守则、公共卫生守则、公用设施及公共部分使用须知、绿化管理与维护办法等等。

第三节　物业管理企业与相关机构、部门的关系

物业管理作为一种新兴的行业，存在许多亟待探讨、完善的问题。尤其是在经济体制转轨和政府职能转变的特殊时期，物业管理与整个社会的各个部门发生着千丝万缕的联系。要处理好各种关系，使物业管理工作成为连接着政府部门、街道办事处、专业化服务公司与业主的桥梁，就必须摆正这些部门与物业管理企业的关系。

一、与房地产行政主管部门的关系

《物业管理条例》规定，国务院建设行政主管部门负责全国物业管理活动的监督管理工作，县级以上地方人民政府房地产行政主管部门负责本行政区域内物业管理活动的监督管理工作。根据上述规定，物业管理应在房地产行政主管部门的监督指导下进行。

（一）物业管理的前期工作

1. 选聘物业管理企业

物业管理前期工作中，很重要的一个环节是选聘前期物业管理企业。国家提倡建设单位按照房地产开发与物业管理相分离的原则，通过招投标的方式选聘具有相应资质的物业管理企业。住宅物业的建设单位，应当通过招投标的方式选聘具有相应资质的物业管理企业；投标人少于 3 个或者住宅规模较小的，经物业所在地的区、县人民政府房地产行政主管部门批准，可以采用协议方式选聘具有相应资质的物业管理企业。

2. 物业服务合同备案

物业服务合同是甲乙双方签订的有关物业管理服务的具有法律效力的文件，按照一些

地区的有关规定，签订物业服务合同应到物业管理主管部门办理备案手续。

3. 房地产权属登记

物业管理主要是因产权多元化而引起的需求。对异产毗连房屋进行管理，首先应该明确产权关系，并进行房地产权属登记。

（二）有关物业管理的法制建设

1. 贯彻国家有关物业管理的法规和政策

物业管理是一项政策性很强的工作，国家所制定的有关物业管理的法规、规章和政策，应通过各地的房地产行政主管部门贯彻执行。

2. 制定物业管理的地方法规

由于我国幅员辽阔，全国各地各方面的基础条件千差万别，无法执行统一的管理条例。各地的房地产行政主管部门，应根据本地区的实际情况制定切实可行的物业管理地方法规。

3. 制定物业管理的标准文本和示范文本

为了规范物业管理工作，对于物业管理中所必需的文件，应制定出标准文本或示范文本，准确界定各方面的权利和义务。建设部已经印发推行《物业管理委托合同示范文本》，目前有的城市已制定出了管委会章程和业主公约的示范文本。

4. 建立有关物业管理的仲裁机构

在物业管理工作中，纠纷的出现是在所难免的。房地产行政主管部门应成立仲裁机构，解决这些纠纷。

（三）物业管理企业接受相关部门的监督指导

物业管理企业作为企业法人应在以下两个方面，接受有关部门的监督：

1. 经济活动

物业管理企业在经济活动过程中应当接受国家财政、工商、税务等行政部门的管理。

2. 专业活动

物业管理企业在专业活动中，应当接受建设、城管、房地产、公安、消防、绿化、市政、环卫、防疫等专业管理部门的业务指导和监督。

物业管理是新生事物，涉及市政、公用、环卫、绿化及街道等多个部门。由政府各个部门的条条管理变成物业管理企业统一综合管理是城市管理体制的一项重大改革，是利益结构的重组。由于物业管理行业建设的滞后和管理关系需要进一步理顺，需要依靠政府大力协调。

房地产行政主管部门作为物业管理的主管部门，负责对辖区内物业管理活动的监督指导。政府主管部门对于推动我国物业管理行业的发展、对物业管理行业的法制建设、在协调各职能部门的行业政策、制定行业发展规划、解决行业发展中出现的各种重大问题、制定各种行业标准和规则等方面做了大量的工作；同时对物业管理各方的利益的调和、对各种当事人的行为作出了相应的规范；以确保物业管理健康、有序的发展。

二、与专业化服务公司的关系

专业化服务公司是指专门从事单一种类工作的公司，例如：家政服务公司、绿化公司、保安公司、燃气公司、自来水公司等。可以开展维修、服务、经纪和信托等方面的服务活动。物业管理企业可以是综合服务公司，也可以是专业化服务公司。专业化服务公司可以围绕以下几方面开展服务活动：

（一）维修服务

维修服务有两种。一般的维修服务是泛指房产及周围附属物、环境以及房屋楼宇中的机电设备的日常养护和维修。物业建成后，会因各种因素受到损坏：一是自然损坏，房屋受到日晒雨淋、干湿冷热等气候变化的影响，会使构件发生风化剥落，材料质地发生变化，如木质腐烂，铁件锈蚀，砖瓦风化等；二是人为损害，例如不合理的改装、居住使用不当等；三是设计、施工质量问题，例如材料不合格，建造、安装不符合标准要求，也可能造成房屋损坏；四是维修保养不及时，影响物业功能的发挥。因此，物业管理的维修服务可以使房屋保值增值。

（二）社会化服务

物业管理的一个重要特性就是社会化，就是将分散的社会服务职能汇集起来，方便业主和使用人。物业建筑只解决了人的居住和工作场所问题，吃、穿、用、行等其他与工作和生活关系极大的问题也要解决，就必须发挥物业管理的服务功能：一种是生活服务，如餐饮服务、商店服务、果蔬供应、美容美发等；第二种是教育卫生服务，如学校、托儿所、幼儿园设点接送、医院、药房、图书馆等的设点服务；第三种是文化娱乐、体育生活等的服务，文化娱乐设施的建造和场所的提供，如游泳池、健身房、棋牌室等；第四种是维修服务，如小家电、小五金、小生活用品的维修；第五种是特约服务，针对业主的不同要求为其提供服务。

（三）经纪活动

在物业使用的过程中，对物业的出租、转让、经营等行为会经常发生。业主买卖房屋、评估房屋价格、装修房屋、出租房屋等，这些需求目前要依靠各种专业公司。但是随着物业管理业务的拓宽，可以通过物业管理的经纪活动，帮助业主去寻找这些服务对象，既方便了业主，物业管理企业又获取中介费或手续费。

（四）信托服务

信托业务分为两类：一是金融信托；二是财产信托。金融信托是银行的一项传统业务。它是指货币所有者或房产所有权人基于对金融机构的信任，委托其代理购建、租赁、经营房地产的行为，是一种融资与融物相结合的使用方式。我国目前的信托只有金融机构办理的金融信托，而缺少财产信托方式，物业管理企业所能办理的是财产信托，是以房地产的信用和委托为标志，通过办理代业主理财、代经营、代租赁等方式获取企业的代理费收入。

物业管理的信托服务主要反映在财务管理职能和经济咨询职能两方面。物业管理企业通过对信托财产进行管理，为财产所有人提供管理、运用、处理、经营的有效服务。经济咨询职能是指为顾客提供各种房地产咨询服务，包括开发咨询、财务咨询、资信咨询、金融咨询、经济咨询、情报咨询以及客户所委托的其他咨询。

为适应上述的物业管理服务活动，专业化的服务公司需要具备多方面知识的专业化人才。

三、与业主委员会的关系

业主是指拥有物业所有权的房地产开发企业和购房人。业主委员会是由业主代表组成，代表业主监督物业管理企业服务的一个民间组织，是全体业主集体行使权利和维护全体业主合法权益的组织。物业管理企业与业主委员会的关系主要表现在以下几个方面：

（一）由物业委托关系形成的法律契约关系

业主委员会将物业委托给物业管理企业进行管理，与物业管理企业产生物业的经营、管理、服务的关系，维系双方关系的是契约、合同。业主属于委托方，由业主委员会代表业主选择物业管理企业并签订物业服务合同确认双方的关系；物业管理企业属于被委托方，按照委托合同规定的职责范围行使管理权限，代替业主从事物业的整体管理，并履行相应的管理职责。

（二）提供服务与接受服务的关系

在物业管理企业与业主委员会双方委托管理关系确定的前提下，由物业管理企业向业主提供与所付管理费用相等值的服务，等价交换是所有服务行为存在的原则。业主支付物业管理费是接受服务的前提，这也是商品经济社会的基本原则。业主委员会可以代表全体业主监督物业管理企业的服务，提出意见或改进措施，物业管理企业在可能的情况下尽量满足业主委员会的要求。

（三）管理与被管理的关系

物业服务合同一旦订立，物业管理企业就有了对物业进行全面管理的权利和责任。在物业服务合同赋予的权限内，物业管理企业可以对违反合同的行为、损害大多数业主的行为、不利于物业安全整洁的一切行为具有管理的权限；业主应配合物业管理企业的工作，遵守各项管理制度。

四、与房地产开发商的关系

（一）房地产开发商（房地产开发企业）

房地产开发商是经营城市土地和房地产开发业务的企业。城市用于建筑的土地，由地方政府统一审批、统一征用和统一管理，由房地产开发企业进行开发和建设。

房地产开发商开发房地产商品的目的就是在注重社会效益和环境效益的前提下，通过实施开发过程来获取直接的经济利益。从这种意义上说，房地产开发商与一般工业企业没有差别，所不同的是房地产开发商开发出的最终产品是一般工业企业从事生产活动的基本物质条件。

房地产开发商之间的主要区别在于其开发的物业是出售还是作为一项长期投资，许多小型的开发商多是将开发的物业进行出售，以迅速积累资本，随着其资本的扩大，这些开发商也会成为物业的拥有者或投资者，即经历所谓的“资本固化”过程，逐渐向中型、大型开发商过渡。

（二）物业管理与房地产开发商

如果房地产开发商将建成的物业长期用于出租，则其角色转变为物业所有者或投资者。在这种情况下，房地产开发商还要进行有效的物业管理，以保持物业对租用者的吸引力，延长其经济寿命，进而达到理想的租金回报和物业保值、增值的目的。

如果房地产开发商将建成的物业用于出售，其对物业管理的依赖程度也十分明显，良好的物业管理可以聚积人气，可以使建好的楼盘旺销。

按照规定，物业管理企业和房地产开发企业应该是两个相对独立的企业法人。但有些房地产开发企业为了便于房屋建成后销售和管理，注册成立了物业管理企业。这样，物业管理企业就成了房地产开发公司的子公司。它们之间的相关性表现在：在房地产开发公司进行小区建设和经营的全过程当中都应考虑到物业管理的需要，邀请物业管理企业提前介入。在房屋建成前，第一个承接小区管理业务的物业管理企业基本上是由房地产开发公司选聘，以后的续聘则由小区业主大会确定。房地产开发企业要为物业管理企业的经营提供物业管理基金和经营设施，依赖物业管理企业代替其管理经营；物业管理企业依赖房地产开发公司提供经营管理必须具备的条件，两者是互相依赖的平等的关系。房地产开发企业在设计、施工、售房三个环节上应为物业管理企业做好前期准备工作。

1. 在设计阶段，重视前期介入

物业小区的规划、设计要从方便业主和用户、完善使用功能角度出发，为物业管理创造条件。如居民生活网点和服务半径要尽量适合居民需要；车棚、绿地、安全设施要保证需要，以及为物业管理开展各种经营的配套公共建筑都需要统一考虑。在决定计划方案之前，邀请物业管理企业的专业人员介入，从物业管理角度提出一些意见。

2. 在施工阶段，要加强质量监督检查

特别是对隐蔽部位和关键部位要加强质量管理，防止造成物业管理中的后遗症。

3. 在开发、销售、入住阶段，要做好以下工作

在竣工前，要选聘物业管理企业提前介入，向物业管理企业提供完整技术档案资料，进行物业交接验收，使物业管理企业熟悉场地和建筑情况，修订各项管理制度，做好开展物业管理的各项准备工作。

房地产开发企业出售新建商品房时，应当向购房人明示前期物业管理服务合同及其内容。购房人购买新建商品房时，应当对前期物业管理服务合同中相关内容予以书面确认。经购房人确认的前期物业管理服务合同，对购房人具有约束力。

在业主入住阶段，房地产开发企业认真履行售后服务的各项承诺，在保修期间内，按照规定及时负责回修。

（三）房地产开发商为物业管理工作的铺垫

房地产开发商是以盈利为目的从事房地产开发和经营的企业。但是在房地产产品形成以前，其经营仅仅是在生产领域和流通领域，物业管理企业尚未正式介入，物业管理是建管结合的纽带，应早期介入、后期跟进。最好是项目可行性研究时就介入，由于这时物业管理企业尚未到位，房地产开发企业应承担先期物业管理策划任务，为物业管理做好铺垫工作，主要内容包括：

1. 明确市场定位，规划布局功能，为将来物业管理的可操作性考虑

在进行规划设计时，不仅要从住宅区的总体布局、使用功能、环境布置上来考虑，还要安排诸如小区的封闭管理、垃圾点的位置、监控设施的安装、防盗系统的设置、园林绿化设计、物业管理用房的建设等。

2. 制定物业管理方案

针对物业开发的总体思路，确定将来的物业管理方案。例如：是否为智能化物业，是否由本开发商投资的物业管理企业来搞前期物业管理等问题。

3. 确定管理档次，制定服务标准

物业的档次决定了管理的档次，根据物业的档次不同，在管理时也要提供与之相对应的服务标准和相应的服务费用。

4. 保证工程质量

在工程施工中监督施工单位保证工程质量，为将来物业管理扫除质量隐患。

5. 制定财务预算，确定收费标准

房屋价格决定整个物业的出租率或出售率，同时也决定了客户的层次。物业管理的目标是通过专业的管理为客户提供良好的服务，使业主取得良好的收益并使物业保值、增值。

6. 确定管理模式，为购房人提供售后服务信息。

五、与政府其他管理部门的关系

（一）物业管理与公安、城管、综合治理等执法部门的关系

物业管理各项业务活动必须在遵纪守法的前提下进行，必须接受相关部门的业务指导和监督。物业管理企业的管理不能代替执法部门的工作，物业管理企业只是在物业管理合同赋予的权限范围之内从事管理、服务、协调和经营的行为，在日常的管理工作中，需要遵守相关的规定。同时，对于需要执法部门完成的工作要积极配合，而不能代替执法部门行使执法权限。根据各个执法部门的职责范围，把应该由公安、消防等其他执法部门负责的事情与物业管理工作的界限加以划分，例如，物业管理企业需要做的是防范工作，如防火、防盗、预防犯罪，而不能去侦查、捉捕犯罪嫌疑人。再例如，物业管理企业可以提供便利条件促进业主之间的和睦，调解邻里纠纷，防范民事纠纷事态扩大或恶化，但是，发生纠纷的裁定权不是物业管理企业职责范围内的事情。

（二）物业管理与工商、税务部门的关系

物业管理企业是在取得工商营业执照、税务部门登记的前提下具有独立法人资格的企业。严格遵守工商管理规定，依法纳税、依法经营是最根本的要求，物业管理企业要在有关管理部门允许的范围内开展管理服务业务。对于在物业区域范围内设立的农贸市场或其他经营场所，可以自行经营管理，请工商管理部门进行监督指导，也可以经过工商管理部门授权代理管理。物业管理企业可以接受相关部门委托代理收缴费用，获得佣金，但物业管理企业本身并不具备收税、收费（不包括物业管理费）的权利。

（三）物业管理与其他部门的关系

与物业管理有关的，除上述部门外，还有市政、绿化、供水、供电、供气、供热等部门。物业管理企业除负责房地产管理外，还负责市政公共设施、公共绿化、小区环境卫生、小区内车辆交通等事项的管理，同时与供水、供电、供气、供热部门就有关使用问题订立协议，接受有关部门的业务指导和监督。

复习思考题

1. 物业管理企业组织机构设置的步骤有哪些？
2. 物业管理企业的制度建设包括哪些方面？
3. 如何理解物业管理企业与相关机构部门之间的关系？

第四章　物业管理人才的培养与管理

第一节　物业管理人才素质的培养

任何一个企业的经营管理活动，都是人在其中起着最为关键的作用。只有具备了现代化的管理人才，才可能有现代化的组织系统，才可能运用现代化的管理方法和手段，提高物业管理的效率和效能。

现代化管理人才，要求具有良好的政治觉悟、思想品质和工作作风，要求具有较高的科学文化知识、业务水平、管理技巧，要求知识结构不断更新，素质不断提高。

要实现物业管理现代化，物业管理企业千万不可忽视管理人才的选拔和培养。应根据自己的经营发展需要，建立起一套有关人才培养、选拔、考核、提高的科学的、合理的体系，使管理人才在实现物业管理现代化中发挥出强有力的作用。

一、物业管理需要的专业人才类型

（一）综合管理的专业人才

物业管理包括房屋机器设备、公共设施的保养、维修，住宅小区的治安、环卫、交通、绿化等综合管理和有偿服务等工作。从事物业管理的人才应该是具有建筑工程学、管理学、环境科学、公共关系学等专业知识。就体制转轨过来的原公有住房的房管人员，必须经过专业化培训和岗位培训，逐步形成具有综合管理知识的专业人才。

（二）经济类专业人才

专业化公司需要一批懂得企业管理、计划管理、经济分析、房地产估价、经济合同、人事劳资等经济类人才。一般经济类人才经过必要的培训，才能适应物业管理业务的需要。

（三）机电设备专业人才

由于现代化房屋的设备日益增多，尤其是高层楼宇高度依赖机电设备来保持运转，必须配备一些熟悉房屋机电设备管理的专业人才。

（四）物业管理财会人才

据了解，我国的财经院校，尚未设置房地产物业管理的财务会计课程。因此，专业化公司在引进一般会计人才后，还要进行专业培训，使之成为房地产物业管理的会计人才。

除了上述四种人才以外，专业化服务公司还应配备文秘、档案等方面的专业人才。

二、物业管理人员应具备的素质与能力

一个优秀的物业管理人员应具备多方面的素质和能力。它包括：

（一）政治素质

物业管理人员要有良好的政治素养、正确的经营思想、强烈的事业心，能全心全意为业主（使用人）服务，能为本公司利益着想，有很强的法制观念。当前我国正由过去的传统计划经济转轨到市场经济中来，房屋管理也由过去的行政管理转到社会化、专业化、企业化的物业管理上来，因此过去所制定的方针、政策不能再照搬照套，而新的法制又尚未健全。在这种情况下，在开展物业管理工作时，一定要本着对国家、对业主、对公司负责的精神，遵守国家的有关法规。能否按照国家法规办事也体现着管理人员的政治修养。

（二）良好的职业道德

物业管理人员的职业道德体现在：高度的责任感、事业心；业主至上，服务第一；实事求是，严谨细致；艰苦创业，任劳任怨；尊重住户，礼貌待人；遵纪守法，不谋私利等等。

（三）业务素质

作为一名合格的物业管理工作人员，应具备丰富的专业知识，尤其是中、高级管理人员应是复合型人才。他们不仅要有一定的土建知识，了解住宅的结构类型，各种材料性能、施工质量以及外观装修、设计标准等，还要懂得有关机电知识，保证公共服务设施中的机电设备出现故障时能尽快排除。此外，还需要掌握一定的行政管理学、心理学、公共关系学、系统工程学等知识，为良好的物业管理工作的开展奠定基础。

（四）文化素质

物业管理人员应接受良好的教育，知识面要宽，接受信息的能力要强，要精通经济学、系统工程学、美学、法学等学科知识。这样在工作中才能与业主（使用人）沟通思想、交流感情、相互理解、相互尊重。

（五）身心素质

身体好、精力旺盛、仪表端正、热情大方、知难而进、不怕挫折、心理承受力强，这些将是物业管理工作得以开展的基础。

（六）具有较强的管理能力

所谓管理能力要强，一般体现在“五勤”，即脑勤、眼勤、口勤、手勤、脚勤。具体反映在：管理工作动脑筋要勤，观察发现问题要勤，说服管理指导要勤，巡视检查管理要勤，动手参与管理要勤。

三、加强物业管理人才素质的培养

搞好住宅小区的管理和服务，首先要有一支素质优良、管理和服务水平较高的员工队伍，这是完成所担负使命的重要条件。所以物业管理企业应始终把加强管理队伍建设作为一项基础工程来抓，应着重从以下四个方面来进行培训：

（一）思想建设

引导全体管理人员把“服务第一，住户至上”当作企业的生命，全心全意为业主（住户）服务。具体表现在16个字上：文明礼貌，合理规范，及时快捷，完好满意。教育倡导“创业敬业，爱我物业，管理服务，住户至上”的企业精神。

（二）作风建设

作风反映企业的形象，是检验员工队伍管理和服务质量的一个重要尺度。因此，在工作时间内，管理人员应该统一着装，统一挂牌，统一用语；接待业主（使用人）以及宾客，应做到态度和蔼可亲，举止端庄，谈吐文雅。只要住户需要服务，物业管理企业就应尽可能地满足住户的要求，使全体住户真正体会到“处处方便，事事放心”。

（三）业务建设

业务水平的高低，直接关系到管理和服务的质量，关系到企业的效益，因此，公司在选聘使用员工时应注意严格把关。选聘员工应本着德、才勤、绩的标准，着重考核思想素质和业务能力，兼顾年龄、学历、专业等条件。同时，应通过不同形式的培训工作提高在职人员的素质。常采用的形式有：

1. 短期培训

以1个月至3个月的时间，较为系统地讲授物业管理知识及物业管理操作技能。

2. 专题讲座

根据物业管理企业员工的工作状况及特点，有选择地进行专题讲座，以提高他们的业务能力及实际操作技能。

3. 技能竞赛

为促进全体员工提高技术，钻研业务，可以通过各种技能比赛、选拔先进的方式来推动学习技术的高潮。

4. 学历教育

根据员工的不同层次、不同条件、不同水平，选拔一些热爱物业管理工作，具有奉献精神，又有培养前途的员工到相应的高校进行较系统的学习。

5. 法制建设

社会主义市场经济是法制经济，要求每一位员工自觉地遵守法纪。要学法用法，物业管理企业要在国家颁布的各项法规的基础上，根据国家制定的各项规章制度开展物业管理工作，积极为住户服务。

第二节　物业管理企业的人员培训

物业管理行业内竞争的加剧，决定了物业管理企业必须重视员工的培训。物业管理企业的竞争，归根到底是人才的竞争。物业管理企业除了从市场上招聘到合适的人才外，更为有效的方式是通过培训提高现有员工的素质，使其成为满足企业需要的人才。大量事实说明，员工培训搞得越好，企业的核心竞争力就越强，其社会效益和经济效益就越明显。物业管理企业的员工培训工作包括以下几个方面：

一、制定培训计划

培训计划是为了确定培训工作的目标，制定整体规划以实现这些目标，同时将培训计划逐层展开，以便协调各项工作的开展。

（一）制定培训计划的程序

物业管理企业各个部门根据时培训需求的分析，结合企业年度发展计划及部门培训目标，制定出本部门的年度培训计划，由企业人力资源管理部门综合汇总后，结合企业年度发展计划和培训总体目标，制定整个物业管理企业的培训计划。

（二）培训计划内容

为保证培训工作顺利实施，培训计划应包括培训目标、培训对象、课程设置和培训方式等内容。

1. 培训目标

培训目标是指通过培训工作所期望取得的成果，这些成果包括个人的、部门的、整个企业所要求达到的培训效果。培训目标是制定培训计划的基础，培训目标决定了培训课程、培训方式等一系列内容。同时，培训目标又是培训考核和培训评估的依据。

2. 培训对象

物业管理企业员工构成可分为操作层、管理层和决策层。员工所处的层次不同，所从事的岗位不同，培训的要求也就不同。因此，物业管理培训内容可以根据不同的培训对象加以分类。

3. 课程设置

培训课程包括了培训课程的名称、培训的时间、培训地点、培训师资、授课要求等内容。明确的培训要求有利于员工提前对所培训的内容有所准备和侧重，有利于提高培训效果。

4. 培训方式

根据培训内容以及培训对象的不同，可以采取不同的培训方式。经常用到的培训方式有面授法、观摩法、实训法和角色扮演法等等。

二、确定培训内容

（一）企业相关知识的培训

该类培训是为了让每一个员工对企业的历史、现状、未来发展规划、管理服务理念、经营范围、内部管理制度等有一个全面的了解。

（二）思想品德和职业道德的培训

1. 思想品德的培训

思想品德的优劣在今天的社会主义市场经济条件下仍然具有特别重要的意义。具有良好的思想品德和行为准则，是物业管理企业做好工作的先决条件。

在房屋管理逐步走向商品化管理的进程中，尤其要教育企业员工树立全心全意为业主和使用人服务的思想，把“服务”作为一种敬业精神，深深扎根于每个员工的心底。要在员工中提倡爱国主义、集体主义、社会主义精神，要在员工中提倡自尊、尊人的精神，敬业奉献的精神，勤俭节约的精神，尊老爱幼的精神，好学进取的精神，反对各种损人利己、损公肥私的行为。

过去房管部门的管理工作具有浓厚的政府行政职能色彩，员工有一种高高在上以主人自居的思想。随着房地产市场的深入发展，使房屋产权性质发生了巨大变化，业主成了房屋的真正的主人。因此，要教育员工必须转变观念，摆正自己的位置。今天的物业管理企业是受雇于业主、使用人的管家，要真正树立受聘于住户、接受住户监督的意识，物业管理的最高准则就是为住户和使用人提供尽善尽美的服务。要加强精神文明的建设，努力造就不断进取、具有坚韧不拔的创业精神和良好思想风貌的员工队伍。

2. 职业道德的培训

物业管理人员的职业道德主要体现在其履行职责的过程中，应该怎样做，不应该怎样做。这个“应该”或“不应该”是出自员工内心的道德要求，是一种道德品质、思想意识，突出体现了员工的品质、人格和精神境界。

要使每个员工都清楚地认识到，物业管理企业生产的产品就是服务，物业管理本身就是服务性行业，它的生命力就在于为业主和使用人提供最优质的服务。物业管理的工作对象虽然是房产及其附属设施，但房屋及其附属设施是为业主和使用人服务的，因此物业管理的对象应该是第一是人，第二是物。要树立以人为本的思想，把住户的需要当作自己的工作需要，要培训员工努力提高职业道德修养，热爱本职工作，爱岗敬业，遵规守纪，热情服务，诚实守信，不怕困难，虚心好学，热心公益，爱护公物，坚持原则，秉公行事，廉洁奉公，勤俭节约，使他能以良好的精神面貌，积极的奉献精神，过硬的业务技能很好地完成自己的本职工作，树立物业管理从业人员的新形象。

物业管理人员的职业道德教育的根本任务是：为适应物业管理发展需要，培养有理想、有道德、守纪律的员工，他们能坚持原则，秉公办事，廉洁奉公，不以权谋私，作风正派，虚心好学，热心公益，爱护公物，以“想住户之所想，急住户之所急，解住户之所难”为服务宗旨，努力完善住户的工作和生活条件。

（三）物业管理工作基础知识培训

搞好物业管理工作，不仅要有全心全意为住户服务的思想，而且还要有过硬的业务能力。物业管理工作范围广泛，涉及多方面的专业知识，任何一个层次的物业管理人员都要掌握下列必备的公共知识：

1. 房地产经济理论知识

例如房地产的资金投入、产出、出售、出租、成本回收、固定资产折旧以及房地产市场的运行机制等知识。

2. 物业经营管理知识

例如物业管理的机构及职能，物业管理的形式、内容、特点及方法等。

3. 法律知识

例如城市房地产管理法、民法、经济法等法律知识；懂得宪法、土地管理法、城市规划法等与房地产有关的条款内容；对经济合同、租赁合同等的内容和格式有较准确的理解和运用；掌握有关物业管理法规、条例等。

4. 建筑知识

能读图、识图，并掌握房屋的结构与装修，建筑材料的种类与选用，房屋维修养护的知识。

5. 机电设备知识

机电材料的选择与不同作用，卫生器具、给排水、电气设备的基础知识，水泵等常用机电设备的日常维修和检修，保安系统的选用与操作。能保持物业各种设备的正常运行，及时解决处理设备运行故障。

6. 物业建设规划及管理知识

道路绿化布局、苗木的选用与日常维护、小区内的公共设施维修等。能注意公共设施的维修、保养、清洁、美化，保持物业环境的合理布局、景观和风貌。

7. 物业管理公文写作知识

能正确撰写物业管理公文，在接管、撤出、订租、退租和物业档案管理中能写出具有一定专业水平的公文。

8. 公共关系知识

懂得良好公众关系对企业生存和发展的重要性，善于和各类公众，诸如住户、政府行政管理部门等打交道，能协调好各方面的关系，创造出一种宽松和谐的环境。

9. 财务会计知识

懂得经营的测算方法，有关的税务知识和统计知识，企业资金的运作，工程预算知识，房地产估价的基本知识等等。能进行租金测算，制订管理费和有偿服务费收支计划，积累房屋共用部位设施维修基金，编制工程预算，注意资金的合理运用。

10. 行政管理知识

懂得企业行政管理与管理制度的建立、行政档案的管理等知识。

11. 其他诸如治安、交通、绿化、环境科学、心理学、服务学、社会学知识、安全生产知识、相关的材料知识等。

（四）物业管理人员专项技能的培训

物业管理的专业化很强，需要有不同专业的、不同技能的人才，但任何一个专业的物业管理人员都应具备以下的公共技能知识：

1. 掌握基本情况的培训

（1）本物业管理企业的服务宗旨和原则；

（2）本物业所管房屋的栋数，总面积、总户数；

（3）本物业（片、幢）内房屋总栋数、总面积、总户数；

（4）本物业管理范围内住户的家庭基本情况，包括：户主、年龄、职业、工作单位、家庭人口、人口结构、联系电话；

（5）本物业管理范围内居民构成基本情况，包括：本市居民、外国人、华侨、港澳台人士、内地居民、临时住户各多少，业主（或租户）所属的社会阶层和经济状况；

（6）本物业管理处房屋产权归属情况，包括：福利商品房、微利商品房、集资房、单位房、市场商品房、涉外商品房各有多少；

（7）本物业管理范围内各类使用性质的房屋有多少，包括：住宅、商业办公、公共项目用房以及其他用房；

（8）房租、管理费和各种费用的收费标准；

（9）政府主管部门和本单位制定的房产管理各项指标，包括：租金、管理费、管理费收缴率、住户投诉率和投诉处理率、供电和应急发电率、生活供水率、电梯运行率、中央空调工作率、房屋完好率、维修工程优良率等；

（10）本物业管理范围内公共道路绿化面积有多少平方米，上下水总管道的长度及铺设位置，排污、检查井的数目及其位置；化粪池的数量及其位置；供水、供气、供电总闸在哪里；

（11）本物业管理范围内有几个泵房，几部电梯，多少备用发电机，有多少台生活水泵、消防水泵；

（12）本物业管理范围内高低压电站、室内室外消防栓有多少个，路灯、楼梯灯有多少盏；

（13）火警、匪警、急救中心、居委会、派出所等相关部门的电话号码。

2. 基本知识及技能的培训

（1）能看懂房屋平面图，会丈量面积，会计算房屋建筑面积、使用面积；

（2）懂房屋结构，掌握住房验收方法和质量标准；

（3）能够编制单位维修计划和维修、保养工程的产量计算；

（4）懂房产档案资料的整理、归类、编目、存档以及档案资料保管常识和变更修改技术；

（5）能够签定房产管理合同，包括租赁合同、买卖合同、清洁合同、园林养护合同、维修养护合同、装修合同等，熟悉经济和行政法律程序，能参与诉讼；

（6）能发现电线路、供水管一般故障；

（7）懂庭园绿化的基本知识，会美化环境，懂得树木、花草的养护知识；

(8) 懂得发生火警、台风、盗窃等紧急事故时的应急措施；

(9) 能够处理来信来访和撰写工作总结；

(10) 能够拟定调查、访问提纲，会写简单的调查报告；

(11) 具有一定的组织能力，能够宣传、发动、组织住户参与住宅区管理和开展住宅区内各项公益活动，能够合理组织管理各种技术工人进行房屋维修、养护，园林绿化的种植和养护，卫生、环境的清洁，基础设施的维修，消防设施的保养，还要组织搞好住宅区治安、违章清理。

三、不同层次的管理人员培训要点

(一) 各维修工种、劳务层的基层人员

培训内容主要着重在操作性上，应学习有关物业管理法律法规、安全生产知识、相关的材料知识，房屋结构构造和保养维修基本知识以及员工工作范围内的专业知识，如治安保卫、清洁卫生、绿化园艺、服务技能，水、电维修和机电设备维修养护等技能。

(二) 部门经理层等中层管理人员

除了物业的保养和维护、设备维修、园林绿化等知识外，更要对企业经营管理、物业管理法律知识，行政管理、财务与会计、统计、税法、领导艺术、行为心理学、计算机与应用等，有较全面的了解，还需要掌握相关专业知识，如经纪中介专业知识、房产估价知识、房屋建筑结构、材料、维修技术等。

(三) 经理层等高级管理人员

重点培训掌握邓小平建设中国特色社会主义理论、社会主义市场经济理论、企业管理学、城市社会学、房地产经济学、房产经济、金融保险学、经济管理与决策、计算机物业程序设计、财务与会计税法、行为心理学、公关学、领导艺术，以及经济法、民法、刑法、税法、公司法、经济法、经济合同法、城市房地产管理法等国家有关法律法规。

(四) 普通办公人员

行政管理、文秘档案、公关知识。具体为文件的起草，文书的收发和处理，文件的拟办和催办，文件的上卷归档，文件传递，文件清缴、移交和销毁，会务技巧，政务接待，信函处理，计算机的熟练运用。

(五) 专业技术人员

各自专业的相关知识理论，专业技术规范以及相关的法律法规，安全生产知识，维修技术与管理标准、规程，计算机的操作与应用。

四、加强培训管理与考核

(一) 制定物业管理企业培训管理规定

培训工作对物业管理企业来讲是一项长期的工作，物业管理企业应结合自身情况制定培训管理规定，加强培训工作的管理，使培训工作制度化、规范化。培训管理规定主要包括培训的目的和意义，培训的基本内容、培训的方法、培训的分类、培训的组织实施、培训的监督管理和培训的效果评估等内容。

(二) 完善培训记录

物业管理企业各个部门的培训计划、培训记录、培训档案归集由公司行政办公室统一负责管理。将实施培训的各个环节详细地记录下来，注重培训的过程管理。

(三) 建立培训档案

1. 员工培训记录表

物业管理企业为每一位员工建立培训记录卡片，记录员工参加培训的出勤情况、学时完成情况、实践环节表现和培训考核的成绩。

2. 员工培训档案

将物业管理企业的培训计划、培训记录表、教师教学计划、实习单位、以及学习过程中所形成的各种基础资料加以分类、归档，形成完整的培训档案。

（四）加强培训考核

在实施培训计划的过程中，要对参加培训员工的学习态度、出勤情况、考试成绩进行综合考核，以提高培训的实际效果。

培训考核由三项内容构成，各部分考核相辅相成，将学习、考核贯穿于全部管理过程。

1. 集中培训后的考核

主要采取书面答卷、实际操作的方式。在培训总成绩中一般占60%的比例。

2. 日常工作中的考核

主要采取自我规范管理服务行为、部门监督管理的方式，结合公司的岗位职责和服务规范进行分数评定。在培训总成绩中一般占40%的比例。

3. 物业管理企业行政办公室每半年对培训工作进行一次考评，一般包括素质考核、专业知识考核等内容。为提高员工参加培训的积极性，可以对培训工作成绩突出的部门和个人进行表彰和奖励。

五、建立完善的培训评估制度

培训效果的评估就是研究和分析员工经过培训后其行为是否发生了变化、素质是否得到了提高、工作效率是否得到了改善、企业目标的实现是否得到了促进。培训效果的评估主要包含如下层次的内容：

（一）评估受训者对培训知识的掌握程度

这种评估可以以书面考试的形式或实地操作的形式来测试。并将测试结果与培训前对受训者的摸底情况进行对比分析。

（二）评估受训者工作行为的改进程度

即考察和分析受训者是否将培训中学到的知识和技能有效地运用到工作中去了。如果受训者没有将在培训中学到的知识和技能有效地运用到工作中去，培训也就没有发挥作用。

（三）评估企业的经营绩效是否发生了改进

如果一项培训达到了改进受训者工作行为的目的，那么这种改进是否有助于提高企业的经营业绩。提高企业的经营业绩是企业投资培训的真正目的。

培训效果的评估包括两个部分，一部分是对教师的评估，另一部分是对员工培训成绩的评估。对教师的评估有利于提高教学质量，而对学员的成绩评估是为了对其有相对的要求和制约，以保证培训的效果。因为物业管理企业的培训往往是免费的，员工重视程度不够，容易流于形式，所以培训最终要有对学员必要的考试和定期对教师培训质量的测评调查。

第三节　物业管理企业的人员管理

高水平的企业运作必须以优秀的人力资源为基础，能否对人力资源进行有效开发和管理，正成为物业管理企业生死攸关的战略问题。本节将重点讨论人力资源管理工作内容、人员的招聘与解聘、考核与奖惩等问题。

一、人员管理的内容

物业管理企业设置人力资源管理部，负责企业内部各个部门之间的人力资源管理的协调、服务、监督及考核工作。

（一）人员管理的工作内容

(1) 制订各部门定岗、定编文件

编制企业统一的《员工手册》。《员工手册》是人力资源管理的重要文件之一，包括管理岗位的职位说明、培训管理程序、考勤管理程序、请（休）假管理程序、加班管理程序、劳动关系管理、薪金管理等管理文件在内的多项程序文件。《员工手册》一经确定，所有的员工都必须遵照执行。

(2) 负责企业员工招聘与解聘工作，调配人力余缺。

(3) 组织协调员工培训管理工作。

(4) 管理员工薪金档案建立与调整。

(5) 负责员工的考核与奖惩工作。

(6) 办理员工各项社会保险。

(7) 负责人力资源档案管理。

（二）建立人力资源开发和管理机制

根据物业管理企业发展目标和人力资源情况，制定人力资源发展计划，建立人力资源开发和管理机制。

1. 根据物业管理企业管理架构编制职位管理计划

明确各个职位的入职条件、专业素质、工作技能、岗位职责等，作为人力资源选聘、培训和工作业绩评估的依据。

2. 根据公司的职位要求，编制员工培训和考核计划

精心设计培训课程，不断改进培训工作，保证员工专业素质的提高和服务质量的标准化、程序化。

3. 实行绩效管理，建立有效的激励机制

将员工的工作业绩、工作能力、日常考核结果进行综合评定，评定结果与公司的各项激励政策挂钩。

4. 建立人才开发和储备途径

物业管理企业在建立人才开发和储备方面，实行双管齐下的策略。一方面企业自行加大人才的培养力度，做好人才使用、选拔和储备工作；另一方面与人才市场、大专院校取得联系，做好人才引进工作。

二、人员的招聘与解聘

招聘是物业管理企业按照发展战略及人力资源规划的要求，把优秀、合适的人招聘进企业，是人力资源管理的重要环节。解聘即与员工解除劳动合同，也是物业管理企业人力资源管理中一项重要工作。

（一）招聘计划的制定

招聘计划作为企业人力资源规划的重要组成部分，为企业人力资源管理提供了一个基

本的框架，为人员招聘工作提供了客观的依据、科学的规范和实用的方法，能够避免人员招聘过程中的盲目性和随意性。

1. 计划的依据

物业管理企业在制定招聘计划时，主要考虑企业发展战略、物业面积的大小、管理要求、物业的类型和特点、物业业主的特点等因素。

2. 计划的内容

人员招聘工作计划一般包括人员总量和人员结构、各类人员的招聘条件、招聘信息发布的时间、方式与范围，以及招聘的渠道和方法等等。

（二）招聘的组织实施

1. 公布招聘信息

根据招聘计划确定的时间、方式和范围公布招聘信息。

2. 设计应聘申请表

为了保证应聘人员提供信息的规范性，企业在招聘活动开始时要组织人员设计应聘申请表。一般来说都应能够反映以下一些信息：应聘者个人基本信息、应聘者受教育状况、应聘者过去的工作经验以及业绩、能力特长、职业兴趣等。设计申请表要符合当地有关法律和政策的要求，只能要求申请人填写与工作有关的情况。

3. 对应聘者进行初审

初审是对应聘者是否符合职位基本要求的一种资格审查，目的是筛选出那些背景和潜质都与职务所需条件相当的候选人，并从合格的应聘者中选出参加后续选拔的人员。最初的资格审查和初选是人力资源部门通过审阅应聘者的个人简历或应聘申请表进行的。

4. 确定对应聘人员的选拔方法

物业管理企业要根据应聘岗位的特征、参加招聘人员的能力与素质及应聘者的数量和层次确定适合本企业的人员选拔方法。常用的对应聘人员的选拔方法有：面试、心理测验、知识测验和劳动技能测验等。

（三）人员的录用

人员录用是人员招聘的最后一个环节，主要涉及人员选择之后一系列有关录用事宜，如通知录用人员、试用合同的签订、员工工作的初始安排、试用、正式录用等。

在录用通知书中，应讲清楚什么时候开始报到，在什么地点报到，报到时应携带哪些资料（诸如体检资料、证书资料等），如何抵达报到地点及其他应说明的信息。

（四）员工的解聘

员工的解聘即物业管理企业与员工解除劳动合同。员工的解聘包括员工辞职、辞退和资遣三种情况。

1. 员工辞职

辞职是指员工要求离开现任职位，与企业解除劳动合同，退出企业工作的人事调整活动。辞职是员工的权利，企业应予以尊重。员工辞职的原因主要有多方面的，例如个人原因、薪酬原因和管理原因等等。员工辞职时，人事管理部门和有关用人单位应督促辞职员工办好有关工作移交及个人财、物的清理。员工辞职应当提前30日以书面形式通知用人单位。

2. 员工的辞退

员工的辞退是物业管理企业给予员工的最严厉的惩罚，员工的辞退就是终止劳动合同。因此，员工辞退必须慎重考虑，恰当使用。在今天的企业环境中，企业应该像关心招聘那样关心员工的辞退。目前许多企业对员工的招聘非常重视，招聘程序也非常严格，而对员工辞退的管理却随意性较大。这是人力资源管理的一个误区。

3. 员工的资遣

资遣是企业因故提出与员工终止劳动合同的一项人事调整活动。资遣不是因为员工的过失原因造成的，而是企业根据自己经营的需要，主动与员工解除劳动契约。

三、人员的考核与奖惩

考核与奖惩是建立现代企业制度，完善员工激励机制，明晰企业价值取向，实现企业战略目标的重要保证，是物业管理企业一个重要而又复杂的问题，其运作的成功与否，影响到企业的走向。

（一）考核的原则

1. 全面性与完整性的原则

因为一个人的绩效可以从多方面体现出来，因此，凡是与绩效有关的工作都要列入考核指标体系，做到全面和完整，以避免考核的片面性。

2. 相关性与有效性的原则

即考核的内容必须与工作相关，与工作无关的诸如个人生活习惯、癖好之类的琐细内容不要包括在考核内容中。

3. 明确性与具体性的原则

即考核标准要便于衡量和理解，如果含混不明，抽象深奥，便无法使用。

4. 操作性与精确性的原则

考核标准必须可以直接操作，同时还应尽可能予以量化，做到可定量测定。

5. 一致性与可靠性的原则

即考核标准应适用于一切同类型的员工，不能区别对待或经常变动，使考核结果的横向与纵向可比性降低或丧失，使考核没有可信度。

6. 公正性与客观性的原则

即考核标准的制定与执行，必须科学、合理、不掺入个人好恶等感情成分。

（二）考核的组织与实施

1. 项目经理的考核

项目经理的考核应该以考核工作效果为主，这样一方面可考核管理处主任的现实业绩，另一方面可考核管理处主任的发展潜力。

考核的程序及方法如下：

(1) 明确考核的目的和要求；

(2) 确定考核周期，对管理处主任的考核一般以年度为周期，即每年年末对管理处主任进行一次考核；

(3) 建立考核的组织机构，一般应建立以公司总经理为组长，公司领导班子成员及人力资源部负责人为成员的考核领导小组；

(4) 根据实际情况确定考核指标及相应权重；

(5) 对考核指标进行科学分档，并明晰每档的具体要求；

(6) 确定参加考核者；

(7) 确定评价方法；

(8) 组织实施考核；

(9) 收集整理有关资料，确认考核结果。

2. 物业管理员的考核

物业管理员的考核应以考核员工的工作行为为主。重在工作过程的考核，重点评价员工在工作中的行为表现。

考核的程序及方法如下：

(1) 进行职务分析，明确物业管理员岗位的工作职责及工作能力要求；

(2) 确定考核周期，对物业管理员的考核一般以半年或一个季度为周期比较合适；

(3) 建立考核的组织机构，一般应建立以管理处主任为组长，管理处领导班子成员及相关部门负责人为成员的考核领导小组；

(4) 根据实际情况确定衡量物业管理员行为的指标及相应权重；

(5) 对考核指标进行科学分档，并明晰每档的具体要求；

(6) 确定参加考核者；

(7) 确定评价方法；

(8) 组织实施考核。各考核者根据对被考核者情况的了解给被考核者打分；

(9) 收集整理有关资料，确认考核结果。

3. 操作层员工的考核

操作层员工的考核应该以考核员工的个性特征为主，诸如员工个人品质、沟通技巧、对企业的忠诚、工作主动性、责任心、创造性和工作态度等。

考核的程序及方法如下：

(1) 进行岗位分析，明确各操作层员工的岗位职责及岗位工作要求；

(2) 确定考核周期，对操作层员工的考核一般以一个月为周期比较合适；

(3) 根据实际情况确定衡量操作层员工品质和行为要求的指标及相应权重；

(4) 对考核指标进行科学分档，并明晰每档的具体要求；

(5) 由操作层员工的主管对所辖操作层员工采用等级评分法进行打分，并报管理处的人事行政部门或管理处主任核准。

(三) 考核应注意的问题

1. 影响考核的因素

影响考核的因素包括考核者的特性、考核者与被考核者的关系、考核的标准与方法、组织条件等。同时企业领导对考核工作是否重视与支持，考核制度是否规范，考核结果是否认真分析并用于人事决策等都会影响考核效果。

2. 考核的面谈

面谈是考核工作的重要一环。只作考核而不将考核结果反馈给被考核者，那么这样的考核是没有任何意义的。反馈的方式主要是考核面谈。因为面谈既要指出被考核者的成绩，更要指出被考核者存在的问题，并且要与随后的奖惩挂钩，所以颇为敏感。因此把握好考核面谈便需要某种技巧乃至艺术。

(四) 员工的奖惩

1. 奖惩的原则

从企业的观点来看,企业员工的行为可分为两类.一类是期望的行为,即企业期望员工出现的行为;另一类是非期望行为,即企业不希望员工出现的行为。企业的管理者应该对员工期望的行为予以肯定和表扬,使员工保持这种行为。而对员工的非期望行为则应予以否定与批评,使员工消除这种行为。奖惩得当,不仅能进一步调动员工的积极性,消除员工的不良行为,而且能够化消极因素为积极因素。

在物业管理企业的奖惩实际中,应遵循以下原则:

(1) 注重行为结果,兼顾行为过程的原则。即对员工的奖惩应以员工行为对企业的影响力或后果为主要标准,兼顾员工行为过程;

(2) 奖罚分明的原则。即对员工有功则奖,有过则罚;

(3) 统一领导,分级实施的原则。由于物业管理企业所管物业分散,因此,对员工的奖惩应在企业奖惩要求的统一指导下,根据员工管理权限,分级组织实施。

2. 员工的奖励

(1) 奖励的形式

一般说来,对员工的奖励有以下形式:金钱、奖品、升迁、休假、培训、肯定、参与工作、提供机会等。

(2) 奖励的要求

要把物质奖励与精神奖励有机结合起来,使两者相辅相成。奖励要及时,员工做出了成绩,符合奖励标准以后,管理者应该立即予以奖励。同时奖励程度要与员工的贡献相称,员工的贡献越大,越应获得较高程度的奖励。奖励程度必须与贡献相称,过大过小,都会失去奖励的意义与作用。因此,企业应有科学的考核和贡献评价指标体系、严格的考核制度及正确的考核方法,以确定员工贡献量的真实性、差异性。

奖励的方式要经常变化。一般来说,新颖的奖励与变化的奖励作用较大。为了不断地发挥奖励的作用,奖励的方法就要经常变化,不断创新。

3. 员工的惩罚

(1) 惩罚的形式

管理者在对员工的期望行为给予奖励的同时,也要对员工的非期望行为予以必要的惩罚。惩罚在某种程度上也是教育,有时是更实际、更深刻的教育。因此,有效而又公平地运用惩罚手段,也是激励员工的一种重要手段。惩罚的形式包括:批评、扣罚奖金、降低薪资、降低职务、岗位调整、给予辞退以及其他惩罚等等。

(2) 惩罚的要求

为了发挥惩罚的作用,在对员工进行惩罚时要做到:合理、适当、灵活。

复习思考题

1. 一个优秀的物业管理人员应具备哪些方面的素质与能力?
2. 怎样制定一个完善的物业管理企业人员培训计划?
3. 如何进行培训管理与考核?
4. 物业管理企业的人员管理包括哪些内容?

第五章　物业管理的前期工作

第一节　物业管理的前期介入

物业管理的前期介入，是指开发商邀请拟从事所开发项目物业管理的有关人员，参与该物业的可行性研究、物业规划、设计、施工等阶段的讨论并提出建议，从物业管理和运作的角度为开发企业提出规划、设计、设备选用、施工监管、工程竣工、验收接管、房屋销售、房屋租赁等多方面的建设性意见，并制定出物业管理方案，为以后的物业管理的顺利进行打下良好的基础。

物业管理前期介入是物业管理工作由被动适应到主动参与的重要举措，其重要意义在于：

1. 有利于后期管理工作的顺利进行

前期介入可以全面了解所管理的物业，对土建结构、隐蔽工程、设备安装进行全程跟踪，确保施工质量，以便在物业移交之前安排好人员聘用、上岗培训、机构设置等工作，同时熟悉环保、水电、煤气、通讯、治安、绿化等工作内容和环节，理顺服务渠道。

2. 保证物业的安全启用和正常运行

物业管理的各个环节在物业尚未交工就运作起来，可以使施工与启用衔接，使业主放心。

3. 优化设计、防止存在隐患

物业管理企业的前期介入，从业主和使用人的角度对物业进行审视，容易发现物业在使用中有可能出现的问题，及时提出解决方案，从而防止隐患的发生。

一、物业规划

在物业的规划设计阶段，建筑设计人员从功能设计上考虑得多，对物业管理考虑得少，这样会给接管的物业管理企业的服务带来问题，因此，物业管理人员欲在物业管理前期介入中发挥应有的作用，要具备物业规划的基础知识。

物业规划主要是指居住区的规划。居住区是构成城市的有机组成部分，居住区的规划是满足居民的居住、工作、休息、文化教育、生活服务、交通等方面要求的综合性建设规划。居住区规划一般由房地产开发商制定，它的任务是为居民经济合理的创造一个满足日常物质和文化生活需要的舒适方便、清洁、安宁和优美的环境。

(一) 居住区规划的内容

(1) 选择、确定用地位置、范围；

(2) 确定人口数量和用地面积；

(3) 拟定居住建筑类型、层数比例、数量、布置方式；

(4) 拟定公共服务设施的内容、规划、数量(用房与用地)、分布和布置方式；

(5) 拟定各级道路的宽度、断面形式、布置方式；

(6) 拟定公共绿地、体育、休息等室外场地的数量、分布和布置方式；

(7) 拟定有关的工程规划设计方案；

(8) 拟定各项技术指标和造价估算。

(二) 居住区的规划设计

居住区规划是一项技术性较强的设计工作，在满足国家有关设计规范的前提下，一般应满足以下几个方面的要求：

1. 使用要求

创造一个适宜的居住环境，例如为适应住户家庭不同的人口组成选择合适的住宅类型，合理确定供给设施的项目、规模及其分布方式，合理组织居民室外活动、休息场地、绿化和居住区的内外交通等。

2. 卫生要求

为居民创造一个卫生、安静的居住环境，要求居住区有良好的日照、通风等条件，以防止噪声的干扰和空气的污染。

3. 安全的要求

为居民创造一个安全的居住环境以保障居民的人身和财产的安全。

4. 经济要求

居住区的规划与建设应与国民经济发展及居民生活水平相适应，也就是说在确定住宅的标准、公共建筑的规模、项目等规划时均需考虑当地的建设投资、居民的经济情况及整体发展的需要，因此降低居住区建设的造价、提高建筑标准和节约城市用地是居住区规划设计的一项重要任务。

5. 施工要求

居住区的规划设计应有利于施工的组织与经营，特别是当成片居住区进行机械化施工时，更应注意各建设项目的布置应适应施工程序和建设程序。

6. 美观要求

居住区是城市建设中数量最多的项目，因此它的规划与建设对城市面貌有着很大的影响。一个优美的居住环境的形成不仅取决于住宅和公共建筑的设计，更重要的是取决于建筑群体的组合，建筑群体与环境的结合，要反映出明朗、大方、整洁、优美的居住环境。

二、物业区域的绿化

绿化对于住宅区来说，绝不是几块草坪、几株绿树所能代表的，绿化是对住宅区整体环境、外部氛围和业主的生存空间的全方位的绿色设计。绿化是一种文化，是将人与自然融为一体的外在形式，是让居住在城市里的人享受田园之乐的有效途径。

将绿化工作摆在开发工作的首位，这是许多物业管理企业在多年的业务实践中得出的成功经验。在公司每一个项目开发之前，绿化先行，使每一个购房者到开发公司选房时，先看到一个正在施工的大花园，而不是堆满砖瓦灰砂石的大工地，先感受到开发商为每一位业主未来家园投资的良苦用心和对物业的绿色关爱。

(一) 绿化先行的重要意义

1. 绿化先行来自于对绿色主题的深刻理解

"绿色"是一个蕴涵丰富人文精神的范畴，而不是一个颜色的概念，它代表的是人对自由精神和对真、善、美的追求，在房地产开发中重视绿色对业主的心理吸引，是对业主的尊重和关爱，体现的是绿色文明。

2. 绿化先行是“以人为本”经营理念的具体体现

设计理念先进的物业从总体规划到单体设计、环境营造都体现出“以人为本”的思想，以满足人的需求和生活舒适作为物业开发和管理的首要因素，在物业开发中强调人性，强调自然和建设之间的和谐统一，就能够营造出具有亲切感、认同感、新鲜感的绿色物业环境。

3. 绿化先行是营造优美环境的首要环节

在房地产开发的过程中，将绿化摆在先行的地位，是对业主消费心理变化的准确把握。社会越发展，人们的生活水平和文化品位越高，对绿色的追求越强烈。同时，在物业开发的过程中充分考虑绿化因素，把绿化作为开发的硬指标纳入规划和建设的范畴，体现出开发商对整个开发过程的主动思维，体现出开发商的目的不仅是造房子，而且是造环境，使物业通过不同的绿化手段呈现出千资百态的外部形象，从而营造出优美的环境。

（二）绿化先行的具体步骤

将绿化管理工作超前到开发阶段，超前到物业验收和业主入住之前，这是具有远见的物业管理企业的一大特色。

1. 房地产开发项目规划与绿化规划同步进行

包括地面的平面绿化和垂直的立体绿化，植物绿化和园林小品的协调配置等，制定景观营造的具体计划和步骤。

2. 将绿化作为未来物业管理的重要内容加以管理规划

包括在施工时的临时绿化管理和交付使用后的长期绿化管理。绿化是一个长期积累的过程，尤其是一些观赏价值较高的植物生长期很长，绿化要分期分批地推进。物业管理超前介入的目的就是要抢时间，在业主入住之时形成绿化景观，入住以后成为业主满意的增值点。

3. 在物业使用时进行绿化管理

绿化是一项长期的工作，费时费资，要在日常管理中制定出详尽的绿化管理服务计划和制度，长期坚持执行。

三、物业的施工监理

监理，从字面上可以简单的理解为监督和管理。工程建设监理即对工程建设中的技术经济活动进行监督和管理，使这些活动符合有关法规、政策、技术标准、规范及合同的规定，促使工程进度、质量、造价按计划实现。国家建设部已明文规定，中国的施工建设要向建设监理制过渡，向国际惯例靠拢，一批工程监理公司亦应运而生。即使是聘请了监理公司来对工程建设进行监理，但物业管理企业对工程的监理介入同样具有重要意义。

（一）物业管理企业参与工程监理的意义

物业管理企业从其专业角度出发，对物业管理使用中可能暴露出的各种工程质量问题有清楚的了解。诸如卫生间、厨房等处的漏水问题及其成因；水电管线如何排列才利于安全和便于管理；什么样的墙体会渗水；供暖管道哪些部分容易灼伤人；各种建筑材料的选用等等。如果有物业管理企业参与现场监理，这些问题就会在施工中予以解决而不致遗留下来，成为日后使用和管理中难以克服的障碍。

开发商及施工单位在完成了一个项目的开发后，就集中精力去开发新的项目，他们不再有兴趣解决原来物业的使用问题(当然除保修期外)。该物业在此后的几十年、上百年的使用过程中,只有业主和物业管理企业来应付各种可能出现的问题。如果物业管理企业对该物业的内部结构、管线布置、甚至所用建材的性能知之甚少或不了解,那么就很难管理好物业。所以,物业管理企业参与施工监理,有助于掌握物业的整体情况,从而为日后的管理工作做好充分的准备。

物业管理企业参与监理也有利于提高物业良性开发。对于开发商来说,物业管理企业参与施工监理,加强了监理力量,使施工质量又多了一份保证,同时又能保证建筑移交和日后管理的连续性,为开发商节省了时间,又提高了工程质量、工期及售后服务诸方面的信誉。

(二) 物业管理企业参与工程监理的内容

物业管理企业参与工程监理的主要内容是:

(1) 建设单位与承建单位编写开工报告;

(2) 审查承建单位提出的施工组织计划、施工技术方案和施工进度计划,提出修改意见;

(3) 审查承建单位提出的材料和设备清单及所列的规格与质量;

(4) 督促、检查承建单位严格执行工程承包合同和工程技术标准;

(5) 检查工程使用的材料、构件、设备的质量;

(6) 检查工程质量,验收分部分项工程,处理质量事故;

(7) 检查工程进度,认定工程数量;

(8) 检查安全防范措施;

(9) 提出竣工验收报告;

(10) 在物业投入使用的保修阶段,负责检查工程施工中的质量问题责任,监督保修。

(三) 物业管理企业参与工程监理的要点

在实际工作中,物业管理企业要参与对工程的工期目标、质量目标和费用目标的控制。

1. 工程进度监理

工程项目进度监理的目的在于采取管理措施,纠正施工进程偏差,保证预定工期目标的实现。监理的基本方法是定期取得工程的实际进展情况,与计划作比较,从中发现问题,采取措施,防止进度拖延。

2. 工程质量监理

(1) 工程质量监理的内容

1) 督促承建单位建立工程项目质量保证体系;

2) 设计过程的质量监控;

3) 材料、设备的质量监控;

4) 施工过程的质量监控。

(2) 工程质量监理的实施

首先,物业管理企业要明确合同要求,对工程项目进行全面细致的调查研究,组织好质量控制体系,配备能够胜任工作的监理人员,明确其质量控制责任。

其次,要建立对日常工作的监督与记录制度,通常可通过建立一套报表体系来实施,报表包括的主要内容是:要开始的工作;工作检查情况及对工作的要求;施工中的检验和现场试验情况以及其他工作情况等等。

最后，对通过检查、试验、测量等手段发现的各种问题，要提出解决问题的办法，并及时向发展商通报情况。

3. 工程造价监理

工程造价监理是在不影响工程进度、质量和安全施工的条件下，确保工程费用不超过合同规定标准所采取的控制活动。这种控制可以从工程项目的全过程和工程造价构成的两方面来进行。

(四) 消费者参与工程质量监理

对工程质量最关心的人是商品房的购买者，消费者对工程质量最有发言权。如果将商品房购买者的热情和才智吸引到提高工程质量方面来，一则可以使消费者消除对工程质量的疑虑，增加对开发商的信任感；二则通过购买者的监督确保起到提高工程质量的作用。

国内有些物业管理企业在工程质量监理方面大胆创新，推出让期房的购买者选举质量监理代表参与工程监理的措施。为消除业主对房屋质量的担心，这些物业管理企业在工程施工时设立住户代表质量监督站，请住户选举代表监督员常驻监督站，在监理的过程中，监督员一方面监督施工质量，另一方面监督工程监理部门的监理工作，同时又借住户代表质量监督员之口向全体住户传达了工程质量信息，收到了很好的效果。体现出物业管理工作对物业开发的促进作用，同时，也从多方面减少了物业交付使用后产生纠纷的隐患。

第二节　制定物业管理方案

一、制定物业管理方案的目的

物业管理是建管结合的纽带，物业管理应早期介入，后期跟进。所谓早期介入即在项目可行性研究时介入，此时就应制定物业管理方案。由于这时物业管理企业还没有到位，各物业管理机构也未建立起来，因此物业管理方案的制定只能由房地产开发企业完成。当然，也并不排除房地产开发企业请物业管理企业为其代做的可能。而且，作为物业管理企业，如果有能力提供这些服务，无疑会增加接管物业管理委托的机会。

(一) 规划物业消费水平，确定物业管理档次

物业管理方案的制定，可以根据规划物业的消费水平，确定出物业管理所应达到的档次。与物业投资规模相匹配的管理，可以提高物业的有效价值。

(二) 控制房地产开发成本

制定物业管理方案时，要将开发后进入管理阶段所需的经营管理用房和一些必要的设施列入。另外，还要根据预期的消费水平，定出物业的装修设备所达到的标准。它们对房地产开发成本有很大的影响。这些问题一旦确定，就可以在开发过程控制住开发的成本。

(三) 为选聘物业管理企业提供依据

物业管理企业有着不同的资质等级，所能够达到的管理服务水平也有所不同，物业管理方案应首先确定物业管理所需达到的服务标准和管理水平，房地产开发企业可以以此为依据，选聘与之相适应的物业管理企业。

(四) 为购房者提供售后服务信息

购房者所关心的问题主要有两方面，一是房屋本身的质量，另一方面是房屋的售后服务质量。因为它关系到购房者今后在居住和使用过程中的舒适和方便的程度。物业管理方案

确定了今后物业管理所能做到的各项服务标准和收费标准，为购房者进行房地产投资购房的决策提供参考信息。

二、制定物业管理方案的步骤

（一）确定物业管理的档次

确定物业管理的档次，应与房地产开发项目的可行性研究同步进行。在进行房地产开发可行性研究的同时，应将开发后的物业管理问题一并考虑。物业管理的档次必须与物业本身的档次相匹配，管理薄弱和管理超档都是一种浪费。一幢设施先进的高档楼宇，如果没有完善的管理，则楼宇不能充分发挥作用；如果维修跟不上，会使设备过早老化，失去使用功能。一幢档次较低的楼宇，管理档次很高也没有意义。因为购买低档房屋的人多为中低收入者，物业管理的档次高，费用也高，中低收入者无法承受。

（二）制定物业管理方案细则

在开发项目进行初步设计时，要制定物业管理方案的细则。“细则”应是可操作的，它应包括从财务预算、人员配置到服务标准等一系列问题。

（三）物业管理方案呈报

为了使物业管理方案的制定规范化，房地产行政主管部门应对物业管理方案进行审查。项目的开工许可证下达后，应立即将物业管理方案上报。

（四）物业管理方案审批

房地产行政管理机构主要应把住两个环节，一是物业管理达到的服务标准与管理服务收费标准是否相匹配；二是物业管理方案是否符合国家有关法律法规的要求。物业管理方案批准后，即可开始选聘物业管理企业。

三、物业管理方案的主要内容

（一）确定多项服务所达到的标准

服务的标准由物业管理档次决定。如公共秩序维护工作，高档的服务应有24小时公共区域的巡逻；而且可使公共秩序维护服务礼宾化，在楼宇入口处安排礼仪员；再有可在楼宇内安装保安设施，在交通要道有监视器，楼门口设密码钥匙和来访对讲机等等。低档的公共秩序维护工作可以不设昼夜巡逻，只在楼门口安排一名值班人员。甚至可以由退休人员担任。其他服务如清洁、绿化及日常维修等工作也都是这样。根据物业管理档次定出服务所能达到的标准。在物业管理方案中，应把需要强调的不拟提供的服务写清楚。如某物业管理方案在保洁服务中列明：“物业服务费测算中不包括楼宇外檐的清洗”。

（二）物业管理机构设置及人员配备

物业管理机构设置要根据拟接管项目的使用功能、管理规模、管理复杂程度、服务项目、服务标准以及办公自动化程度来确定。然后根据机构设置情况进行物业管理人员的配备，也可以按国家的有关规定确定。在物业管理方案中，还应有管理人员的分工和岗位的设置。

（三）财务收支预算

1. 年度物业管理收支总额预算

每年物业管理服务收入总额包括物业管理收入、物业经营收入、物业大修收入和其他业务收入等。

每年物业管理服务所支出的费用总额包括：管理服务人员的工资、社会保险和按照规定提取的福利费；设施设备运行维护费；办公费用；折旧费；保洁、绿化等服务支出以及保险费等等。

2. 每个产权人及使用人应交的各种费用预算

在物业管理方案中，根据每个产权人所拥有的物业面积不同，应列明每一个产权人及使用人所应交的服务费；应按物业拥有情况计算出按份额比例分摊维修基金费用的多少，把收费标准相同的归为一类，分类列出“基金”和“服务费”收缴的数额。

3. 代收代缴费

主要确定出代收代缴费的项目和手续费收取的标准。

四、所收各种费用管理办法

国家和各地方政府对于物业管理所收取各项费用的管理有一些具体的规定，制定物业管理方案时，可根据国家政策定出管理的细则。

制定房屋维修养护计划首先应对物业进行查勘鉴定，根据房屋完好程度制定修缮计划。房屋养护维修可分大修、中修和小修三种类型。一般情况，小修项目由物业管理企业自己完成，大、中修工程可以发包给施工单位。在物业管理中，应将房屋养护维修费用列出。

第三节　选聘物业管理企业

选聘物业管理企业是物业产权人和使用人的权利，业主委员会(首次进行选聘为房地产开发企业)将代表产权人和使用人行使这一权利。

一、物业管理企业的选择

随着物业管理工作的不断发展，将有大批的物业管理企业成立，如何选一个适合产权人和使用人需要的物业管理企业，是业主委员会的一项重要工作。

(一) 选择物业管理企业应考虑的问题

1. 企业资质等级

建设部发布的物业管理企业资质等级评定办法规定，确定物业管理企业资质等级应根据企业的注册资本、人员专业素质要求、管理类型、管业面积等条件综合评定。因此，物业管理企业资质等级综合体现了该企业的整体管理和服务水平，体现了企业抗风险的能力，企业资质等级应是选择物业管理企业应该首先考虑的问题。

2. 人员素质

物业管理工作主要是为产权人和使用人提供优质的管理和服务，管理者和操作者的素质是极其重要的。人员素质较好，并不意味着物业管理人员必须有很高的学历，而是要具备熟悉业务的骨干力量。当然，对于不同岗位的人员要求也不尽相同。人员素质的要求从整体上应做到以下几点：

(1) 专业人员配置

在物业管理行政主管部门审批物业管理企业资质时，只强调专业人员的数量，不考虑如何配置的问题。专业人员配置应做到人尽其才，提高人员的使用效率，但多数情况下该问题往往被忽略。一个物业管理企业，有几个主要的工作环节应该有专业技术人员把关。

1) “建筑工程结构”类工程技术人员

在物业管理过程中，房屋的修缮问题和装修的审批问题随时都会出现，需要“建筑工程结构”类工程技术人员把握一些技术上的关键问题，进行准确的分析和决策。

2）“机电”类工程技术人员

无论是在住宅小区内还是在高档写字楼中，都有一些机电类基础设施和专业设备，它们的维修养护也是物业管理中的重要问题。虽不必细化到每台设备都要配有对口的专业技术人员，但至少应有一名“机电”类的工程技术人员把关。

3）财务人员

财务工作贯穿物理管理活动始终。因此，物业管理企业必须设有专职的财务会计、出纳等财务人员，而且至少有二到三名。

4）物业管理专业人员

近几年来，全国各地的高等院校相继开设了许多与物业管理相关的专业，现在已有大批的毕业生走向社会，物业管理企业应具备这方面的专业人才。另外，国家也开展了物业管理人员的岗位培训，物业管理企业的经理、部门经理和管理员应接受相应的岗位培训，成为物业管理的专业人员。

（2）工作人员形象

业主委员会在选择物业管理企业时，一定要注意到该公司工作人员的形象。它体现了企业的形象和精神面貌，也表现出了管理服务水平。因为一个物业管理企业如果管理不好自身的工作人员，很难想象能管理好委托的物业。业主委员会要到你选择的物业公司去考察，要注意到每个员工的语言、衣着和举止。

3．社会信誉

社会信誉是选择物业管理企业要考虑的主要因素，这是市场经济条件下，选择合作伙伴的前提条件。社会信誉的好坏主要从以下几方面体现：

（1）无投诉记录；

（2）所管物业项目被评为全国城市物业管理优秀住宅小区（大厦、工业区）；

（3）所管出租的写字楼、商业场所的租金和出租率高于同类楼宇同期水平；

（4）接管某物业一直未被解聘。

4．收费合理

物业管理工作应该是“微利”工作，不能牟取暴利，收费一定要合法、合理、与服务水平相适应。国家对于物业服务收费出台了管理办法，价格主管部门也要进行监督管理。在政策允许的范围内，各企业的报价也会有差别，应在考虑服务标准的同时选择收费合理的公司。

5．管理的质量

应对物业管理企业的在管项目进行实地考察，看一看各项服务达到的标准和管理上所采取的措施。

（二）选聘物业管理企业所采取的方法

2003年9月1日施行的《物业管理条例》明确规定，国家提倡建设单位按照房地产开发与物业管理相分离的原则，通过招投标方式选聘具有相应资质的物业管理企业。目前开发建设单位或业主委员会选聘物业管理企业，可以采取邀请招标或公开招标的方式。从发展上看，公开招标具有很多优点，有一定生命力，因此本书将作重点介绍。对于一些特殊的物业，也可能指定物业管理企业进行物业管理。如政府机关的办公用房，为了安全和保密的需要，可能指定某物业管理企业管理。但这是一种特殊现象，没有普遍性，本书不拟详述。

招标投标多用于大型建设工程项目的发包，它适用于单一产品的生产。把招标投标用于物业管理的选聘工作是一项创举，它有利于物业管理工作的推动和发展，有利于促进物业管理市场的健康发展。公开招标是通过报纸、电视、广播等传播媒介公开发布招标公告，把拟招标管理的物业状况、管理服务要求、对投标单位资质等级要求、招标程序时间表、投标报名地点及联系方法等公示于众。招标人接到投标书后，在公开的场合，按预定的时间开标、评标、决标。

1. 招标程序

(1) 编制招标文件，发布招标公告；

(2) 招标单位对投标单位进行资格预审；

(3) 招标单位组织投标单位现场勘察、咨询；

(4) 接受投标单位递送的标书；

(5) 开标、评标、决标；

(6) 签订合同。

招标工作程序见图 5-1。

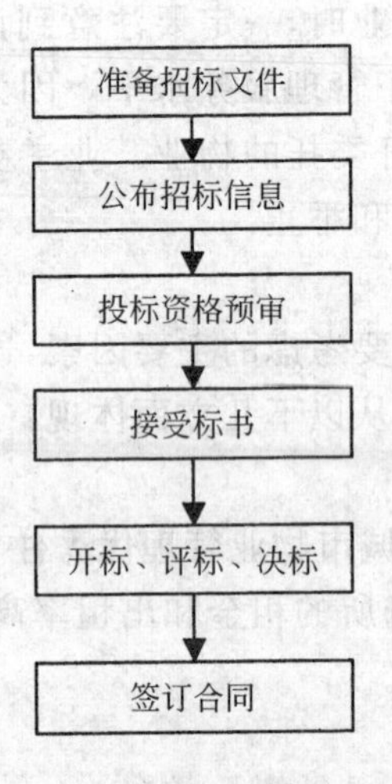

图 5-1 招标工作程序

2. 物业管理企业的选定

(1) 开标

招标公告中应公布开标的时间和地点。开标时要举行一定的开标仪式，并请公证人员在现场监督进行。招标人将所有的标书经投标人验证无误后，在开标时当众启封，并交给评标小组成员。

(2) 评标

1) 投标的拒绝

有些投标人的投标书可以拒绝，如：标书中弄虚作假，不符合招标文件的要求等等。

2) 标书评定

评标的方法有很多，物业管理评标可采取综合评分的办法。将物业管理企业的整体情况按照企业的资信情况、商务测算、物业管理方案等分成若干项，细化评标因素，按其达到的管理服务程度逐项评分，最后确定综合分数。

(3) 决标

决标可以在开标后随即评标、决标，也可以在以后指定的时间决标。

决标要掌握一定的原则，首先物业服务费要报价合理，不能过高也不能过低。过低的报价有可能不能达到管理服务标准，造成很多后遗症；过高的报价有可能难以被业主接受。要综合考虑物业管理计划和服务标准，是否能满足产权人和使用人的要求。

二、物业管理企业竞标

物业管理市场是一个竞争激烈的市场，如何在市场上站住脚，争取到更多的委托项目，对物业管理企业来说是非常重要的课题。要想做到这一点，除了要加强企业内部的管理、提高管理服务的质量、树立企业的良好形象之外，还应注意到招揽业务过程中的每一个环节，特别对于公开招标的项目，一定做好招标准备工作。

(一) 投标程序

投标程序如图 5-2 所示。

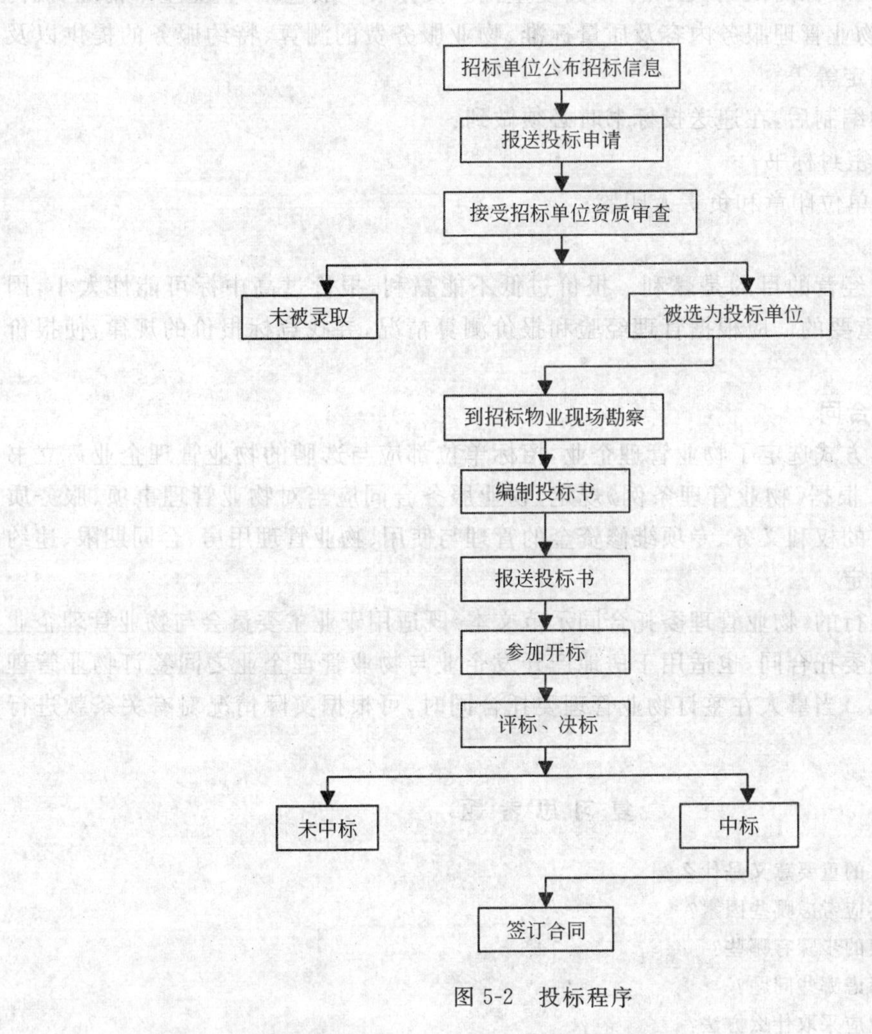

图 5-2 投标程序

(二) 投标过程中的重要环节

从上面框图中可以了解到投标的程序。在投标各个环节中，“报送投标申请”、“接受招标单位资质审查”和“编制投标书”相对来说更为重要。因为这三个环节直接影响到竞标的成败。

1. 报送投标申请

投标申请是投标单位向招标单位表示投标愿望和介绍投标单位资质情况和管理能力的重要文件，在文件中应显示出自身的实力。当然也要实事求是，不能弄虚作假，否则也不能中标。

2. 接受招标单位资格审查

资格审查主要审查物业管理企业整体经营管理情况。投标单位一定要将证件备齐，一般资质审查主要包括企业营业执照、企业资质等级证书、公司简介、专业人员配置、在管物业项目情况等内容。

3. 编制投标书

投标书是评标、决标的依据，必须予以高度重视。投标书一般包括：企业基本情况、机构设置及人员配备、物业管理服务内容及质量标准、物业服务费的测算、特约服务的提供以及各项管理制度的制定等等。

完成投标书的编制后，在递送投标书时必须做到：

(1) 按照要求密封标书；

(2) 加盖投标单位印章和负责人印鉴；

(3) 报价适度。

物业管理企业经营的目的是赢利。报价过低不能赢利，报价过高中标可能性太小，因此，报价适度是很重要的。应根据管理经验和报价测算情况，寻找竞标报价的规律，使报价恰到好处。

三、物业服务合同

无论采取什么方式选定了物业管理企业，招标单位都应与选聘的物业管理企业订立书面物业服务合同。根据《物业管理条例》规定，物业服务合同应当对物业管理事项、服务质量、服务费用、双方的权利义务、专项维修资金的管理与使用、物业管理用房、合同期限、违约责任等内容进行约定。

建设部印发推行的《物业管理委托合同示范文本》既适用于业主委员会与物业管理企业之间签订物业管理委托合同，也适用于房地产开发企业与物业管理企业之间签订物业管理委托合同两种情况。当事人在签订物业管理委托合同时，可根据实际情况对有关条款进行补充说明。

复习思考题

1. 物业管理前期介入的重要意义是什么？
2. 制定物业管理方案应考虑哪些因素？
3. 制定物业管理方案的步骤有哪些？
4. 选择物业管理应考虑哪些问题？
5. 选聘物业管理企业应采取什么方法？
6. 物业管理企业如何进行竞标？

第六章　物业管理的进驻阶段

第一节　物业的接管与验收

一、物业接管验收的概念及标准

接管验收不同于竣工验收。接管验收是房管部门、物业管理企业、建设单位自身以及个人对物业的接管验收。

物业管理企业的接管验收是指接管产权单位、建设单位或个人托管的新建房屋或原有房屋等物业以主体结构安全和满足使用功能为主要内容的再检验。它是物业管理过程中必不可少的一个重要环节。

（一）物业接管验收的原则

物业的接管验收是一个比较复杂的过程，它不仅涉及到建筑工程技术，而且牵涉到许多法律法规问题，常常出现一些实际结果与理论要求不一致之处。为了处理好接管验收中发现的问题，需掌握以下基本原则：

1. 用制度来保证接管验收的规范性，依法接管

物业管理企业的接管验收要严格依照《房屋接管验收标准》执行，应对在验收中查出的各种问题做非常详细的记录，该返工的要责成施工单位返工，属无法返工的问题应提出索赔。返工没有达到规定要求的，不予签字，直到达到接管要求。但是，对于大规模的物业，难免出现一些不尽人意之处，接管验收人员就要针对不同问题分别采取不同的相应解决办法。不能把接管验收双方置于对立状态，而应共同协商，力争合理、圆满地解决接管验收过程中发现的问题。

2. 细致入微与整体把握相结合的原则

工程质量问题对物业产生不良影响的时间是相当久远的，有时给后期物业管理带来巨大的困难，所以，物业管理企业在进行物业验收时必须细致入微，否则将严重损害业主的利益。大的方面如建筑结构的安全性，给排水管道是否通畅，供电线路的正确与否以及各种设备的运行是否正常等等；细致之处如所用材料的性能好坏，供电线容的大小是否恰当等等；对电梯、空调等大型设备的检测和验收必须是在其负载运行一段时间以后进行。整体上的把握是从更高层次上去验收，是站在整体物业的角度对物业的内在和外在的综合条件进行评价和检验，物业的场地情况、市政公用设施、公共配套设施等综合性项目将标志该物业的档次和发展潜力。对住宅小区营造一个舒适、优美安静的环境是小区建设和管理的重要目标。写字楼则重视能体现使用者的地位和身份，因此物业装修、设施系统的正常运转和外部环境整治应是接管验收的重点。

（二）接管验收应提交的资料

1. 新建房屋接管验收应提交的资料

(1) 产权资料

1) 项目批准文件;

2) 用地批准文件;

3) 建筑执照;

4) 拆迁安置资料。

(2) 技术资料

1) 竣工图纸:包括总平面、建筑、结构、设备、附属工程及隐蔽管线的全套图纸;

2) 地质勘查报告;

3) 工程合同及开工、竣工报告;

4) 工程预决算;

5) 图纸会审记录;

6) 工程设计变更通知及技术审定单(包括质量事故处理记录);

7) 隐藏工程验收凭证;

8) 沉降观察记录;

9) 竣工验收说明书;

10) 钢材、水泥等主要材料的质量保证书;

11) 新材料、构配件的鉴定合格证书;

12) 水、电、采暖、卫生洁具、电梯等设备的检验合格证书;

13) 砂浆、混凝土试块试压报告;

14) 供水、供暖、管道煤气的试压报告。

2. 原有房屋接管验收应提交的资料

(1) 产权资料

1) 房屋所有权证;

2) 土地使用权证;

3) 有关司法、公证文书和协议;

4) 房屋分户使用清册;

5) 房屋设备及附着物清册。

(2) 技术资料

1) 房地产平面图;

2) 房屋分间平面图;

3) 房屋及设备技术资料。

(三) 接管验收的标准

1. 新建房屋的接管验收标准

(1) 主体结构

1) 地基基础的沉降不得超过建筑地基基础设计规范的允许变形值;不得引起上部结构的开裂或相邻房屋的损坏;

2) 钢筋混凝土构件产生变形、裂缝,不得超过钢筋混凝土结构设计规范的规定值;

3) 木结构应节点牢固,支撑系统可靠、无蚁害,其构件的选材必须符合结构工程施工及验收规范规定;

4）砌体结构必须有足够的强度和刚度，不允许有明显裂缝；

5）凡有抗震设防的房屋必须符合建筑抗震设计规范的有关规定。

（2）外墙不得渗水。

（3）屋面

1）各类屋面必须符合屋面工程施工及验收规范的规定，排水畅通，无积水，不渗漏；

2）平屋面应有隔热保温措施，3层以上房屋在公用部位设置屋面检修孔；

3）阳台和3层以上房屋的屋面应有组织排水，出水口、檐沟、落水管应安装牢固，接口严密，不渗漏。

（4）楼地面

1）面层与基层必须粘结牢固，不空鼓。整体面层平整，不允许有裂缝、脱皮和起砂等缺陷；块料面层应表面平整，接缝均匀顺直、无缺棱掉角；

2）卫生间、阳台、盥洗间地面及相邻地面的相对标高应符合设计要求，不应有积水，不允许倒泛水和渗漏；

3）木楼地面应平整牢固，接缝密合。

（5）装修

1）钢木门窗应安装平正牢固，无翘曲变形、开关灵活，零配件装配齐全，位置准确，钢门窗缝隙严密，木门窗缝隙适度；

2）进户门不得使用胶合板制作，门锁应安装牢固，底层外窗、楼层公共走道窗、进户门上的亮子均应装设铁栅栏；

3）木装修工程应表面光洁，线条顺直，对缝严密，不露钉帽，与基层必须钉牢；

4）门窗玻璃应安装平整，油灰饱满，粘贴牢固；

5）抹灰应表面平整，不应有空鼓、裂缝和气泡等缺陷；

6）饰面砖应表面洁净，粘贴牢固，阴阳角与线脚顺直，无缺棱掉角；

7）油漆、刷浆应色泽一致，表面不应有脱皮、漏刷现象。

（6）电气

1）电气线路安装应平整、牢固、顺直，过墙应有导管。导线连接必须紧密，铅导线连接不得采用绞接或绑接。采用管子配线时，连接点必须紧密、可靠，使管路在结构上和电气上均连成整体并有可靠的接地。每回路导线间和对地绝缘电阻值不得小于1MΩ/kV。

2）应按套安装电表或预留表位，并有电器接地装置。

3）照明器具等低压电器安装支架必须牢固，部件齐全，接触良好，位置正确。

4）各种避雷装置的所有连接点必须牢固可靠，接地阻值必须符合电气装置安装工程及验收规范的要求。

5）电梯应能准确地启动运行、选层、平层、停层，曳引机噪声和震动声不得超过电器装置安装工程施工及验收规范的规定值。制动器、限速器及其他安全设备应运行灵敏可靠。安装的隐蔽工程、试运转记录、性能检测记录及完整的图纸资料均应符合要求。

6）对电视信号有屏蔽影响的住宅，电视信号场强弱或被高层建筑遮挡及放射波复杂地区的住宅，应设置电视公用天线。

7）除上述要求外，同时应符合地区性“低电压电气装置规程”的有关要求。

（7）水、卫、消防

1）管道应安装牢固，控制部件启闭灵活，无滴漏。水压试验及保温、防腐措施必须符合采暖与卫生工程及验收规范的要求。应按套安装水表或预留表位；

2）高位水箱进水管与水箱检查口的设置应便于检修；

3）卫生间、厨房内的排污应分设，出户管长不宜超过 8m，并不应使用陶瓷管、塑料管。地漏、排污管接口、检查口不得渗漏，管道排水必须通畅；

4）卫生器具质量良好，接口不得渗漏，安装不得漏水，安装应平正，牢固，部件齐全，制动灵活；

5）水泵安装应平稳，运行时无较大震动；

6）消防设备必须符合建筑设计防火规范、高层民用建筑设计防火规范的要求，而且有消防部门检验合格签证。

（8）采暖

1）采暖工程的验收时间，必须在采暖期以前两个月进行；

2）锅炉、箱罐等压力容器应安装平正、配件齐全、不得有变形、裂纹、磨损、腐蚀等缺陷；安装完毕后，必须有专业部门的检验合格签证；

3）炉排必须进行 12 小时以上试运转，炉排之间、炉排与炉膛之间不得互相摩擦，且无杂音，不跑偏，不受卡，运转自如；

4）各种仪器、仪表应齐全精确，安全装置必须灵敏、可靠，控制阀门应开关灵活；

5）炉门、灰门、煤斗闸板及烟、风挡板要安装平正、启闭灵活，闭和严密，风室隔墙不得透风透气；

6）管道的管径、坡度及检查井必须符合采暖与卫生工程施工和验收规范的要求，管沟大小及管道排列应便于维修，管架、支架、吊架应牢固；

7）设备、管道不应有跑、冒、滴、漏现场，保温、防腐措施必须符合采暖与卫生工程施工及验收规范的规定；

8）锅炉辅机应运转正常、无杂音。消烟除尘、消音减震设备应齐全，水质、烟尘排放浓度应符合环保要求；

9）经过 48 小时连续试运行，锅炉和附属设备的热工、机械性能及采暖区室温必须符合设计要求。

（9）附属工程及其他

1）室外排水系统的标高、窨井（检查井）设置、管道坡度、管径均必须符合室外排水设计规范要求。管道应顺直且排水通畅，井盖应搁置稳妥并设置井圈；

2）化粪池应按排污量合理设置，池内无垃圾杂物，进出水口高差不得小于 5cm。立管与粪池间的连接管道应有足够坡度，并不应超过两个弯；

3）明沟、散水、落水沟内不得有断裂、积水现象；

4）房屋入口处必须做室外道路，并与主干道相通。路面不应有积水、空鼓和断裂现象；

5）房屋应按单元设置信（报）箱，其规格、位置须符合有关规定；

6）挂物钩、晒衣架应安装牢固。烟道、通风道、垃圾道应畅通，无阻塞物；

7）单体工程必须做到工完料净场地清，临时设施及过渡用房拆除清理完毕。室外地面平整，室内外高差符合设计要求；

8）群体建筑应检验相应的市政、公建配套工程和服务设施，达到应有的质量和使用功能要求。

2. 原有房屋的接管验收标准

(1) 质量与使用功能的检验

1) 以危险房屋鉴定标准和国家有关规定作检验依据，例如，以房屋完损等级鉴定标准为依据对房屋进行检验；

2) 从外观检查建筑整体的变异状态；

3) 检查房屋使用情况(包括建筑年代、用途变迁、拆改填建、装修和设备情况)。评估房屋现有价值、建立资料档案。

(2) 危险和损坏问题的处理

1) 属于有危险的房屋，应由移交人负责排险解危后，才能接管；

2) 属于有损坏的房屋，由移交人和接管单位协商解决，既可约定期限由移交人负责维修，也可采用其他补偿形式；

3) 属法院判决没收并通知接管的房屋，按法院判决办理。

二、物业的接管验收

在验收无误的情况下，就可以对所验收的物业实施接管。

(一) 接管验收的程序

1. 新建房屋的接管验收程序

(1) 建设单位书面提请接管单位验收；

(2) 接管单位按接管验收条件和应提交的资料逐项进行审核，对具备条件的，应在15天内签发验收通知并约定验收时间；

(3) 接管单位会同建设单位对物业的质量与使用功能进行检验；

(4) 对验收中发现的问题，按质量问题处理办法处理；

(5) 经检验符合要求的房屋，接管单位应签署验收合格凭证，签发接管文件。

2. 原有房屋接管验收程序

(1) 移交人书面提请接管单位接管验收；

(2) 接管单位按接管验收条件和应提并的资料逐项进行审核，对具备条件的，应在15天内签发验收通知约定验收时间；

(3) 接管单位会同移交人对原有房屋的质量与使用功能进行检验；

(4) 对检验中发现的危损问题，按危险和损坏问题的处理方法处理；

(5) 交接双方共同核点房屋装修、设备、附着物，核实房屋使用状况；

(6) 经检验符合要求的房屋，接管单位应签署验收合格凭证，签发接管文件，办理房屋所有权转移登记(若无产权转移，则无须办理)。

(二) 交接双方的责任

(1) 为尽快发挥投资效益，建设单位应按接管验收应具备的条件和应检查提交的资料提前做好房屋交验准备，房屋竣工后，及时提出接管验收申请，接管单位应在15天内审核完毕，及时签发验收通知并约定时间验收。经验收符合要求，接管单位应在7日内签署验收合格凭证，并应及时签发接管文件。未经接管的新建房屋一律不得分配使用。

(2) 接管验收时，交接双方均应严格按照标准执行。验收不合格时，双方协商处理办法，并商定时间复验，建设单位应按约返修合格，组织复验。

(3) 房屋接管交付使用后，如发生隐蔽性的重大质量事故，应由接管单位会同建设单位组织设计、施工单位，共同分析研究，查明原因，如属设计、施工、材料的原因应由建设单位负责处理；如属使用不当、管理不善的原因，则应由接管单位负责处理。

(4) 新建房屋应明确规定保修日期，并执行建筑工程保修的有关规定，由建设单位负责保修并向接管单位预付保修保证金。接管单位在需要时予以代修。保修期满，按时结算，也可以在验收接管时，双方达成协议。建设单位一次性拨付保修费用，由接管单位负责保修。

(5) 新建房屋一经接管，建设单位应负责在三个月内组织办理承租手续，预期补办，应承担因房屋空置而产生的经济损失。

(三) 物业验收质量问题处理

对于确实存在的各种质量问题，物业管理企业应协同开发商一起向建筑商索赔。最好的方法是预先扣留一部分款项作为补偿金。这部分资金留给物业管理企业专门应付日后出现的质量问题。这是物业管理所必须的，因为在这方面出现问题很难在今后的管理费中向业主们分摊，使物业管理的维修难以为继，其破损和贬值就是必然的。所以，物业管理企业不仅要验收现时工程的状况，还应考虑使用一段时间以后的状况，要判断工程能否达到合理的使用寿命，当然是一个难度较大的问题。可选择的方法之一是建筑商对其施工质量向保险公司投保，保单及索赔由物业管理企业办理。对于影响房屋结构安全和设备使用安全的质量问题，必须约定期限由建设单位负责进行加固补强返修，直至合格。影响相邻房屋的安全和设备使用安全的质量问题，可约定期限由建设单位负责维修，也可采取费用补偿的方法，由接管单位处理。

三、接管验收应注意的事项

在物业验收交接时，物业管理企业应该注意以下事项：

(1) 物业管理企业应该选派素质好、业务精通，对工作负责的专业技术人员参加验收工作；

(2) 物业管理企业必须站在业主立场上对物业进行验收，以维护业主的合法权益，同时也有利于今后物业的维修养护；

(3) 对接管验收上存在的问题应明确记录在案，督促有关部门整改；

(4) 落实物业的保修事宜；

(5) 接管移交的手续应有书面文本；接管的资料中，应有该物业的整套图纸资料，以便今后的维修和养护。

第二节 楼 宇 入 伙

楼宇入伙是指业主或使用人领取钥匙，接房入住。入伙是物业管理企业与服务对象的首次接触，它标志着物业管理工作将以人为中心而逐步展开。入伙手续是指物业管理企业在所建楼宇具备了入伙条件以后，向业主寄发入伙手续文件，业主按要求进行验楼、付款、签约、装修、入住等一系列活动。

一、楼宇入伙的手续

在办理入住手续时，物业管理企业应以方便业主为出发点，坚持集中与分散办理相结合的方式，主动向业主介绍物业情况，为业主搬迁入住提供帮助，为业主进行房屋装修提供专业指导；业主也应积极配合物业管理企业，尽量按时办理收楼手续，及时付清有关费用，认真签订管理公约，遵守各项管理规定。

在实际操作中，入伙手续究竟应由谁来办理，现行法律、法规尚无硬性规定。但由物业管理企业直接向业主移交物业恰恰是最合理的一种做法。除开发商兼具物业管理职能的情况外，开发商通知业主入伙前已先行与物业管理企业建立了委托管理关系。由于物业管理企业直接参与了物业工程的验收，使物业管理企业对将要管理的物业的施工质量有了清楚的了解，在全面验收接管的基础上，完全能负责地向业主进行单元房屋移交。

应当看到，物业向业主移交是物业管理企业和业主共同管理、相互监督的开始，移交时双方须完成一系列相关手续，称为办理入伙手续文件。文件涉及的主要是业主与物业管理企业之间的权利、义务和一些管理规定等等。

入伙手续文件是指业主在办理入伙手续时，所要知晓、参考、签订的有关文件，主要内容包括入伙通知书、入伙手续书、收楼须知、缴款通知书。这些文件都由物业管理企业负责拟定，并以开发商和物业管理企业的名义，在业主办理入伙手续前寄发给他们，在实际操作中，有些物业管理企业还准备了验楼情况一览表、楼宇交接书等。

（一）入伙通知书

入伙通知书是指物业管理企业在物业验收合格后通知业主可以来办理入住手续的文件。

在制定入伙通知书时应注意下面几个问题：

（1）一般来说，楼宇的入伙不是一家或几家业主，而是几百家甚至几千家。如果集中在同一时间办理，必然要给办理入伙手续带来许多困难。所以，应在通知书上注明各楼宇或各层办理的时间，分期分批办理。

（2）如业主因故不能按期前来办理，可在规定办理时间以后，留有机动时间予以补办。

（3）考虑到少部分业主仍不能如期在机动时间前来办理，则应在通知书上注明处理的办法。

（二）入伙手续书

入伙手续书是物业管理企业为方便业主，让其知晓办理入伙手续的具体程序而制定的文件。一般在入伙手续书上都留有物业管理企业各个部门的确认证明，业主每办完一项手续，有关职能部门在上面盖章证明。

（三）收楼须知

收楼须知是指物业管理企业告知业主在收楼时应注意的事项，以及在办理入伙手续时应该携带的各种证件、合同、费用的文件。

（四）缴款通知书

缴款通知书是物业管理企业通知业主在办理入伙手续时应该缴纳的款项及具体金额的文件。

（五）验楼情况一览表

验楼情况一览表是物业管理企业为方便业主对房屋进行验收，监促开发商及时整改问题，以避免相互扯皮，使问题能得到及时解决而制定的文件。

（六）楼宇交接书

楼宇交接书是业主在确认可以接受所购楼宇后，与开发商签订的接受楼宇的书面文件。

二、楼宇入伙的程序

为方便业主顺序办好入伙手续，物业管理企业都要制定楼宇入伙的程序，将公司与业主各自应做的准备工作详细列出，便于在实际运转中有条不紊地开展工作。一般情况下，楼宇入伙程序包括下列内容：

（一）业主的准备工作

(1) 查看房屋、设备和设施；

(2) 按时办理收楼手续、及时付清楼款及有关费用；

(3) 仔细阅读“住户手册”，了解管理单位的有关规定，收费情况和入住应办理的手续；

(4) 仔细阅读业主临时公约；

(5) 遵守各项管理制度；

(6) 办理装修申请手续。

（二）物业管理企业的准备工作

“入伙”是物业管理环节上最重要的一步，这一阶段业主频繁的出入会产生秩序混乱，甚至发生违章、损坏公共设施等现象。物业管理企业提供良好的管理和服务，必须有过细的组织措施，在这段时间一般应做好以下工作。

1. 清洁卫生

动员物业管理企业全体人员共同努力，打扫好室内外的卫生，清扫道路，使业主或住户置身于一个干净的物业环境。

2. 制定管理制度

向业主或住户发放入伙通知书，明确搬入时间，并制定出入伙须知、收费标准、入伙验收手续、入住人员登记、交钥匙登记、装修报审和相关的管理规定等。

3. 物业移交

物业管理企业直接参与了物业的接管验收，因而能对施工质量有清楚的了解，完全能负责地向业主进行物业的移交。物业移交是物业管理企业和业主共同管理、相互监督的开始，移交时双方须完成一系列的交接手续（钥匙交接，签订交接书），交接涉及的是双方的权利和义务。

4. 加强公共秩序维护和管理服务质量

物业管理企业应提供较多的值班、保安及劳务人员，提供符合服务标准的保安及劳务服务，尽量避免发生纠纷。

5. 保持道路通畅

为保障入伙业主或住户的人身及财产的安全，及时安全地搬入住房，一定要保证通道的畅通。

6. 合理安排

物业管理企业要按照入伙计划，分期、分批有秩序地办理入住。

7. 装修报审

物业管理企业要对业主或住户的装修提供方便，按照建设部有关规定坚持装修报审，避免违章装修现象的出现。同时还要重视解决装修垃圾的清理问题。

（三）明确业主临时公约的效力

按照国家《物业管理条例》规定，建设单位应当在物业销售前将业主临时公约向物业买受人明示，并予以说明。物业买受人在与建设单位签订物业买卖合同时，应当对遵守业主临时公约予以书面承诺。在业主或租住户办理入伙手续时，物业管理企业应进一步明确业主临时公约的效力，并告知业主有权在业主大会上对业主临时公约进行修改。物业管理企业还要把“住户手册”及时送到业主或租赁户手中，让客户了解住宅区管理的有关事宜。

（四）业主入住

根据入伙须知和入伙验收手续书，业主在办理入住手续时，物业管理企业的管理人员应陪同业主验收其所购物业。业主对自己所购物业进行验收是业主的权益，物业管理人员在了解物业状况的前提下，应陪同业主逐项进行检查验收，尽可能把问题解决在入伙之前，将物业遗留问题降到最低程度。

三、楼宇入伙的工作内容

根据入伙程序，入伙的具体工作内容有：

(1) 对于已经销售或租出去的房屋，经营部门应立即通知物业管理企业具体的楼层和房屋的编号以便早做准备。

(2) 接待业主

由管理人员为业主办理相关的入伙手续，并请业主出示购房合同或租赁合同等相关证明文件。

(3) 在办理完登记和交款手续后，物业管理企业应该发放入伙通知书和房间钥匙。

(4) 业主拿到钥匙后，按照楼宇验收签认单的内容逐项签收水、气、电、设备等房屋设施的完好情况，届时要逐项核对签认单的填写内容（见表 6-1）。

业主入住验收签认单 **表 6-1**

楼宇地址：　　　　区　栋　门　室

业主姓名：

项　目	数　量	入住验收情况	项　目	数　量	入住验收情况
墙、地面			减压阀		
顶棚、吊顶			旋　塞		
门			便　器		
窗			脸　盆		
柜			洗菜盆		
镜　子			水龙头阀门		
给排水管			地　漏		
浴　缸			配电器		
淋　浴			开　关		
门　铃			插座、灯具		
插　座					
煤气阀					
水表底数		电表底数		煤气底数	

本人已接受上述房屋，并对以上各项进行了全面验收。对于存在问题，请从速修复。

业主签名：

年　月　日

说明：本表一式两份，在拿到房间钥匙后 48 小时内，将填写好的表格送交物业管理企业，逾期视为对房间质量无异议。

(5) 向业主发放用户须知和用户手册，对业主使用本物业应该遵守的规定用文字的形式传达到用户。该部分内容主要包括：

1) 物业梗概；

2) 物业管理企业各个部门的分工；

3) 业主委员会的组成及作用；

4) 如何投拆和提出建议；

5) 管理费缴费的有关规定；

6) 装修管理规定；

7) 入伙须知；

8) 公共秩序维护、保洁规定及措施；

9) 水、电、气的使用管理规定；

10) 物业用途的限制规定；

11) 电视接收、公共设施、文化娱乐设施的管理规定；

12) 豢养宠物的有关规定；

13) 安装空调的有关规定；

14) 防火须知；

15) 噪音限制；

16) 泊车、洗车规定；

17) 电梯使用规定；

18) 物业管理常用电话号码。

(6) 告知业主公约的性质

业主公约是全体业主共同制定的、共同遵守的、并符合政府有关管理办法的一份管理文件。在实际管理过程中，应告知业主所签署的业主公约对全体业主有约束力。业主公约可以参照当地主管部门的规范文本。

第三节 装 修 管 理

在物业竣工验收后，业主或使用人对房屋原装修进行修改或全部重新进行的装修，称为室内装饰装修。室内装饰装修是物业管理中的一项经常而重要的管理工作，在这一环节最容易出现破坏房屋结构及侵犯他人利益的行为，物业管理企业的各部门要通力合作，共同完成这项工作。室内装饰装修与物业的安全使用，与物业的建筑、设备、公共秩序维护等各方面都有着密切的关系。物业管理企业应根据建设部《建筑装饰装修管理规定》和《住宅室内装饰装修管理办法》规定，以及相关的房屋安全使用管理规定，制定室内装饰装修指南和装修责任书，其目的是加强装修管理力度，全力杜绝违章装修、破坏公共管线的事件发生，杜绝对房屋承重结构的破坏，从而保证房屋的安全使用。

一、违章装修的预防措施

(一) 宣传引导

业主和客户在办理入伙手续时，物业管理人员应向业主和客户呈交《装修守则》，并对室内装饰装修应注意的事项作出必要的解释和引导。

(二) 加强培训

对物业管理企业的装修管理员进行有关装修的法律法规及专业知识的培训,使其成为合格的装修管理者。

(三) 建立审批制度

物业管理企业应建立专业工程师、工程部经理、及项目经理三级审批管理制度。同时配合客户审查信誉优良、技术过硬,并持有装修企业资质证书的装饰装修队伍。

二、装修审批

按照建设部《住宅室内装饰装修管理办法》规定,在城市从事住宅室内装饰装修活动,装修人在工程开工前,应当向物业管理企业或者房屋管理机构申报登记。对于非业主的使用人对住宅室内进行装饰装修,应当取得业主的书面同意。装修人首先要向物业管理企业提出装修申报登记,申报登记应提交下列材料:

(1) 房屋所有权证(或者证明其合法权益的有效凭证);

(2) 申请人身份证件;

(3) 装饰装修方案;

(4) 变动建筑主体或者承重结构的,需提交原设计单位或者具有相应资质等级的设计单位提出的设计方案;

(5) 涉及搭建建筑物和构筑物、改变住宅外立面、在非承重外墙上开门窗、拆改供暖管道和设施、拆改燃气管道和设施行为的,需提交有关部门的批准文件;涉及住宅室内装饰装修超过设计标准或者规范增加楼面荷载的,改动卫生间、厨房间防水层的行为的,需提交设计方案或者施工方案;

(6) 委托装饰装修企业施工的,需提供该企业相关资质证书的复印件。对于非业主的住宅使用人,还需提供业主同意装饰装修的书面证明。

在装修人申报登记装修时要填写装修申请表(见表 6-2),获批准后物业管理企业发放许可证才能施工。

装修申请表 **表 6-2**

<table>
<tr><td>用户姓名</td><td></td><td>地　址</td><td></td><td>单位电话</td><td></td></tr>
<tr><td>委托人姓名</td><td colspan="2"></td><td>电　话</td><td colspan="2"></td></tr>
<tr><td>被委托人姓名</td><td colspan="2"></td><td>电　话</td><td colspan="2"></td></tr>
<tr><td>装修队名称</td><td colspan="2"></td><td>电　话</td><td colspan="2"></td></tr>
<tr><td>装修队地址</td><td colspan="2"></td><td>负责人电话</td><td colspan="2"></td></tr>
<tr><td>负责人地址</td><td colspan="2"></td><td>电　话</td><td colspan="2"></td></tr>
<tr><td>装修项目</td><td colspan="5"></td></tr>
<tr><td>物业管理部门意见</td><td colspan="5">盖章
年　月　日</td></tr>
</table>

物业管理单位应当将住宅室内装饰装修工程的禁止行为和注意事项告知装修人和装修人委托的装饰装修企业。同时提请装修人对住宅进行装饰装修前，应当告知邻里。

装修人或装饰装修企业，应当与物业管理企业签订住宅室内装饰装修管理服务协议，该管理协议是物业管理企业实施装修监管的依据。

住宅室内装饰装修管理服务协议应当包括下列内容：

1）装饰装修工程的实施内容；

2）装饰装修工程的实施期限；

3）允许施工的时间；

4）废弃物的清运与处置；

5）住宅外立面设施及防盗窗的安装要求；

6）禁止行为和注意事项；

7）管理服务费用；

8）违约责任；

9）其他需要约定的事项。

物业管理单位应当按照住宅室内装饰装修管理服务协议实施管理，发现装修人或者装饰装修企业有违反相关规定的，应当立即制止；已造成事实后果或者拒不改正的，应当及时报告有关部门依法处理。对装修人或者装饰装修企业有违反住宅室内装饰装修管理服务协议的，追究违约责任。

三、装修过程的监督管理

（一）装修图纸的审批

装修图纸的审批工作应由物业管理企业的工程部负责。工程部对业主和客户提交的装修图纸进行审核，并提出修改意见，要求施工队根据所提出的意见进行设计方案的修改，直至符合物业管理的工程要求。

（二）建立装修保证金制度

业主和客户应缴纳装修保证金、装修管理费、垃圾清运费等相关费用，以押金的方式对装修方进行约束，待装修结束后，未违反有关规定时予以返还。

（三）实行“二证二书”制度

在室内装修管理过程中，实行《装修许可证》和《施工人员出入证》制度，防止无关人员出入物业管理区域。实行《施工承诺书》和《施工消防安全协议书》制度，在于防止违约行为的出现。

（四）装修管理员的日常监管

在业主和客户装修期间，装修管理员应做好日常监督管理工作。常用的方法是每日二次巡查装修现场，发现问题记录在案，协同装修人员整改并追踪整改结果。

（五）装修期间消防监控

在装修管理规定中，应明确要求施工队在动用明火作业之前，必须首先提出动火申请，在得到动火许可证后方可进行施工。保安员可以随时对动火单位作出检查。装饰装修企业应当遵守施工安全操作规程，按照规定采取必要的安全防护和消防措施，不得擅自动用明火和进行焊接作业，保证作业人员和周围住房及财产的安全。

（六）施工人员的管理

对于从事装修施工的人员发放《施工人员出入证》，并建立施工人员档案。严格控制进出物业管理区域的人员，便于公共秩序的维护。

（七）装修垃圾的处理

业主和客户装修垃圾做到日产日清，在每日规定时间收集并放置指定地点，由保洁员统一收集运走。

（八）部门协调

为了高效率地为业主服务，物业管理企业的物业部、工程部、保洁部、公共秩序维护部等各部门的工作应协调有序。

（九）投诉处理

及时处理装修期间业主和客户的投诉，将施工期间的扰民问题降低到最低限度。例如，有强烈噪音的工作，有强烈刺激性气味的工作，应立即采取必要的措施，减少不良因素对办公环境的干扰。

（十）公共区域成品保护

在物业内进行室内装饰装修管理过程中，应注意公共区域成品保护，防止公共区域物品遭到破坏。可以通过日常的监督管理巡查施工的楼层，防止施工人员违规盗用或破坏公共区域的设施设备，防止给物业项目的总体管理带来影响。装饰装修企业在从事室内装饰装修活动时，不得侵占公共空间，不得损害公共部位和设施。

四、装修验收

在装修管理过程中，物业管理企业要随时进行监督检查，对隐蔽工程在隐蔽前进行验收，在装修结束时进行竣工验收，确认整个装修行为符合有关规定。装修验收主要包括两个环节的工作：

（一）现场验收

物业管理企业应当按照装饰装修管理服务协议进行现场检查，对违反法律、法规和装饰装修管理服务协议的，应当要求装修人和装饰装修企业纠正，并将检查记录存档。同时物业管理企业还要依据装修施工图和竣工图进行现场验收，并结合日常的装修巡查记录和装修变更记录，进行符合性装修验收。

（二）退还装修保证金

由管理人员确认装修工程无违章装修现象，在经过三个月的使用检验后，确认没有遗留装修隐患，办理退还装修保证金手续。

复习思考题

1. 什么是物业接管验收？物业接管验收的原则是什么？
2. 怎样进行物业接管验收？
3. 在楼宇入伙过程中，物业管理企业应做好哪些准备工作？
4. 楼宇入伙的工作内容有哪些？
5. 如何进行装修管理？

第七章　物业管理服务的日常运作

第一节　房屋维护修缮管理

房屋维修管理是指物业管理企业按照一定的科学管理程序和制度及一定的维修技术管理要求，对其所经营管理的房产进行日常维护、修缮和技术管理。为了保证房屋正常地发挥其使用功能，延长其使用寿命，必须经常进行维修养护。物业管理的好坏，很大程度上取决于房屋维修管理的成果，它对物业管理企业信誉有着直接的影响。

一、房屋维修的概念与特点

（一）房屋维修的概念

房屋维修有广义和狭义之分。狭义的房屋维修仅指对房屋的养护和修缮；广义的房屋维修则包括对房屋的养护、修缮和改建。房屋竣工使用后，由于自然、使用、生物、地理和灾害等因素的影响而造成不断损坏，为了全面或部分地恢复房屋失去的使用功能，防止、减少和控制其破损的程度，就必须要对房屋进行维护、修缮和改建。

（二）物业管理企业房屋维修的特点

1. 生产和流通的双重性

由于物业管理企业的房屋维修是有偿的，因此，其维修本质上是一种物质生产活动。它所提供的劳动既创造价值，又创造使用价值。而且物业管理企业的房屋维修过程是生产和流通的统一，其维修管理活动既在生产领域，又在流通领域。这是因为一方面有偿服务的维修总是和流通融合在一起的，业主和物业管理企业双向选择的过程也往往是价值实现过程，两者几乎难以划分；另一方面房屋维修又往往和处于流通过程中的房屋租赁经营相联系。所以物业管理企业的房屋维修具有生产和流通的双重性。

2. 经营和服务的双重性

物业管理是一种经营型的管理。房屋维修管理是物业管理的主要内容，是其重要的经营活动之一。房屋维修过程是严格按市场经济和价值规律要求运行的，房屋维修所取得的收入或利润也是在经营管理中得到的，因此，它具有经营性，是经营性维修管理。同时，物业管理企业房屋维修的对象是已经投入使用的房屋，它的功能恢复和改善与房屋使用者的切身利益及安全保障密切相关，是人类自身再生产的重要条件，所以它又具有直接为社会大众的生产和生活服务的性质。

3. 广泛性和分散性

由于各种因素的作用，随着时间的推移和使用过程的损耗，房屋的各个部分，如结构、外墙、粉刷、零部件等都会有不同程度的损坏，物业管理企业需要根据损坏的程度经常地进行小修、中修或大修，所有的房屋普遍存在这一情况。因此，房屋维修具有广泛性。另一方面由于损坏的部分往往只占房屋的很少部分，分散在房屋的各个方面，维修规模很小，维修工作是分散的，零星的，因此，其维修也具有分散性。

4. 技术性

房屋维修具有技术性，是指房屋维修活动与一般建筑施工生产不同，它本身具有特殊的技术规定性。房屋维修技术不仅包括建筑工程专业及相关专业的技术，还包括独特的设计和施工操作技术。房屋维修工程质量的优劣是由维修技术水平高低决定的，因此，房屋维修管理的技术性管理是非常重要的。同时培训维修技术人员，配备一支素质优良的专业维修技术人员和技术工人队伍，并制定严格的技术操作规定和质量考评标准是房屋维修管理的重要的、不可缺少的内容。

5. 限制性

由于房屋维修是在原有房屋基础上进行的，因此受到原有条件的限制。例如受到原有房屋资料、条件、环境的限制，维修设计与施工都只能在一定范围内进行，难以超越客观环境进行创新。此外，还受到原有的建筑设计、建筑艺术风格的限制，尤其是有历史、文化保留价值的房屋。

二、房屋维修管理的原则与特点

（一）房屋维修管理的原则

1. “经济合理、安全实用”的原则

房屋维修管理要坚持“经济合理、安全实用”的原则。经济合理，就是要加强维修工程成本管理、维修资金和维修定额管理，合理使用人力、物力、财力，尽量做到少花钱多修房；要求制定合理的房屋维修计划和方案；安全实用，就是要通过房屋维修管理，使住户居住安全；要从实际出发，因地制宜、因房制宜地进行维修，满足用户在房屋使用功能和质量上的需求，充分发挥房屋效能。

2. “区别对待”原则

根据房屋建筑的年限，可把房屋大致分为新建房屋和旧房屋两大类。对于新建房屋，维修管理工作主要是做好房屋的日常养护，保持原貌和使用功能。对于旧房屋应依据房屋建造的历史年代、结构、住宅使用标准、环境以及所在地区的特点等综合条件，综合城市总体规划要求，分别采取不同的维修改造方案。

3. “服务”原则

房屋维修管理必须维护住户的合法权益，切实做到为住户服务；建立和健全科学的房屋维修管理服务制度。房屋维修管理人员要真正树立为住户服务的思想，改善服务态度，提高服务质量，认真解决住户的房屋修缮问题。这是房屋维修管理的基本原则。

（二）房屋维修管理的特点

1. 具有复杂性的特点

房屋维修管理的复杂性特点是由房屋的多样性、个体性和房屋维修的广泛性和分散性决定的。由于每一幢房屋几乎都有独特的形式和结构，有单独的设计图纸，因此，房屋维修必须根据不同结构、不同设计、不同情况的房屋，分别制订不同的维修方案，组织不同的维修施工。这给房屋维修管理带来了复杂性，要求房屋维修管理也必须根据不同情况，分别运用不同的管理方法。此外，房屋维修的广泛性和分散性，还要求对零星、分散又广泛的房屋进行组织管理，这也使房屋维修管理呈现复杂性。

2. 具有计划性的特点

房屋维修过程本身存在着各阶段、各步骤、各项工作之间一定的不可违反的工作程序。无论什么样的房屋维修一般都必须经过房屋情况调查，对其质量和安全进行检查、研究、规划而后才能确定维修方案，签订维修合同，组织维修，因此，房屋维修必须严格按维修施工程序进行，这就决定了房屋维修管理也必须按这一程序有计划地组织操作。

3. 具有技术要求高的特点

由于房屋维修具有技术性，这就决定了房屋维修管理技术要求高的特点。无论是在房屋安全质量检查管理，还是在组织维修施工管理时，都要求管理人员具有较强的房屋建筑工程专业技术知识和相关专业技术知识，从而能够对房屋维修方案进行正确合理的决策，以便对房屋维修工程质量、工程的成本和进度进行有效控制管理。

三、房屋维修工程的分类

房屋维修工程可分为小修工程、中修工程、大修工程和翻修工程及综合维修工程。

（一）小修工程

1. 小修工程的概念

小修工程亦称零星工程或养护工程，是指物业管理企业为确保房屋正常使用，保持房屋原来的完损等级而对房屋使用中的正常的小损小坏进行及时修复的预防性养护工程。这种工程用工少、费用少，综合平均费用占房屋现实总造价的1％以下，并具有很强的服务性，要求经常、持续地进行。小修工程的主要特点是项目简单、零星分散、量大面广、时间紧迫。经常性进行房屋的养护工作，可以维护房屋的使用功能，既保证用户正常使用，又能使发生的损坏及时得到修复，不致造成较大的损失。

2. 小修工程的范围

小修工程的范围主要包括以下维修内容：

(1) 房屋补漏、修补屋面、泛水、屋脊等；

(2) 钢、木门窗的整修、拆换五金、配玻璃、换窗纱、油漆等；

(3) 修补楼地面面层，抽换个别楞木等；

(4) 修补内外墙、抹灰、窗台、腰线等；

(5) 拆砌挖补局部墙体、个别拱券，拆换个别过梁等；

(6) 抽换个别檩条，接换个别木梁、屋架、木栓，修补木楼梯等；

(7) 水、卫、电、暖气等设备的故障排除及零部件的修换等；

(8) 下水管道的疏通，修补明沟、散水、落水管等；

(9) 房屋检查发现的危险构件的临时加固、维修等。

（二）中修工程

1. 中修工程概念

中修工程是指房屋少量的主体构件已损坏或不符合建筑结构的要求，需要进行局部维修以保持房屋原来的规模和结构的工程。这类工程工地比较集中，项目较小，有周期性，适用于一般损坏房屋，其一次维修费用是该房屋同类结构新建造价的20％以下。经过中修后的房屋70％以上要符合基本完好或完好房标准的要求。因此，及时地开展中修工程是保持房屋基本完好的有力保证。

2. 中修工程的范围

中修工程范围主要包括以下一些维修内容：

(1) 少量结构构件形成危险点的房屋维修；

(2) 一般损坏房屋的维修，如整幢房屋的门窗整修、油漆保养、设备管线的维修和零配件的更换等，楼地面、楼梯的维修，抹灰修补；

(3) 整幢房屋的公用生活设备的局部更换、改善或改装、新装工程以及单项目的维修如下水道重做，整幢房屋门窗的油漆，整幢房屋围墙的拆砌等等。

(三) 大修工程

1. 大修工程概念

大修工程是指无倒塌或只有局部倒塌危险的房屋，其主体结构和公用生活设备(包括上、下水通风取暖等)的大部分已严重损坏，虽不需全面拆除但必须对它们进行牵动、拆换、改装、新装，以保证其基本完好或完好的工程。这类工程具有工程地点集中、项目齐全的特点。其费用是该房屋同类结构新建造价的25%以上。房屋大修工程一般都与房屋的抗震加固、局部改善房屋居住使用条件相结合进行。经大修后的房屋，一般都要求达到基本完好或完好的标准。

2. 大修工程范围

大修工程范围一般包括以下维修内容：

(1) 修复严重损坏的房屋主体结构的维修工程；

(2) 对整幢房屋的公用生活设备进行管线更换、改善或新装的工程；

(3) 对房屋进行局部改建的工程；

(4) 对房屋主体结构进行专项抗震加固的工程。

(四) 翻修工程

1. 翻修工程的概念

翻修工程是指原来的房屋需要全部拆除，另行设计，重新建造或利用少数主体构件在原地或移动后进行更新改造的工程。这类工程具有投资大，工期长的特点。由于翻修工程可尽量利用原房屋构件和旧料，因此其费用应低于该房屋同类结构的新建造价。一般翻修后的房屋必须达到完好房屋的标准。

2. 翻修工程使用范围

翻修工程主要适用于下列房屋的维修：

(1) 房屋主体结构全部或大部分损坏，有倒塌危险；

(2) 因自然灾害破坏不能再使用的房屋；

(3) 地处陡峭易滑坡地区的房屋或地势低洼长期积水无法排出地区的房屋；

(4) 主体结构、围护结构简陋无修缮价值的房屋；

(5) 国家基本建设规划范围内需要拆迁恢复的房屋。

(五) 综合维修工程

1. 综合维修工程概念

综合维修工程是指成片多幢或面积较大的单幢楼房，大部分严重损坏而进行有计划的成片维修和为改变房屋面貌而进行的维修工程，也就是大修、中修、小修一次性应修尽修工程。这类维修工程应根据各地情况、条件，考虑一些特殊要求，在维修中一次解决。综合维修工程的费用应是该片房屋同类结构新建造价的20%以上，其竣工面积和数量在统计时可不单独列出，可计入大修工程项目中。经过综合维修后的房屋应达到基本完好或完好的标准。

2. 综合维修工程的适用范围

以下这些房屋都需要进行综合性维修：

(1) 该片(幢)大部分严重损坏，或一般性损坏需要进行有计划维修的房屋；

(2) 需改变片(幢)面貌的房屋。

四、房屋维修管理的内容

对房屋维修的管理主要有三方面：

(1) 对房屋使用情况进行安全检查

通过对房屋的定期、不定期的检查，及时发现房屋使用中存在的问题和房屋目前的使用状况，对需要修理的房屋和部位做到情况清楚，分清修理的轻重缓急，准确判断修理工作的重点，并根据国家有关标准对房屋的完损等级进行评定。

(2) 依据国家、建设部和房地产主管部门的相应标准，考核各项维修工作的完成情况和完成状态。

(3) 对房屋维修过程进行操作管理

包括对房屋维修的施工管理、质量管理。

五、房屋的养护管理

正在使用的房屋要采用一定的手段进行养护，精心的养护可以延长建筑物的使用寿命，延长房屋的大修周期，并使物业保值增值。对房屋养护管理的内容主要有：

(1) 对房屋的地基基础的养护管理；

(2) 对建筑物楼地面工程的养护管理；

(3) 对建筑物外装修的养护管理；

(4) 对建筑物主要通行通道的养护管理；

(5) 对建筑物门窗的养护管理；

(6) 对建筑物屋面的养护管理；

(7) 对建筑物通风、排烟、排气、垃圾道的养护管理。

第二节　房屋设备管理

房屋的附属设备是房屋的有机组成部分，它与房屋的使用功能协调一致，紧密配合，才能保证充分发挥物业的整体功能和作用。因此，房屋设备管理是物业管理不可缺少的重要内容，从事物业管理工作的人员必须十分熟悉和了解房屋设备及其管理的内容和方法。

一、房屋设备的概念

房屋设备是房屋建筑内部附属设备的简称。它是构成房屋建筑实体的有机组成部分。房屋要实现价值和使用价值，都离不开水、电、煤气等附属设备。没有水、电、煤气等附属设备的房屋不能算是完整的房屋。

随着经济的高速发展和科技的进步，人们对现代房屋建筑功能的要求越来越高，要求在房屋建筑物内部装设日臻完善的设备。于是先进、合理、完备的智能化、多样化的综合性房屋设备系统逐步建立起来，如闭路电视、自动报警、中央空调、全电子电脑电话等，给人们的生产、生活和学习提供了良好的环境，创造了更加经济、舒适、方便和卫生的优越条件，但同时这为房屋设备管理和维修提出了更新更高的要求。

二、房屋设备的分类

房屋设备是根据用户要求和不同的物业用途而设置的，因此，不同用途的房屋有不同的房屋设备。如一般住宅中的房屋设备由水、电、煤气、卫浴、电梯等设备系统。一般来说，房屋设备可分为房屋建筑卫生设备和房屋建筑电气工程设备两大类。

（一）房屋建筑卫生设备

1. 给排水设备系统

房屋给排水设备系统是指房屋建筑内部附属设备中各种冷水、热水、开水供应和污水排放的工程设备总称。它包括房屋给水设备和房屋排水设备及房屋热水供应设备。

房屋给水设备是指用人工提供水源的设备。按整个供水环节可分为供水箱、供水泵、水表、供水管网 4 方面的设备。按其用途可分为生产、生活和消防给水设备 3 种。要注意的是，生产用水和消防用水对水量、水压方面的要求较高，有些生产用水和生活用水对水质要求较高，而消防用水的水质要求不高。生产用水要求随生产工艺的不同而有很大的差异。房屋给水设备的设置管理，应根据不同要求进行不同的设备管理。

房屋排水设备是指用来排除生产、生活污水和屋面雨雪水的设备，它包括排水管道系统、通气管系统、清通设备、抽升设备、室外排水管道等，按所排放污（废）水的性质又可分为生活排水管道、工业废水管道和室外雨水管道。

房屋热水供应设备是指房屋建筑内部附属设备中热水供应部分，它包括加热设备、储存设备（主要指热水箱）、供热水管道、各种循环管道和热水表、疏水器、自动温度调节器、减压阀和伸缩器及自然补偿管道等一系列器材和附件。

2. 房屋卫生设备

房屋卫生设备指房屋建筑内部附属设备中的卫生部分，包括浴缸、水盆、小便池、抽水马桶、面盆等。

3. 房屋消防设备

房屋消防设备是指房屋建筑内附属设备中的消防装置部分，包括喷淋系统、消防栓、灭火机、灭火瓶、消防龙头、消防泵和配套的消防设备，如烟感器、温感器、消防报警系统、防火卷帘、防火门、抽烟送风系统、防火阀、消防电梯、消防走道及事故照明、应急照明灯。

4. 房屋供暖、供冷和通风设备系统

它包括房屋供暖设备、供冷设备、通风设备。

房屋供暖设备是指房屋设备中用来供暖的部分，可分为热水供暖和蒸汽供暖设备。包括锅炉、蒸汽喷射器、壁炉、鼓风机、水汀片、回龙泵和室外供暖管道、散热器、辐射板等设备，此外还有膨胀水箱、去污器等热水供暖设备各种立管和干管等的蒸汽供暖设备系统。

房屋供冷设备是指房屋建筑内部附属设备中，可以使空气流动、给房屋住（用）者带来清凉感觉的设备部分，包括冷气机、深井泵、空调机、电扇、冷却塔、回龙泵等设备。

房屋通风设备是指房屋建筑内附属设备中的通风部分，它包括通风机、排气和一些净化除尘的设备等。

（二）房屋建筑电气工程设备

1. 房屋供电及照明设备

它是指房屋建筑内附属设备中的供电照明部分。它包括高压开关（户外型为负荷开关，

户内型为漏电保护自动开关)、变压器,各种温控仪表、计量仪表、低压配电柜、配电干线、楼层配电箱、备用电源、电表、总开关、照明器等。

2. 房屋弱电设备

它是指房屋建筑内附属设备中的弱电设备部分,包括广播设备、电信设备、共用天线电视系统设备、电脑设备等。

3. 房屋运输设备

它是指房屋建筑内附属设备中载运人或物品的设备,包括电梯和自动扶梯,它们是房屋建筑中主要的垂直运输设备。

(1) 电梯。电梯一般有传动设备、升降设备、安全设备和控制设备组成。电梯按用途可分为客梯、货梯、客货梯、消防梯及各种专用电梯。按速度可分为速度在 2m/s 以上的高速电梯、速度在 1.5m/s 以上的快速电梯和速度在 1.0m/s 以上的低速电梯,目前大多数住宅客梯选用低速电梯、少数超高层住宅选用快速电梯。按控制方式可分为信息控制电梯、集选控制电梯、微机程序控制电梯和简单手柄控制电梯。

(2) 自动扶梯。自动扶梯主要使用与相邻楼层的人流输送,可以在很小空间运送大量人员,常用于大型商场、酒店和娱乐场所及机场、火车站等。自动扶梯在构造上与电梯有些相似,但在许多方面比电梯简单,它一般有驱动装置、运动装置和支撑装置组成。

4. 房屋防雷及接地装置

不同用途的房屋建筑(构筑)物应有不同的防雷等级要求。

一般建筑物的防雷设施要求装有避雷针、避雷网、避雷带、引下线和接地极。避雷针又可分为单支、双支、多支保护等形式。避雷针、避雷带、引下线和接地极等防雷部分都要按照规范的具体要求装置,才能防止雷击的危害。

房屋设备除上述两大类外,还有厨房设备、清洁设备、景观设备等多种新型设备。

三、房屋设备管理的意义

房屋设备管理就是指按照一定的科学管理程序,按照一定的技术管理要求对房屋设备的日常运行和维修进行管理。房屋设备的日常运行管理和维修管理既可统一,也可分开。设备不能正常运行或经常损坏和处于瘫痪状态的房屋是不能良好地发挥其住用功能的,这样的物业肯定是不健全的,物业管理也是没有成效的。因此,房屋设备的运行和维修管理是保障房屋功能正常发挥的有力保证,也是物业管理工作的重要内容。

(一) 房屋设备管理是业主生产、生活、学习正常进行的有力保障

没有良好的设备运行和维修管理,就不能提供安全、舒适、健康的环境,就不能使人们安居乐业。所以,良好的房屋设备管理是人们生产生活、学习正常进行的有力保障。

(二) 房屋设备管理是延长设备使用寿命,保障设备安全运行的保证

加强设备的日常运行管理,可以避免因设备使用不当引起的损坏,并保证了安全运行;加强设备的维修管理就可以提高设备性能,排除运行故障,避免事故发生,从而延长了设备的使用寿命,提高了设备的使用效益,也为实现物业保值增值打下良好的基础。

(三) 房屋设备管理能强化物业管理企业的基础建设

搞好房屋设备管理,可以促进物业管理企业及时抓住和纠正不良的服务方法,不断提高管理服务质量和技术水平,从而可强化物业管理企业的管理基础建设,促使物业管理更好的发展。

四、房屋设备管理的内容

不同的房屋设备有不同的特点，因此房屋设备管理的内容也各不相同，一般包括以下内容：

（一）房屋设备的基础资料管理

房屋设备的基础资料管理的主要内容是建立设备管理原始资料档案和重要设备的维修资料档案。

（二）房屋设备的运行管理

房屋设备的运行管理的主要内容是建立合理的运行机制和运行操作规定、安全操作规程等运行要求，实现文明安全的运行管理，并建立定期检查运行情况的规范服务的制度等。

（三）房屋设备的维修管理

房屋设备的维修管理是指根据设备的性能，按照一定的科学管理程序和制度，以一定的技术管理要求，对设备进行日常养护和维修、更新。

五、房屋设备管理的制度

专业化管理是房屋设备管理的方向，在专业化管理中，首先要建立一系列房屋设备管理制度。

（一）接管验收制度

在进行房屋设备的运行管理和维修管理之前，首先要做好房屋设备的接管验收工作，接收好房屋设备的基础资料。接管验收不仅包括对新建房屋附属设备的验收，而且还包括对维修后房屋设备的验收以及委托加工或购置的更新设备的开箱验收。

房屋设备的第一次验收为初验，对发现的问题应商定解决意见并确定复验时间。对经复验仍不合格的应限定解决期限。对设备的缺陷及不影响使用的问题可作为遗留问题签订协议保修或赔款补偿。这类协议必须是设备能正常使用不致出现重大问题时方可签订，验收后的验收单与协议等文件应保存好。

（二）预防性计划维修保养制度

为延长设备的使用寿命，防止意外损害而按照预定计划进行一系列预防性设备修理、维护和管理的组织措施和技术措施叫预防性计划维修保养制度。实行计划性维修保养制度可以保证房屋设备经常保持正常的工作能力，防止设备在使用过程中发生不应有的磨损、老化、腐蚀等状况，充分发挥设备潜力和使用效益，正确掌握设备状况，提高设备运转效率；实行预防性维修保养制度，可以延长设备的修理间隔期，降低修理成本，提高维修质量。实行预防性维修保养制度，还可以保证房屋设备的安全运行，也是延长设备使用寿命，树立物业管理企业良好形象的保证。

一般来说，进行计划维修保养的次序和期限是根据设备的使用特性和使用条件来决定的：

(1) 确定维修保养的类别、等级、周期与内容；

(2) 制订设备维修保养要求；

(3) 操作预防性计划维修保养制度，并进行监督检查。

（三）值班制度

建立值班制度并严格执行，可以及时发现事故隐患并排除故障，从而可保证设备安全、正常操作运行。其具体内容包括以下几个方面：

(1) 房屋设备值班人员必须坚守岗位，不得擅自离岗，如因工作需要离开的必须有符合条件的人替岗并交待离岗时间、去向；

(2) 按时巡查、做好记录，及时发现事故隐患、及时解决，及时报告；

(3) 接到请修通知，及时通知、安排有关人员抢修、急修；

(4) 不得随意调换值班岗位，就餐实行轮换制。

(四) 交接班制度

搞好交接班工作，可以保证值班制度的操作。其具体内容是：

(1) 值班人员做好交接班前工作，包括按巡查表认真仔细巡查，发现问题及时解决，当班问题尽量不留给下一班，并做好记录和环境卫生工作；

(2) 接班人员提前 15 分钟时间上岗接班，清查了解所上班次，办理好交接班手续；

(3) 值班人员办完交接班手续方可下班，若接班人员因故未到，值班人员应坚守岗位，待接班人员到达并办完手续后才能离开；

(4) 除值班人员外，无关人员不得进入值班室。

(五) 报告记录制度

建立报告记录制度可以让物业经理、技术主管和班组长及时了解设备的运行情况及设备维修管理情况，及时发现设备管理中存在的问题，以便及时解决。

除了上述设备管理制度外，还有设备请修制度，设备技术档案资料保存管理制度，房屋设备更新、改造、报废计划及审批制度，承租户保管房屋设备责任制度及房屋设备清点盘点制度等一系列房屋设备管理制度体系，从而实现房屋设备管理的专业化、制度化管理。

六、房屋设备维修工程的分类

目前对房屋设备维修工程分类尚无统一规定。一般可分为以下几类：

(一) 设备大修工程

它是指对房屋设备进行定期的包括更换主要部件的全面检修工程。

(二) 设备中修工程

它是指对房屋设备更换少量零部件，进行正常的和定期的全部检修。

(三) 设备更新和技术改造工程

它是指设备使用到一定年限后，其效率低、耗能大、年使用维护费提高或污染(腐蚀排气、粉尘、噪音)问题严重，为使其技术性能得到提高改善，并降低年使用维护成本而进行的更新改造。

(四) 设备日常零星维修保养工程

它是指对设备进行日常的维修保养、检修及排除运行故障而进行的修理。

七、房屋设备维修的特点

(一) 维修成本高

房屋设备的维修比房屋建筑本身维修的一次性投资大、成本高，因为房屋设备的性质决定了房屋设备的使用年限较短。这是由于一方面房屋设备因使用而发生损耗，致使其使用年限缩短，另一方面技术进步，使用性能更高、更舒适方便的新型房屋设备的出现而导致其使用年限缩短。这种无形的和有形的损耗，都会引起房屋设备的维修更新间隔期的缩短。从而使维修更新成本增加。此外，使用效能更高、更舒适方便的新型设备一次性投资较大。因此，维修更新这种设备的成本就较高。

（二）维修技术要求高

由于房屋设备是在房屋建筑物内部，其灵敏程度和精确程度的要求都较高，而维修工作的好坏直接影响着设备在运行中的技术性能的正常发挥。因此，房屋设备的维修技术要求相当高。在设备维修管理中，必须要配备专业技术人员。在设备维修前，专业技术人员要认真阅读有关设备的技术档案和技术资料，建立房屋设备维修责任制。

（三）具有突然性与计划性、集中与分散相结合的特点

房屋设备因平时使用不当或其他突然事故等原因，往往会突然发生故障，这就使房屋设备维修有很大的突然性。但房屋设备又有一定的使用寿命期和大修更新周期，因此，它的维修又有很强的计划性，可以制订房屋设备维修更新计划，有计划地确定维修保养次序、期限和日期。所以说，房屋设备维修有突然性与计划性相结合的特点。此外房屋设备日常的维修保养、零星小修和突发性抢修都是分散进行的，而大修更新又往往是集中地按计划进行的。因此，房屋设备的维修又具有集中与分散相结合的特点。

八、房屋设备维修管理内容

房屋设备的日常性维修养护管理是指物业管理企业对房屋设备进行日常的常规性保养和日常巡视、检查、修理，以排除运行故障。房屋设备日常性维修养护分为日常巡视维护和定期检查保养两方面，可分别制订日常巡视范围和定期检查项目。一般来说，日常巡视侧重易出现故障的部位和薄弱环节，定期检查则侧重操作系统易损、易磨、易动等的部位、步骤。房屋设备的日常性维修保养工作量虽小，但关系到业主或用户使用是否便利、正常，这是一项服务型很强的工作。物业管理企业必须精心养护，及时修理，以保证设备日常运行，使其正常发挥使用功能。

（一）房屋设备的日常性维修养护管理的内容

（1）卫生和水电设备的日常性维修养护管理；

（2）水泵和水箱设备的日常性维修养护管理；

（3）消防设备的日常性维修养护管理；

（4）供暖设备和其他各种特种设备的日常性维修养护。

（二）房屋设备的日常维修保养管理的要求

（1）以设备操作人员为主，对设备采取清洁、紧固、调整、润滑、防腐为主的检查和预防性保养措施；

（2）要求操作人员实行定机保养责任制，做好交接班前的了解，检查设备工作，在保证设备系统安全、正常，各部位清洁润滑并运行正常的情况下，方可投入使用操作；

（3）要求设备操作人员严格遵守设备操作规定和安全操作规程。操作设备时要求集中思想，正确合理使用设备，及时排除故障，及时紧固松动的机器部件，以保证设备安全、正常运行；

（4）要求操作人员停机前或下班前，对设备进行清扫、擦拭、注油、整理、润滑和切断电源；

（5）要求专业维修技术人员日常巡视检查，帮助操作人员合理使用设备，制止违章操作，加强日常保养，对设备的运行情况进行检查。

九、房屋设备的经常性保养

房屋设备的经常性保养是指物业管理企业以及城建部门、供电部门、自来水公司、煤气

公司等单位及有关人员对房屋建筑内部的附属设备所进行的日常性的养护、添装、管理、修理和改善工作。它一般包括以下方面的内容：

（一）卫生和水电设备的经常性保养

物业管理企业要负责管区范围内的计划养护、零星报修和改善添装任务。零星损坏的卫生、水电设备一般应按本单位规定期限及时修理，人为损坏则要由住（用）者自费修理。

（二）水泵和水箱设备的经常性保养

由物业管理企业工程部的水电小组专人分管、保养、维修。一般每月或每季度保养一次，并定期列入大修或者更新计划。

（三）消防设备的经常性保养

由物业管理企业专人负责，对消防专用水箱一般在规定期限内调水、放水，以防止出现缺水、阻塞、水质腐臭等现象；消防泵也应采取定期试泵的措施。

（四）暖气设备和其他特种设备的经常性保养

由专业供热公司的技术人员和熟练工人按冬季供暖期锅炉生火前和停火后对暖气设备进行两次全面检查、维修、养护，以及做好有关设备和管道的包扎防冻工作；对其他特种设备按季度专人负责维修、管理、养护。

（五）电梯设备的经常性保养

由具有电梯设备生产、安装、维修资质的专业公司承担。

房屋设备的经常性保养涉及许多相关单位，因此，必须各司其职，相互配合，才能做好对房屋设备的经常性保养。

第三节　安全管理与保安服务

物业管理中的安全管理与保安服务包括日常保安服务、车辆管理和消防管理。消防管理内容在本书第十一章中阐述，本节重点介绍日常保安服务和车辆管理的内容。

一、日常保安服务

日常保安服务是指物业管理企业为防盗、防破坏、防不法活动、防灾害事故而对所管物业进行的一系列管理活动。其目的是为了保障所管的物业区域内的财物不受损失，人身不受伤害，维护工作、生活秩序的正常。保安服务在整个物业管理中占有举足轻重的地位，它是业主（使用人）安居乐业的保证，也是社会安定的基础。

（一）日常保安服务的特点

1．综合性强，管理难度大

物业管理企业所管理的物业类型多样，如一些大型的商住区，不但具有楼层高、楼幢多、建筑面积大、进出口多的特点，而且还具有区内公司多、餐厅、歌舞厅、电影院等娱乐场所多、客流量大、人员复杂、车辆多等特点，所有这些都给制订保安服务措施带来一定的困难。

2．服务性强

物业的保安服务说到底也是服务，即提供保安服务，也就是为保障客户的人身和财产安全服务。所以，作为一名保安人员，一定要树立“服务第一，用户至上”的思想，既要有公安人员的警惕性，又要有服务人员的和颜悦色；既要坚持原则，按制度办事，又要文明礼貌，乐于助人。

3. 安全保卫人员素质要求高

保安部作为物业管理中的一个公共区域的综合管理部门，对人员的素质要求较高。安全保卫人员要知法、懂法；不仅要坚持原则，依法办事，还要讲究处理问题的方式、方法。因为保安工作除与违法犯罪分子作斗争外，更多的是与违反规章制度的群众打交道，因此一定要区别对待，掌握好分寸。

（二）日常保安服务工作的内容

保安服务分为安全保卫和正常生活、工作秩序的维护两部分。主要工作包括以下方面：

1. 建立健全物业安全保卫组织机构

目前，我国大多数物业管理企业都成立保安部、保卫部、安全部或公共秩序维护部等机构来具体负责落实管理区域内的安全保卫工作。

2. 制定和完善各项安全保卫岗位责任制

物业管理企业应根据所管理项目的实际情况制定各项安全保卫制度，针对业主（住户）的有："治安保卫管理规定"、"防风防火管理规定"；针对内部保安员的有："保安员值班岗位责任制"、"门岗值班制度"、"保安员交接班制度"、"保安器械使用管理规定"等。

3. 根据物业管理区域大小和当地社会治安情况配备相应数量的保安员

要实行24小时值班制度。

4. 建立正常的巡逻制度并明确重点保卫目标，做到点、面结合

重点时间段和重要地段要重点巡视。

该项工作具体可分为门卫、守护和巡逻三方面来操作。

(1) 设置门卫。门卫一般设置在商住小区或商业大厦的进出口处，负责门卫的保安人员的主要职责是：严格控制人员和车辆的进出，对来访人员实行验证登记制度，对携带物品外出实行检查制度，防止财物流失，并维护附近区域秩序，防止有碍安全的、有伤风雅的事件发生，门卫应实行24小时值班制。

(2) 守护。是指对特定（或重要）目标实行实地看护和守卫活动，如一些重点单位、商场、银行、证交所、消防与闭路电视监控中心、发电机房、总配电室、地下车库等。安排守护人员时，应根据守护目标的范围、特点及周围环境，确定适当数量的哨位。作为守护哨位的保安员，应事先熟悉下列环境：1)守护目标情形、性质特点、周围治安情况和守护方面的有利、不利条件；2)有关制度、规定及准许出入的手续和证件；3)岗位周围地形、地物及设施情况；4)电闸、消防栓、灭火器等安全设备的位置、性能和使用方法，各种报警系统的使用方法等。

(3) 巡逻。是指在一定区域内有计划巡回观察以确保该区域的安全。巡逻的目的，一是发现和排除各种不安全因素，如门窗未关好、车辆未按要求停放、各种设施设备故障和灾害隐患、值班、守护不到位或不认真等；二是及时处置各种违法犯罪行为。巡逻路线一般分为往返式、交叉式、循环式三种，但无论采用何种方式都不宜固定，上述三种方式也可交叉使用，这样既便于实现全方位巡逻，又可防止坏人掌握巡逻的规律。在安排巡逻路线时，一定要把重点、要害部位，多发、易发案地区放在巡逻路线上，这样便于加强对重点、要害部位的保卫，有效地打击犯罪分子。

5. 完善区域内安全防范设施

物业的保安服务除了靠人力外，还应注重技术设施防范。物业管理企业应根据自己的财力与管理区域的实际情况配备必要的安全防范设施。例如在商住小区四周修建围墙或护

栏；在重要部位安装防盗门、防盗锁、防盗报警系统；在商业大厦安装闭路电视监控系统和对讲防盗系统等。

6. 定期对保安员进行职业道德教育与业务培训

保安员在上岗前，物业管理企业应对其进行思想素质与业务素质的培训，培训的目的是使之能更好的适应物业管理这一行业。保安员培训的内容应包括心理学、法律、职业道德教育、文明礼貌用语、物业管理的各项规章制度、队列训练、擒拿格斗、治安保卫常识、消防基本知识等。

7. 联系区内群众，搞好群防群治

社会治安是一项系统工程，不是单靠某个部门、某些人，而必须把全社会的各个部门，各个方面都发动起来，实行社会治安综合治理。小区（或大厦）的保安服务也不例处，仅靠保安员是不够的，必须把辖区内的群众发动起来，增强群众的自我安全防范意识，可采取定期上门拜访群众，通报治安情况，听取他们的意见，改进工作缺点，联络感情，还可在区域内设立广告宣传栏，报警电话等。

8. 与周边单位建立联防联保制度，并与当地派出所建立良好的工作关系。

9. 为保安员办理人身保险。

二、车辆管理

车辆管理是保安服务中一个重要部分。物业辖区的车辆管理包括两个方面，一是车辆行驶管理，二是车辆停放管理。

车辆行驶管理主要是保证人流、车流进出的安全问题。有的住宅小区实现人车分流，有效地避免了车辆进出的干扰问题。在写字楼、工业区应设置合理的行车道，使车辆进出有序。在车辆进出高峰时段，物业管理企业要对进出的车辆进行有效的疏导，避免造成车流堵塞现象。

车辆停放管理的重点是防止车辆乱停、乱放和车辆丢失。随着经济的发展，人们生活水平提高，车辆逐年在增加，但目前一些商住区或写字楼的停车场车位严重不足，导致车辆乱停乱放现象日益严重，车辆及附件被盗案件屡屡发生，车主与管理人员的矛盾日益增多。对于写字楼、工业区的车辆停放，保安人员应根据车辆停放时间的长短，合理安排停车位，使每个车位达到最佳利用效果。而居住小区的车辆停放，应根据各个小区的不同情况采取不同的管理方法。例如，有停车库的小区，尽量停车入库；对长期停放的车辆进行登记，固定车位；对于临时停放的车辆，划定临时停车区域；如果小区公共场地不大，对于非小区业主或使用人的车辆，可以请其停放在小区以外。另外，对于自行车、摩托车等非机动车辆，一般是白天停放在临时停放点，夜晚尽量推入车棚，防止车辆丢失。

在车辆停放与保管这个问题上应做到以下几点：

(1) 前期介入物业配套停车场建设，有效避免硬件建设不足导致的管理困难；

(2) 建立健全停车场管理制度；

(3) 依据国际惯例，物业管理企业应与车主签订车辆停放管理合同或协议，明确双方的责任，要求车主必须购买车辆保险；

(4) 对管理区域内的车辆统一发放准停征，凭证进出，严格控制外来车辆，实行车辆进出门卫检查制度；

(5) 根据停放车辆数合理设定停车场（棚）和车位划线，车辆乱停放要有相应的处理措施；

(6) 严格停车场巡逻制度，及时发现病车、坏车、合理规避管理风险；

(7) 控制特殊车辆进入停车场，例如大型货车和装有易燃、易爆、等物品的车辆；

(8) 组织制订并落实车辆管理应急方案；

(9) 有相应的防盗措施，并与当地公安派出所、业主委员会积极配合，发动业主实行综合管理。

三、物业管理企业的保安管理

(一) 保安机构的设置

物业管理企业的保安管理是通过设立保安服务部负责组织操作的。保安服务部的架构设置与其所管物业的档次、类型、规模有关，物业面积越大，物业管理类型及配套设施越多，架构设置也就越复杂。保安服务部一般的架构设置如图 7-1 所示：

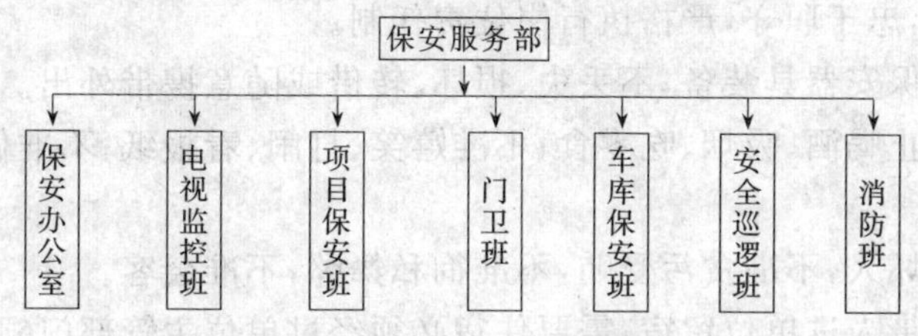

图 7-1 保安服务部架构

其中安全巡逻班根据监视区域责任划分为多个班组，每个班组又根据 24 小时值班需要分为 3～4 个轮换班。

(二) 保安管理中常见问题的处理

保安人员在保安管理过程中经常会碰到各种各样的问题需要处理，这就要求保安员既要坚持原则，依法处理，又要有一定的灵活性，不至于将矛盾或事态扩大。对于突发事件，处理妥当，会减少矛盾的产生或减少业主的损失。但是要注意，保安人员一定要分清自己的责任和权限，对法律未赋予的权利不能滥用。例如，当业主(或租户)发生刑事和治安灾害事故时，值班保安应迅速向公安机关和物业管理企业保卫部门报案，业主受侵害的财物投购保险的还应协助业主通知承保的保险公司，同时采取适当的方法把整个现场保护起来，以免破坏现场遗留的痕迹、物证，影响证据的收集。抓紧时机向发现人或周围群众了解案件、事故发生发现的经过，向到达现场的公安人员认真汇报案件发生情况，协助破案。但是，保安人员本身并没有侦察、审讯嫌疑人的权利。再例如，保安人员一定要有发生火警时的处置方案和应急措施，首先要电话报警，同时要派人到路边指挥消防车辆进入现场，用对讲机向值班人员及保安服务部报告，组织值班人员赶赴现场，立即切断火灾现场的电源总开关、煤气，转移易燃易爆危险物品。启用灭火器材，全力扑灭初起之火，使损失降低到最小限度。同时要维护火场秩序，防止坏人趁火打劫，参加抢救伤员和财物的工作。如果在执勤中遇到犯罪分子偷盗或抢劫是要保持镇静，设法制服犯罪分子或应立即发出信号，召集附近的保安员或群众支援，若罪犯逃跑，要看清人数、衣着、面貌、身体特征，所用交通工具及特征等，并及时报告公安部门及物业管理企业保卫部门，要保护好现场或罪犯遗留物品、作案工具等物，小心地用钳子或其他工具提取，然后放在白纸内妥善保存，交公安机关处理。切不可将保安人员或其他人的指纹等痕迹弄到遗留物上。

除此以外，在保安服务的过程中还会遇到许多问题，就需要根据情况灵活处理，例如执勤中对遇到不执行规定，不听劝阻的人的处置；在执勤中发现可疑分子的处置；保安执勤中发现客户醉酒滋事或精神病人闯入保安目标的处置等各种各样的情况，这对保安人员是能力和素质的考验，在上岗之前要经过适当的培训。

四、保安服务的基本制度

（一）建立健全各项保安服务制度

为了规范保安服务，就要建立健全各项保安服务制度，使各项管理服务活动有章可循。保安服务制度包括许多内容，这里只重点介绍几项制度。

1. 保安人员纪律

（1）模范遵守国家的法律法规及公司内部各项规章制度。

（2）服从管理、听从安排，廉洁奉公，敢于同违法犯罪分子作斗争。

（3）坚守岗位，忠于职守，严格执行岗位责任制。

（4）爱护各种保安器具装备，不丢失、损坏、转借或随意携带外出。

（5）值班时禁止喝酒、吸烟、吃零食；不准嬉笑、打闹、看报纸；不准做其他与值班执勤职责无关的事。

（6）不准包庇坏人，不准贪污受贿，不准徇私舞弊，不准会客。

（7）不准擅自带人进单位留宿，需要住宿必须经过单位主管部门领导批准。

（8）不准利用娱乐之便变相赌博。

（9）严格执行请、销假制度。有事外出时必须请假。

2. 保安员交接班制度

保安交接班非常重要，因为这段间隙管理防范不严，就容易发生一些不法行为。为了杜绝管理上的漏洞，必须强化交接班制度。

（1）接班保安人员要按照规定提前10分钟上岗接班，在登记簿上记录接班时间。

（2）交接班时，交班的保安人员要把需要在值班中继续注意或处理的问题、警械器具等向接班保安员交代、移交清楚。

（3）接班的保安人员验收时发现问题，应由交班的保安人员承担责任。验收完毕，接班的保安人员在值班过程中所发生的问题由接班的当班人员负责。

（4）所有事项交接清楚后，交班保安人员在离开岗位前，在登记簿上记录下班时间并签名。

（5）接班人员未到岗，交班人员不得下班。应及时向班组长汇报情况，解决交接班问题。

3. 保安人员奖惩制度

为了激励保安人员认真做好本职工作，杜绝工作状态不佳、精神涣散的现象，以责、权、利相结合的原则，应制定相应的保安人员奖惩制度。详细内容这里不再多赘。

（二）确定各个班组工作职责

1. 保安服务部办公室工作职责

保安服务部办公室负责保安服务部的日常行政管理值班总调度，由部门经理直接负责。其职责为：

（1）24小时保持与各保安班的通讯联系，检查各值班岗位人员到岗及值勤情况；

(2) 接待客户的投诉，协调处理各种纠纷和治安违规行为并做好处理记录；

(3) 及时检查保安器材（包括通讯器材）的使用性能，做好保养和及时更换工作，保证其在工作中的正常使用；

(4) 出现紧急情况时，利用对讲机进行人员的统一指挥调度；

(5) 做好保安员的出勤统计，工资、奖金的做表发放以及福利用品的发放；

(6) 做好各种内部文件、信函资料的整理归档；各种通知的起草以及案件处理报告的书写。

2. 电视监控班工作职责

对于配备电视安全监控系统的物业须设此班，其职责为：

(1) 24 小时严密监视保安对象的各种情况，发现可疑或不安全迹象，及时通知值班保安就地处理，并及时通过对讲机向办公室报告，且随时汇报变动情况直到问题处理完毕；

(2) 发现监控设备故障要立即通知值班保安加强防范，并立即设法修复；

(3) 要记录当天的监控情况，严格执行交接班制度，并对当班人员的职责有明确的规定。

3. 项目保安班工作职责

(1) 严格按着装要求着装，做到着装整洁，佩戴齐全，准时上岗；

(2) 值班中不准擅离岗位，不准嬉笑打闹，看报纸，吃东西，睡觉，不准听收音机和进行其他与值班无关的事；

(3) 严密注意进出大厦的人员，严格执行来客登记制度，对身份不明人员（无任何证件），行迹可疑，衣冠不整，衣衫褴褛者，保安人员有权制止其进入；

(4) 对带有危险物品进入大厦的人员，保安人员要严格检查并登记，或由保安人员代为保管；

(5) 值班人员要经常在区域内巡逻，项目入口处保证 24 小时有人执勤，另外一人在所管理项目区域内巡逻，检查有无可疑情况及不安全因素，发现问题，应严密监视，及时汇报；

(6) 执勤中要讲文明、讲礼貌，处理问题要讲究方式方法，以理服人；

(7) 熟悉楼层消防设施的布置，与消防部门做好火警的防范；

(8) 熟悉所管理物业的业主情况；

(9) 做好值勤记录，尤其是对携带大件物品出入的人要登记核实。

4. 其他

在上述各个班组的基础上，还可以根据需要设立门卫保安班，车库保安班，保安巡逻班等保安部门，并规定相应的工作职责。

（三）明确保安服务部各级人员的岗位职责

根据保安服务的内容、职责，需要在部门内部设置不同的岗位，并明确各个岗位的工作职责，达到职责清晰、管理严密的目的。一般保安服务部的岗位职责包括：

(1) 部门经理的岗位职责；

(2) 保安主管的岗位职责；

(3) 电视监控主管的岗位职责；

(4) 消防主管的岗位职责；

(5) 门卫主管的岗位职责；

(6) 车库主管的岗位职责；

(7) 巡逻主管的岗位职责；

(8) 保安员的岗位职责。

第四节 卫生与保洁服务

在物业管理区域中，良好的环境卫生所带来的舒适与幽雅，是反映物业管理企业服务水准的一个直观的指标。整洁的物业区域环境需要常规性的卫生与保洁服务。

一、保洁服务的涵义

保洁服务，是指物业管理企业通过宣传教育、监督治理和日常保洁工作，保护物业区域环境，防止环境污染，定时、定点、定人进行垃圾的分类收集、处理和清运，通过清扫、擦拭、整理等专业性操作，维护辖区所有公共区域、公共部位的清洁卫生，保持环境清洁，提高环境效益。

二、保洁服务的原则

(一) 扫防结合，以防为主

“扫”和“防”是保持整洁的两个重要方面，但是，要以防为主，没有适当的措施纠正不良的卫生习惯，扫完以后不能保持，总是出现重复劳动和无效劳动，收不到好的效果。

(二) 照章办事，严格管理

物业管理企业就保洁的有关事项要取得业主的理解和支持，对区域内的保洁提出切实可行的措施和管理制度，而且要求全体业主共同遵守。这些管理制度是物业管理企业和业主双方应该共同遵守的行为准则，同时，物业管理企业还要开展宣传教育工作，使业主自觉地配合保洁服务工作，共同营造一个整洁舒适的环境。

(三) 责任明确，分工具体

保洁服务本身是一项很繁琐的工作，而且工作的时间长，内容多，保持难度大。在保洁服务管理的过程中，要保证各个环节的良好衔接，防止出现卫生区空白，要周密安排每一个岗位和责任范围，明确岗位职责，责任落实到人，才能提供全面的保洁服务，以保持物业管理区域良好的卫生状况。

三、保洁服务的范围

(一) 公共区域的保洁

在物业管理区域中，业主私人的空间不允许打扰，但是，公共区域的卫生必须依靠物业公司来保持，住宅区一般包括楼宇的前后左右、道路、广场、空地、绿地等平面位置的保洁和管理；商业楼宇一般包括大堂、公共通道、洗手间、办公室、会所、楼宇外部广场的保洁和管理，还包括垃圾分类及清运处理。

(二) 共用部位的保洁

这是楼宇在垂直方面的保洁，包括楼梯、走道、电梯间、大厅、平台和建筑物的外观的清扫保洁。

(三) 垃圾处理

包括住宅区的生活垃圾或商业楼宇使用过程中的废物的分类收集、处理和清运，要求业主按规定的时间、地点、方式，将垃圾倒入指定的区域或容器。

四、保洁服务的制度建设

为使保洁服务实现制度化、规范化管理，需要从下列四方面做好管理工作：

（一）明确要求

规定保洁服务的时间、清洁方式、质量标准、工作流程和岗位职责。

（二）规定具体的保洁质量标准

保洁质量标准是衡量保洁工作效率和结果的尺度，保洁一般的通用标准是“五无”：既无裸露垃圾、无垃圾死角、无明显积尘积垢、无蚊蝇虫孳生地、无脏乱差顽疾；“六不”：既不见积水、不见积土、不见杂物、不漏收垃圾堆、不乱倒垃圾和不见人畜粪；“六净”：即路面净、路沿净、人行道净、雨水口净、树根墙根净和废物箱净。

（三）制定保洁工作计划

要制定出清扫保洁工作的每日、每周、每月、每季甚至每年的计划安排，对每一项计划都落实到人、落实到岗。

（四）定期检查

物业管理企业的保洁部门要对保洁工作计划用书面的形式公布出来，让业主对计划操作情况进行监督，企业本身也要对保洁情况进行定期或不定期的检查。

五、保洁服务机构设置和工作职责

（一）自行管理的方式

物业管理企业对在管物业的保洁服务工作可以自行设立保洁部门来完成，日常保洁服务由物业管理企业的保洁部负责。在保洁部中，要设部门经理（主管）、技术员、仓库保管员、保洁员等岗位，具体的机构要根据所管辖的物业的类型、布局、清洁对象和规模大小来决定。在机构设置确定以后，就要对所负责的区域或岗位的工作内容、工作标准、岗位规范、工作流程、奖惩措施等作出具体的规定。要做到：保洁服务标准化、规范化、制度化、科学化，用高效的服务展现物业管理企业的工作水平。自行进行保洁服务的物业管理企业，其保洁部的工作职责为：

(1) 按照物业管理企业的管理目标和任务，制定保洁卫生服务计划，并预算费用支出；

(2) 培训本部门员工专业清洁工具的使用、工作流程、服务标准等，以保证员工能够适应岗位要求；

(3) 安排落实各项保洁服务工作；

(4) 做好日常巡查、指导和监督工作；

(5) 积极承揽外部单位的各种保洁服务业务，做好创收工作；

(6) 开展环境卫生知识和美化环境的宣传教育工作。

（二）委托外包的方式

为了提高管理服务的效率，精简机构，减少日常管理服务的工作量，对于在管物业的保洁服务工作，可以通过招标投标选择专业保洁公司来承担。随着物业管理专业化分工的深入和市场化程度的提高，越来越多的物业管理企业采用外包清洁服务的形式。对于选择外包公司完成保洁工作的物业管理企业，只需配备少量物业管理人员负责监督、管理即可。外包保洁工作的监管职责为：

(1) 准备招标文件、合同书等文本；

(2) 根据招标条件和服务标准选择专业清洁公司；

(3) 对清洁公司履行合同情况进行监督,定时、定期进行巡视、检查,监督其员工工作情况;

(4) 对垃圾清运及消杀承包方进行监督、检查与考核;

(5) 做好与清洁公司的合同洽谈与日常管理的协调工作。

第五节 绿化与美化服务

联合国规定,可以达到保障人类健康的城市人均绿地的标准是 $50 \sim 60m^2$,绿色是生命之色,可以使人益寿延年,可以陶冶情操,净化环境。在物业管理中,物业管理企业通过行使组织、协调、督导、服务、宣传教育等职能,以及加强绿化管理,创造出一个清洁、安静、优美、舒适的生活环境和工作环境,提高环境效益,这是物业管理的绿化、美化管理工作内容。

一、绿化的分工

绿化系统由点、线、面、环四大类组成。点:指公园和公共绿地;线:指街边道路绿化;面:指居住区的绿化;环:指环绕城市或一定区域的绿化带。其中,属于物业绿化的,主要是"面"的绿化。其余属于城市绿化。

城市绿化和物业区域绿化之间的划分是:住宅小区道路建筑红线以外的,归城市园林部门绿化和养护;道路红线范围以内的,归房地产管理部门或物业管理企业绿化和养护;住宅小区街坊内部有路名的道路,归园林绿化部门绿化和养护,没有路名的道路,归房地产部门或物业管理企业进行绿化和养护管理。

二、园林绿地的营造与养护

园林绿化是一个功能和美观相结合的整体,它的设计应遵循"适用、经济、美观"的原则,小区的园林绿化也是如此。

小区的园林绿地,布置虽然不如公园的完备,但利用丰富多彩的园林植物和精巧的园林艺术小品进行绿化和美化,使其形成清新优美的环境,供业主作短时间的文体活动和户外休息、享用。在小区的中心绿地广场,可以设置凉亭、座椅,建成群众文体活动的中心。远离市区单独的大型小区,应该在可能的条件下开辟休闲、体育锻炼、及娱乐的绿地,内容应尽量丰富多彩,以满足业主进行文体活动和安静休息的需要。

对绿地的要求,应该做到遮荫、降温、减少噪声、防尘、增加湿度、防火。重点美化部分应放在小区的出入口处,引人注目的地方,一般小区绿化方式宜简单实用,主要着重改善环境的实效。

有些小区的前区建筑群前是人车集散的场所,人车流量大,广场和停车场可结合成一体,广场绿地可建有草坪、花坛、座椅、水池等。而广场两侧可布置成花园式,并注意与街道绿化相呼应。

(一) 植物选择

园林中包括植物、建筑、地形、山石、甬路、水体等,而植物是园林的主体。一个城市或单位绿化的指标,也是用园林植物覆盖面积来计算的。

园林植物的选择,要注意树种的选择,因为树木生命周期长,如果选择不当,将造成严重的后果。园路树应树干高大,树冠茂密,根深耐旱;水池边宜栽落叶少,不产生飞絮的花木;花木尽量不选用带刺和有毒的品种;花坛、花境应栽种色彩鲜艳,花香果佳的植物。

（二）配置方式

小区园林绿化布置可以分别采用规则式和自然式两种形式。接近房屋建筑物的园区采用规则式，远离房屋的地方采用自然式。

园林植物配置，不仅要取得“绿”的效果，还要进一步给人们美的享受。因此，必须考虑植物的外形、色彩等方面的特性进行仔细的选择，合理的配置，才能创造出美的景象，使物质环境的美化，渗透到精神世界的享受中。

房屋附近种植的乔木、灌木，必须严格按绿化规范中所规定的乔木、灌木与建筑和各种管道网的最小距离，同时要注意不要影响房屋的通风和采光。

在搭配问题上，除考虑到快长与慢长外，也应考虑到常绿与落叶、乔木与灌木、观叶与观花、观果与观树的搭配。

（三）施工

绿化工程可由园林工程部门承建，若本部门、本单位有条件，也可以自行设计、施工，但无论哪一家单位建造，为了达到绿化美化、改善环境这个目的，除了良好的设计外，施工是重要的一环。绿化施工直接影响工程的质量与以后的管理养护工作，影响花木的生长与绿化美化的效果和各种功能的发挥，因此要严格按照设计图纸施工，确保施工质量。

（四）养护

园林绿化工程完成后，要巩固其成果，发挥其功能，主要取决于后期的养护工作。养护工作一年四季不间断地进行，只有这样才能使花木生长旺盛，花红草绿。养护工作包括除草松土、浇水、施肥、整形修剪、防治病虫害、日常维护等项内容。

三、住宅小区绿化的新空间

住宅小区的绿化包括地面（水平）绿化和空间（垂直）绿化两部分，不但要绿化地面，而且要绿化屋顶、墙面和阳台，把地面与空间变成一个绿色世界，向稠密的建筑群索取绿化的空间，在拥挤的建筑空间插上一片片新绿。住宅小区绿化可以开辟许多的新空间。

（一）屋顶绿化

屋顶绿化有“空中绿化”、“空中花园”之称，是城市多层次空中绿化的一部分。绿化形式多样，种植方法很多，在屋顶不超负荷的情况下，除了不能栽植较大的树木外，可以同地面绿化一样布置、造景，使大自然环境空中再现。

（二）墙面绿化

在外墙边栽植攀援藤本植物，目前多采用爬墙虎，它的不定根附着墙面，枝蔓生于墙壁，使墙面遍绿，美化外墙，还会使室内空气清新湿润，室温夏凉冬暖。

（三）阳台绿化

城市建筑向高空发展，住户没有庭院，但大部分住宅都有阳台。有些阳台建有花池，填入基质即可栽植花卉。没有设置池、槽的阳台可用盆栽花卉点缀。

四、园林小品

园林绿地虽然以植物造园为主，但园林小品也是不可缺少的组成部分，其种类、造型、规格、质地可根据功能与需要而设计。小区园林小品的建造宜简单经济、小型美观。采用的是水池、瀑布、喷泉、花架、假山、亭子等。

水池是人造的蓄水容体，水面平静，在室外环境中能作为其他景物如雕塑、建筑、孤植树或喷泉的柔和背景，而且还能在水中映照出主要景物的倒影，从而强调了景物的形象，为人们提供了不同的观赏效果。

喷泉的造型以水为主景，形成抽象形体的水雕塑，也有以雕塑为主景，喷泉相辅，组合形成景观。以雕塑为主景的喷泉，既有喷水的效果，又可在不喷泉时有景可观。

另外，园林的手法还有花架，花架是建筑与植物结合的造景物，上有攀援藤蔓遮荫，下设凳、桌供人们休息纳凉。其种类有竹木花架、砖混凝土花架、金属花架等。花架施工容易，造价低廉；大多数小区园林绿地均有设置。

假山在园林中常为主景，是园林中重要组成部分，有"无园不石"、"无园不山"之说。假山常与流水和瀑布结合设置，颇有自然情趣。

亭在我国园林中被广泛运用，深受人们喜爱。亭易于结合各种园林环境建造，赏景亭的前方视野要开阔；休息亭设在宁静雅致的地方，也可用现代化平顶型。

有较大水体的地方可建榭、舫。榭、舫在功能上除满足人们休息需要外，还有点缀风景的作用。榭、舫临水而建，在碧波之上，水波荡漾，别有情调。

各种各样的园林小品要因时、因地、因池、因景而建，虽然造价不算太高，但是，如果建造得体，可起到画龙点睛的作用；建造得不合时宜，犹如画蛇添足。园林小品能够最为直观地体现物业小区的景观和档次，物业管理企业对此一定要引起足够的重视。

五、绿化与美化服务机构的设置和工作职责

（一）绿化与美化服务机构的设置

绿化与美化服务机构设置及人员配备可根据实际情况确定，名称可定为绿化部或绿化科。因为绿化部是专业技术服务部门，人员以配备工程技术人员为好。现以配备管理人员3名，工人10名为例，这种规模可成立绿化部，设经理1名，主管员1名。绿化部下设：花圃组、绿地组和服务组。

1. 绿化部经理的岗位职责

(1) 对公司经理负责；

(2) 负责绿化部的全面工作，结合公司的有关规定，制定本部门的工作计划，具体安排本部门各季度、各月份的阶段性工作；

(3) 负责制定本部门的绿化服务工作质量、工作流程和岗位职责等相关的管理制度；

(4) 负责工作质量和进度的监督检查。

2. 主管员（兼工程师）的岗位职责

(1) 对本部门经理负责；

(2) 负责绿化技术管理措施的制定和绿化管理工人的培训；

(3) 负责检查、督促、指导小区的绿化美化工作；

(4) 负责绿化部办公室内务工作；

(5) 负责对外联系花木出售、租花、插花以及有关的业务工作；

(6) 接受上级交办的其他工作。

3. 花圃组的工作职责

培育各种花卉苗木，满足小区绿地的布置、更新和本公司用花、客户摆花、插花的需要，不断学习与研究新技术、积极引进和培育新品种。岗位职责有：

(1) 工作时要佩戴岗位证；

(2) 同一品种的花卉，集中培育，不要乱摆乱放；

(3) 根据盆栽花卉的植株大小,高矮和长势的优劣分别放置,采取不同的措施进行管理;

(4) 不同的花木用不同的淋水工具淋水;

(5) 淋水时要注意保护花木,避免冲倒冲斜植株,冲走盆泥;

(6) 除草;

(7) 结合除草进行松土、施肥;

(8) 防治病虫害;

(9) 喷药时要按规程进行,保证人、畜、花的安全;

(10) 爱护工具,公用工具用完后要放回原处,不要随意丢弃。自用工具要保管好;

(11) 花盆破损要及时换,盆泥少了要添加;

(12) 花圃要保持整洁卫生,杂物脏物要进行清理;

(13) 不能随便出售花卉,花卉出售由管理人员负责。

4. 绿地组的工作职责

管理好物业区域内的绿地,养护树木,培育花草,使草地嫩绿,花木枝繁叶茂。岗位责任有:

(1) 工作时要佩戴岗位证。对损坏花木者要劝阻,严重的报有关部门处理;

(2) 严防践踏草坪,保护草坪生长良好;

(3) 配合保洁部搞好绿地的环境卫生工作;

(4) 花木的死株、病株要及时清除,缺株要补植;

(5) 发现病虫害,要进行捕捉或喷药消灭;

(6) 花木、草坪淋水;

(7) 草坪的除杂;

(8) 花木每季度除草、松土、施肥;

(9) 草坪轧剪;

(10) 绿篱在春、夏、秋每季度修建1次;

(11) 台风前对花木要做好防护;

(12) 绿化带和2m以下的花木修枝整形;

(13) 管理好使用的各种工具;

(14) 农药要妥善保管好,按规程做好防范工作,保证人畜花木的安全。

5. 服务组的工作职责

服务组主要服务于写字楼办公室、会议室的室内空间装点,用色彩艳丽的花卉,碧绿青翠的植物,通过艺术的处理,绿化美化室内环境,给人们清新高雅、美好的享受。岗位责任有:

(1) 注意仪表整洁,工作时要佩戴岗位证;

(2) 搬运花卉时,要注意保护花卉株型姿态不受损坏,注意场地卫生,尽量减少花泥及污物的散落;

(3) 发现摆花有枯萎的现象时,要立即更换;

(4) 保持花卉正常生长,保持叶子清洁;

(5) 摆花、插花要讲究艺术,品种配置,摆放位置要适当,风格统一协调,构图要合理;

(6) 学好种花、养花、摆花、插花知识，提高花饰技艺，并向客户宣传讲授，争取客户配合，共同做好室内绿化、美化工作；

(7) 签订花饰合同和催促客户缴纳花款。

(二) 绿化部工作职责

1. 自行管理的方式

物业管理企业对在管物业的绿化美化工作可以自行设立绿化部门来完成，日常绿化服务由物业管理企业的绿化部负责。在绿化部中，具体的机构要根据所管辖的物业的绿化植物品种、数量、布局和规模大小来决定。在机构设置确定以后，就要对所负责的绿化区域或岗位的工作内容、工作标准、岗位规范、工作流程、奖征措施等作出具体的规定。要做到：绿化服务标准化、规范化、制度化、科学化，用高效的服务展现物业管理企业的工作水平。自行进行绿化管理服务的物业管理企业，其绿化部的工作职责为：

(1) 按照物业管理企业的管理目标和任务，制定绿化美化服务计划，并预算费用支出；

(2) 请专业园林部门培训本部门员工专业绿化工具的使用、工作流程、种植和养护方法等，以保证员工能够适应岗位要求；

(3) 安排落实各项绿化美化服务工作；

(4) 做好日常巡查、指导和监督工作；

(5) 积极承揽外部单位的各种绿化服务和租摆业务，做好创收工作；

(6) 开展美化环境的宣传教育工作。

2. 委托外包的方式

为了提高专业化的管理水平，避免因专业知识不足而影响绿化服务工作，对于在管物业的绿化服务工作，可以通过招标投标选择专业园林公司来承担。随着物业管理专业化分工的深入和市场化程度的提高，越来越多的物业管理企业采用外包绿化服务的形式。对于选择外包公司完成绿化工作的物业管理企业，只需配备少量物业管理人员负责监督、管理即可。外包绿化工作的监管职责为：

(1) 准备招标文件、合同书等文本；

(2) 根据招标条件和服务标准选择专业园林公司；

(3) 对园林公司履行合同情况进行监督，定时、定期进出巡视、检查，监督绿化工作情况；

(4) 做好与园林公司的合同洽谈及日常管理的协调工作；

(5) 掌握在管物业项目绿化服务资料，及时提出合理化建议。

第六节 物业管理特约服务

一、物业管理特约服务的意义

对于物业管理企业来说，除了提供日常物业管理服务内容以外，另一工作重点就是搞好对所管物业的特约服务。特约服务一方面满足了业主个性化服务的需求，为业主提供了生活工作的各种便利，另一方面也为物业管理企业开展多种经营服务开辟了渠道。

物业管理特约服务对物业管理企业意义重大，它是物业管理企业利润的重要来源，是公司能够发展壮大的源泉。因为管理费收入只能用于管理工作的正常开支，受物业管理行业性质的限制，物业管理企业大多是接受业主的委托对物业实施管理，许多管理的业务类似于“管家”所从事的工作，物业管理企业不可能也不应该从管理费中获取高额利润。但这并不意味着物业管理企业必须是低收入的，物业管理企业可以通过开展多种经营服务、通过自身的努力提高收入水平。多种经营服务的收益是不可估量的，完全取决于物业管理企业的管理运行机制和人员素质等自身因素。因为巨大的物业面积，众多的业主就是一个可观的消费市场，加之业主的需要又是各个层面的，通过提供各种服务获取利润不仅是物业管理企业的发展方向，也是物业管理行业发展的大趋势。随着社会的发展进步，第三产业的收入在国民生产总值中所占的比重会越来越高。多种经营服务的项目及条件会包含越来越多的内容。

二、特约服务的内容

因为业主或使用人的个性化需要就是开展特约服务的基础，物业管理企业提供的特约服务项目，可以包括衣、食、住、行、娱乐、购物等各个方面。物业管理企业要想方设法将业主的日常消费引进到物业管理中来，因地制宜地开展一些服务项目。一些比较成熟的小区所开展的特约服务内容包括：

（一）衣着方面

(1) 洗衣服务（尤其是干洗）；

(2) 制衣、补衣服务。

（二）饮食方面

(1) 餐饮店、快餐盒饭、饮料供应；

(2) 音乐茶坊；

(3) 燃料供应。

（三）居住方面

(1) 房屋修缮；

(2) 房屋装修；

(3) 房屋看管；

(4) 房屋清洁；

(5) 搬家；

(6) 物业租售代理。

（四）行旅方面

(1) 接送幼童上学入托；

(2) 车辆出租（单车出租）；

(3) 代订购车船机票。

（五）娱乐方面

(1) 棋牌社；

(2) 读书社；

(3) 桥牌俱乐部；

(4) 影视歌舞厅；

(5) 美容美发；

(6) 健身馆、泳池。

（六）购物方面

(1) 日用百货；

(2) 果菜供应。

尽管特约服务的项目很多，可能的利润也很丰厚，但要求物业管理企业要具备基本的经营条件。其中：一是经营场地的预留，有的开发商将物业的最后一平方米也销售出去，这就给后续的经营服务带来困难。实际上对发展商来说，留一部分不动产作为长期收益，也是减少风险的一种策略；二是必须要有高素质的经营管理人才，从事多种经营服务、进行综合经营管理的人员，必须真正理解物业综合经营的经济学内涵，在服务方式的设计、费用的收取、服务标准的制定方面定位恰当，用市场经济的观念来进行综合服务经营，为物业管理企业的继续发展奠定一定的经济基础。

三、特约服务的实施

（一）餐饮服务

1. 市场分析

餐饮服务要根据小区（大厦）的住户特点来决定是否经营、经营规模大小和档次高低。其中，有些物业小区的餐饮应以早餐和宵夜供应为主；而在一些居家办公兼有的小区（大厦）内，正餐的需要较为突出，一则是由于白天公务繁忙，无暇做饭，有的则借就餐洽谈生意，所以在小区内经营中档实惠，环境雅致的餐饮店，会受到欢迎；在南方，人们夜生活较为丰富且持续时间较晚，便于消夏纳凉的露天排档或茶座也可以经营。

2. 注意事项

由于小区（大厦）是居住或办公之地，餐饮的经营要注意避免噪音干扰和环境污染。注意防止大声喧哗，餐饮店的油烟排放也要妥善解决，餐饮的排污要保持畅通，以免堵塞管道，影响环境。最好是开发商在建筑设计时，就把餐饮的排烟、排水问题处理好。

3. 操作要点

小区内的餐厅多以小区居民为主要服务对象，应避免过于豪华，其主要目的要使餐厅显得整洁，雅致即可。小区内餐厅的菜式要大众化经济实惠，无需太多的山珍野味，因为在此就餐主要图的是方便，但要不失品位，不能马虎。服务人员应着装整洁，服务要热情，周到。同时可以开展送餐服务，要尽量做到快速、及时。

（二）燃料供应

1. 需求分析

如新建的小区没有管道燃气供应，自己去买，路途远，时间紧，加之有些居家全是老年人，就特别不方便，就可以在小区内开展燃料（即液化气或煤炭）供应，是一项非常好的便民服务项目。

2. 注意事项

经营燃料，首先要注意安全，要取得消防部门的许可，同时要准备足够的消防器具并合乎消防规范要求。

3. 操作要点

若是液化气，可以在小区内设供应站，随时更换钢瓶，要向住户提供送气服务收取服务费。要做好开户和购气的登记及收入账目的核算。

（三）日用百货

1. 需求分析

一般新建小区面积都比较大，有一些距市区较远，在小区内开设小商店，供应日用百货是非常适宜的。

2. 注意事项

在小区内经营百货，供应的是本区的固定住户，所以信誉是头等重要的。要谨防假冒伪劣商品，为住户负责。其次要随时调查掌握住户的需求，在商品的数量品种方面掌握主动。

3. 操作要点

商店的环境要清洁，要消灭蚊蝇虫害，天热季节，要注意食品的保鲜和冷藏。可以为业主提供送货上门服务，柴米油盐等日用品要尽可能齐全。

（四）果菜供应

虽然果菜是人们生活的必需品，但在小区内设菜市场会严重影响居民的休息，而且卫生难以维持，可以考虑将蔬菜摘洗后用保鲜袋盛装摆卖。

（五）绿化工程服务

1. 需求分析

随着人们生活水平的提高，种草养花已成为许多人闲暇生活的一部分，有一些家庭喜欢插花艺术，尤其是写字楼、办公间，花木也是装修的一部分。不论是商住小区，还是大厦、写字楼，花木的需求是普遍的，所以经营花木租售，代理管养业务，非常适宜，利润也颇为丰厚。

2. 注意事项

要开展花木租售服务，就必须有足够的花木储备，为此可以租一块土地来培育花木。利用小区的绿化用地来规划兴建花圃是既经济又实惠的方案，可以投资建设花廊、圆形门等造型建筑，在里面培育花木，既可供住户观赏，也可出租或出售，获取利润。一般小区、大厦求租花木的较多。

3. 操作要点

小区的绿化及苗圃规划要专业化，要剪插培育多种多样的花木，可以对业主开办租花服务，要尽快占领所管物业的绿化服务市场。

（六）美容美发服务

1. 需求分析

美容美发及一般理发洗头是人们日常所必需的，人们从事这项活动的时间大多是在上班前或下班后，前者为了外出所需，后者图个时间方便，因此在小区内开设这一服务项目是非常恰当的，根据小区内居民的消费水平和需要，还可增加其他美容保健服务。

2. 操作要点

装修要简单，环境要清洁雅致，清洁和消毒设备要齐全，并取得卫生防疫部门的许可。

（七）物业租售代理

1. 需求分析

业主根据自己的事业和生活需要，可以出租或出售自己的房产。业主的变更或新租户的入住都牵涉到物业管理问题，所以物业管理企业可以派专业人员来代理业主的物业租售业务，一方面为业主提供了房屋租售的便利；另一方面也为物业管理企业带来了收益。

2. 操作要点

（1）向业主发出通知，建议其将房屋租售业务交物业管理企业代理，即使业主委托了其他房屋代理机构，业主也应向物业管理企业申报，以便物业管理企业及时变更业主档案，便于物业管理企业的日常管理。

（2）物业管理企业要定期或不定期地刊登媒体广告，为业主做好房屋租售宣传。

（八）图书、音像出租服务

1. 需求分析

这一项目可以和读书俱乐部结合起来，在搞其他娱乐活动的场地内占用很小面积来摆设书籍、光盘、影带等，以取得租赁收入。

2. 操作要点

（1）书籍、光盘、影带要文明、健康，要有利于精神文明建设。

（2）租赁经营方式要灵活、方便。

（九）康乐项目

1. 需求分析

作为生活小区，娱乐项目是必不可少的，因为人们下班之后有较长的一段闲暇时间，如果能组织开展一些有益的康乐活动，不仅有利于住户身心健康，提高社区文明层次，也有利于增进人际间的交流，创造融洽和谐的小区环境。康乐活动的开展，会给小区带来很多生气。

2. 项目参考

这方面可选的项目很多，例如修建游泳池、桌球室、棋牌室、健身房、网球场、乒乓球室、保龄球室等。各种项目都有其经营特点，要选择合适的人员进行经营管理，提高经营服务效率。

（十）儿童接送服务

在距市区较远的小区，如果未配套建设幼儿园和小学，那么儿童上学入托问题就会困扰住户，这时物业管理企业可以配备交通车开展儿童接送服务，为业主排忧解难的同时，也增加了自身的收益。

交通车的投资可以由开发商提供一部分，物业管理企业自筹一部分，受惠家庭要缴纳一定的费用。接送服务时，行车的安全应摆在第一位，该项目可以作为特约服务项目，也可以不产生利润，但有助于提高物业管理企业的信誉。

（十一）托幼服务

在住宅小区内配套建设幼儿园，使区内幼童能就近入托，免去了外出接送所带来的麻烦和不安全因素。如果教育管理得当，声誉较佳，还可吸收附近小区的幼童入托，经济效益也是可观的。

（十二）物业外墙的广告出租与管理

在一些地理位置较好的小区或大厦，物业管理企业可以向业主委员会提出建议，利用一些物业外墙和公共场地，开展物业外墙的广告出租业务。在征得业主委员会同意后，由物业管理企业来管理经营，产生的利润可以补充物业管理费的不足。其中包括：

1. 物业外墙广告位出租

物业管理企业应将物业外墙（包括天顶）统一规划成许多广告位，向外招租，而广告的设计要兼顾小区（大厦）的整体美观并且不能影响业主的使用。租金要按市价逐年调整。

2. 利用外墙建设新型广告媒体出租

这是经营项目的进一步深化，可以和广告公司联合投资经营灯箱、广告架等，这样竞争力会更强，收益也更丰厚。

（十三）维修服务

业主在购置房屋入住后，最为关心的是在使用中遇到物业部件损坏，下水道堵塞等问题时能否得到及时有效的维修，所以维修服务在物业管理中是非常重要的，在某种程度上，维修服务的时效和质量体现着物业管理企业的技术水平，影响着其声誉，这一点应予以足够的重视。

1. 维修范围

维修服务的范围是没有界限的，应是无所不包的，只要是住户的困难和需要，物业管理企业就有责任和义务为其排忧解难。当然要有所区分，急修项目，应予以优先安排，立即解决。而像一般家电、家具等维修可在急修项目之后安排。

2. 操作要点

设专人接待业主的维修报告，做好记录并派工。维修工持派工单为业主维修时，应身着公司统一服装并配带徽标，维修完成后要由业主验收签名，并注明完成时间并当面核定好工料费。

（十四）装修服务

业主购房之后，入住前或入住后都可能根据自己的需要进行不同程度的装修，如安装空调、热水器、防盗门，空间格局的更改，顶棚的装饰，铺设地毯等等。但提供该项服务应注意的问题有：

（1）物业管理企业一定要有技术过硬的专业人士，才可以承揽这项业务，而且务必要保证质量。

（2）对于一些较大工程量的装修项目，物业管理企业派专业人士承揽下来后，可以临时招聘工人施工，物业管理企业做好施工设计和施工监理。

（十五）其他服务

1. 管家服务

有的业主需举家外出时，家中的宠物、花木、观赏鱼等需人照料，所以物业管理企业提供管家服务也是会受到欢迎的。注意事项：

（1）要将业主较大的，易于搬动的贵重物品列出清单，物业管理企业和业主各持一份；

（2）物业管理企业需另外加一把牢固的锁，并指派一个专人管理，其他任何人不得进入业主室内；

（3）要按时养护户内的动物、花木和清洁通风；住户的物品不许随意翻动；

（4）如征得业主同意，晚间能在户内住守，会更为安全些。

2. 清洁搬家服务

物业管理企业只要购置一套清洁设备就可以开展本项服务，这可以由保洁部负责人员安排和管理，清洁内容有地毯清洗、烘干，地板清洗、打蜡，墙面清扫粉刷，玻璃清洁等。搬家服务可由物业管理企业指派两个人承揽下来，再临时挑选工作认真的民工来搬移、装卸，物业管理企业的两名员工履行指挥和监督职责。

3. 洗衣服务

本项目可根据所管小区（大厦）的人员情况来决定服务规模和是否需要专门购置设备。至少要腾出一块位置作为代理洗衣的场地，也会大大方便业主，这是物业管理企业应该尽力去做的。

第七节　突发事件的处理

在物业管理过程中，一般情况下日常管理服务的范围包括房屋维护、保洁、绿化和公共秩序维护等若干方面。由于管理过程中各种突发事件会不可避免地出现，例如：停水、停电、火灾、易燃气体的泄漏等事件的发生，不仅会影响到正常管理工作的顺利进行，而且会给物业管理企业和业主带来损失。因此，制定突发事件处理的程序和方案，对于保障物业管理工作的正常开展、减少不必要的损失有着非常重要的意义。

一、停电和电力故障

（一）接到停电通知后

（1）若电力公司预先通知物业区域停电，管理人员应立即将详情和有关通知上报主管部门；

（2）管理处主管应通知并安排电工值班；

（3）立即将停电通知张贴在物业区域明显处，使业主和使用人尽快知道停电的起止时间，以做好生活与工作的安排；

（4）当供电恢复时，管理员必须与电工共同检查物业区域内所有电掣的正常运作情况，如有损坏，须立即报告主管，安排修理；

（5）无论停电与否，管理处必须随时准备电筒和其他照明物品，以备不时之需。

（二）突然停电时

（1）当发生不明原因的突然停电事故时，要立即通知上级主管部门；

（2）立即派工程部维修人员查明情况，并迅速维修，尽快恢复供电；

（3）通知业主和使用人停电情况，以免引起不必要的恐慌，并告知业主和使用人物业管理人员正全力抢修；

（4）加强值班巡逻力量，增派保安人员值班，防止偷盗与抢劫的发生；

（5）如有必要，可封闭所有出入口，严格出入人员的检查。

二、火警

（一）报警

（1）物业管理人员和消防保安人员一旦觉察火灾苗头，如烟、油、味、声等异常状态，或听到消防警钟鸣响，看见消防控制指示板的火警信号闪亮并得知火警现场地点后，应立即前往现场查看，以查明真相。

（2）如果确为火灾，及时打电话给消防部门报警，报警电话号码全国均为119。

（3）报警时要保持镇静，切勿惊慌，要将物质燃烧的种类、是否有人被围困、火势情况等详细通报，然后通报自己的姓名和部门，告知地址及行车路线、门牌、楼层情况等等。

（4）切勿在火场附近高喊“着火了”，以免引起恐慌与混乱。应迅速通知物业区域全体人员发生火警，通知火灾地点附近的人员迅速撤离至安全地方。

（二）采取的灭火与营救措施

(1) 在火势尚未蔓延、不足以危及安全，专业扑救人员尚未到达现场的情况下，可用消防水或灭火器灭火。

(2) 迅速关闭火场附近的电源开关，煤气开关，如有必要，可暂时关闭大厦或小区的电源和煤气开关，以避免发生更大的危险。

(3) 引导业主和使用人逃生时务必保持冷静，了解火灾现场地点，选择远离烟火的通道逃生。火灾逃生时千万不要乘坐电梯，因为电源问题导致电梯失灵停止时浓烟就会涌入，有造成被困人员窒息身亡的危险。

(4) 除供消防人员使用的消防电梯外，其余电梯应降到地下，查证梯厢内确实无人时再升至安全楼层停泊，以免逃生人员乘搭而发生危险，并避免救火时电梯被水浸湿而损坏。

(5) 如见浓烟尚未扩散，火势尚未蔓延，则应迅速离开火灾现场。如果浓烟已经扩散，最好是用湿毛巾或布条掩鼻，趴低逃生以减少吸入浓烟的危险。

(6) 若所在房间的门外已被烟火笼罩，千万不要开门，要用湿水布料或被单、地毯之类堵塞门缝，阻止烟火入内，开窗呼救。

(7) 在消防人员尚未抵达前，物业管理人员应尽快疏导老弱病残和妇女儿童有秩序地安全离开火灾现场。离开火灾现场后，切勿因有贵重物品未带出而重返火场，以免发生生命危险。

(8) 火警发生后，要增派人员维持秩序，加强值班巡逻，严加防范。

(三) 善后措施

(1) 物业管理人员要积极协助消防人员做好消防工作，协助医务人员救治火灾受伤者；

(2) 火灾扑灭后要采取有力措施封闭火灾现场，严禁无关人员闯入；向上级主管单位报告灾情，研究善后处理对策；

(3) 协助公安消防部门调查火灾发生的原因；

(4) 详细记录火灾发生、扑救及人员伤亡、财产损失情况，并书面上报相关部门；

(5) 清理已勘查完毕的火灾现场，回收灭火器空瓶，统计灭火设备损失情况。

三、雷暴与台风

(1) 必须检查大厦所有公共区域的门窗是否关上及牢固。若有需要，可加上胶纸；

(2) 必须检查天台所有水箱盖是否上锁及牢固；

(3) 擦窗机关上电源，放在安全地方；

(4) 天台上杂物及材料，必须清理及停放牢固；

(5) 检查各处排水道，确保无泥沙、杂物及塑料袋淤塞；

(6) 在大厅告示牌贴上台风警告标贴，通知业主和使用人留意关闭窗户，收好阳台上的花盆和衣物等；

(7) 在大厅明显处张贴或树立地面光滑、注意安全之类的标志；

(8) 建筑物外有维修棚架、擦窗机等，应通知开发商采取防风措施；

(9) 准备清理防雷暴、台风、水浸的工具，如沙包等；

(10) 持续收听气象台发布的有关台风消息，保持与控制中心的联络；

(11) 应留意该建筑物是否有水浸记录，应参照水浸紧急事件处理；

(12) 雷暴或台风过后，应尽快通知维修公司维修被损坏的建筑物和公共设施。

四、易燃气体泄漏

（1）当接到怀疑泄漏易燃气体报告时，应立即通知主管，并尽快赶到现场仔细查看；

（2）抵达现场后，要谨慎行事，敲门进入后，不可开灯、开风扇及任何电掣。必须立即打开所有门窗，关闭煤气或天然气掣，严禁现场吸烟；

（3）通知所有人离开现场，并请有关人员到场检查，劝阻围观人员撤离现场；

（4）如发现有受伤不适者，应小心妥善处理，等待救护人员及警务人员抵达现场；

（5）管理员在平时巡逻时应提高警惕。遇有不寻常气体味道时，应小心处理。对气体控制机关位置和开关方法应了解和掌握；

（6）将详细情况记录下来，尽快呈交主管。

五、偷盗与抢劫

（一）偷盗事件

（1）管理处或控制中心接到通知后，应立即派有关人员到现场；

（2）如证实发生罪案，即立即打 110 报警，并留守现场，直到警务人员到达；

（3）禁止任何人员在警务人员到达现场前触动任何物品；

（4）若有需要，关闭入口大门，劝阻业主及访客暂停出入，防止窃贼乘机逃走；

（5）当警务人员到达后，应清楚记下办案警官编号及报案编号，以作日后查阅、参考之用；

（6）认真对待传媒人员入内采访；

（7）登记被盗物品，尽快向主管呈交案情报告；

（8）查找漏洞，加强管理，防止类似事件再次发生。

（二）抢劫事件

1. 车主、司机、乘客、车上财物遭劫

（1）报警及通知控制室；

（2）留意作案人员的容貌、人数、有无武器和汽车接应，接应车辆牌照号码及逃走方向。

2. 收银处遭劫

（1）通知项目主管、控制室及警方；

（2）不可接触任何物品，如收银机等；

（3）查看现场是否仍有作案人员；

（4）照顾受伤者；

（5）当警务人员抵达现场后，应记录主管警官官阶、编号及报案编号，并尽快报告主管。

（三）注意事项

（1）对被盗劫者，给予亲切慰问，安抚其情绪，仔细询问并记录整个案件发生过程；

（2）登记被盗、被劫物品数量、形状等。

六、人员伤病

（1）当发现有业主、使用人或任何人在公用地方突然晕倒或意外受损伤或急病时，必须通知管理处主管及拨打求助电话；

（2）将病者或伤者安置在适当的地方，并迅速设法通知其家人；

（3）妥善保管好伤者或病者的财物，当警务人员到达时，交警务人员处理；

（4）只有受过急救训练者，方可急救伤者，并送往医院；

(5) 尽量将伤者或病者与围观者隔离；

(6) 将详细情况记录后，尽快呈交主管。

七、其他事件

(一) 投诉

(1) 业主或使用人打电话或亲自来物业公司投诉时，无论在任何情况下，管理员都要放下手中的工作，予以热情礼貌的接待；

(2) 接待时，不允许有任何厌烦情绪，要心平气和，耐心细致地听取投诉人的投诉；

(3) 详细记录投诉内容，要将投诉者投诉的缘由，投诉事件的发生发展过程，投诉者希望得到的处理结果等，详实地记录在案，不得有任何删减，不得有自己的主观理解；

(4) 要对投诉者给予安慰，并告知会尽快通过请示，使问题得到迅速解决；

(5) 询问投诉者姓名、家庭住址、联系方式，并记录在案。若投诉者不愿告知，也不必勉强，但都要对他们的投诉致谢；

(6) 立即向主管负责人汇报，商讨解决办法，并尽快实施；

(7) 回访投诉者，并向他们表示感谢，希望他们今后给予物业公司更多的支持与配合。

(二) 偷车事件

1. 偷车者惯用的方法

(1) 直接进入停车场偷取汽车；

(2) 用偷来的汽车驶入停车场，然后再偷另一辆车；

(3) 将管理人员扣留恫吓或捆缚，然后偷取车辆。

2. 应采取的行动

(1) 通知控制室主管及警方；

(2) 记下被偷车牌号、颜色及牌子；

(3) 记下偷车人数、相貌特征、服饰及是否持有凶器；

(4) 记下罪犯驾车逃离的方向；

(5) 切勿拦截汽车；

(6) 等候警务人员到达，并记下主管警官官阶、编号及报案编号，以备日后查考。

(三) 捡拾财物

(1) 在物业区域公用的地方，如走廊、楼梯等处捡拾到财物时，应立即向主管报告，并交回管理处，等待失主领回；

(2) 将财物情况详细登记在记录簿上；

(3) 当物主领取失物时，应说出失物日期、地点及所失物品的数量、名称，若情况符合，在记录簿上签收，并登记身份证号码、联系电话等，若有可疑处，可报警方处理；

(4) 如拾获价值昂贵或名贵物品，应交给主管，并考虑是否交警方处理；

(5) 将详细情况记录后，尽快呈交主管。

复习思考题

1. 房屋维修管理的原则与特点是什么？
2. 房屋维修工程是如何进行分类的？
3. 房屋设备是如何进行分类的？

4. 房屋设备管理包括哪些内容？
5. 保安服务有哪些特点？
6. 保洁服务范围包括哪些？
7. 绿化与美化服务范围包括哪些？
8. 物业管理特约服务内容包括哪些？
9. 在物业管理过程中可能遇到的突发事件有哪些？如何处理？

第八章　物业租赁经营

第一节　物业租赁经营的内容

一、物业租赁

随着专业化物业管理企业的大量涌现，物业管理市场的竞争日趋激烈，传统的物业管理模式由于管理服务内容单一而逐渐失去其竞争力。为此，以专业化物业管理服务为主，实施多元化经营，将物业管理服务与物业租赁有机地结合起来，在管理为经营服务，经营促进管理方面实现互动，在提高物业管理服务水平的基础上，增加经营收益，使物业管理企业的经营增添新的亮点。

物业租赁是物业管理企业为获得经济收入而出让物业（房屋）的使用权，承租者为取得物业使用权而向物业所有者付出相应租金的一种经营形式。物业的租赁就其特征而言，分为两种形式，即一般租赁（或称传统的单纯的租赁）和连租约置业。

物业的一般租赁是物业的所有者根据其测定的或确定的租金标准及出租的面积，通过中介机构或直接向承租人收取租金。连租约置业是一般租赁的演变，是20世纪90年代初由香港创出的一种物业经营运作形式，它具有融资和置业的双重性质，对发展商可解决资金不足的问题，分散了经营中的风险，缩短了建设周期；对承租人可以获得极大的优惠并可进行二次开发、转租和经营。在承租的同时，承租人可具有某种投资性质。其基本做法是：开发商在进行某项物业建设遇到资金不足时，向承租者发出邀请，要求其先期注入部分资金作为预付租金（通常占总投资的1/2～1/6），在项目建成后的若干年（通常为15～20年），以1/2～1/4的租金水平将项目租给或部分租给承租人，或以低廉的价格（常规价格的1/2～1/4）将项目卖给或部分卖给租约置业人，再由承租人或租约置业人对项目进行装饰、二次开发及转租，承租人或租约置业人就会获得更多的经济利益。

二、物业租赁经营的形式

物业租赁经营是指物业的承租人利用承租的物业进行商业性或收益性经营活动，以此谋取经济收益，在交付物业产权单位物业租赁费及交付物业管理企业物业管理费后，自身仍可获得利润，享有投资回报的对物业的经营形式。

物业租赁经营的形式有多种，按物业产权单位与经营者的利益关系可分为：

（一）单纯式租赁

这种租赁形式是指进驻的商家与物业的产权单位没有更多的经济利益及合作关系，只是单纯地租赁物业，独立进行经营并承担责任和享受经营的成果。在租赁物业期间产权单位定期交付物业的租赁费，向物业管理企业定期交付物业管理费。物业管理企业受产权单位的委托，代表产权单位对物业进行日常管理。

（二）合作式租赁

这种租赁形式是指进驻的商家与物业的产权单位除了付租金之处还有其他合作的经济利益关系。即物业的产权单位向进驻的商家收取数量较低的物业租金作为“底金”,另一部分租金暂不收取,作为产权单位的一种“权益”投入到经营中,双方商定一定的权益比例,根据经营情况每半年或一年进行一次分配。在这一过程当中,物业管理企业只是代表产权单位,对进驻的商家定期收取物业管理费。

(三)自营式或委托经营式租赁

自营式是指发展商自己对物业的商业设施进行经营,所兴办的也多是便民商店(便利店)或餐饮等便民服务网点,经营风险全部由发展商承担。委托经营式是发展商委托物业管理企业在全面管理物业各项设施的同时,代发展商经营项目内的商业网点。前期的投入都是由发展商来做,而后期的运营有两种形式:一是物业公司承包,经营的商业网点不论盈亏如何,必须每年向发展商如数上缴“承包费”,多余的归物业管理企业自己或按一定的比例与发展商分享,物业公司拿“大头”,发展商也分得一些“小头”,这种情况经营的风险集中在物业管理企业;二是物业管理企业只是负责代为经营商业网点,收取管理费,经营的结果及经营的风险仍由发展商来承担。

三、物业租赁经营的内容

物业租赁经营的内容涉及到物业租赁市场的调研、租金确定、合同签订、物业交接等诸多环节的内容,关键的一点就是运用现代经营理念,跟踪和研究战略客户,即对物业收入起决定性影响的客户,在租金减让、售价折扣、增加附加值服务等方面有更多的新方法。在这种情况下,非住宅物业的发展商及物业管理企业必须及时调整经营策略,最大限度地提高物业出售率和出租率,减少空置及由此而造成的资金占压和经济损失。具体办法有:一是在租、售策略上对重点客户即租用或购买面积较大(整层、几层或大半幢楼宇)者在租金水平或销售价位上可给予较大的优惠或折让,千万不要用过“死”的租金标准或销售价位将“大户”拒之门外。此外,对一次租用时间较长又能在前期支付较大比例预付款的也可在租金上给予折让;二是投入一定的资金对物业内外设施及环境等进行改造,使原来智能化程度较低的办公楼宇实现3A或一次性到位实现5A管理[5A是指BA(楼宇自动化)、CA(通讯自动化)、FA(消防自动化)、MA(管理自动化)和OA(办公自动化)],完善使用功能,增加办公楼宇对客户的吸引力,并在服务及管理等“软件”上下功夫,增强竞争的优势;三是要多方面探索各种形式,如有的写字楼对租用5年以上的租住单位若有购买意图的,给予较大程度的优惠,从而促进非住宅物业从租到售的转化;四是开展办公楼宇的物业转卖、代理和中介业务,扩大业务领域,增加经营收入;五是用东方式的温情服务和底蕴深厚的中华文化,创新非住宅项目物业管理的特色,将企业文化、经营理念融合到管理与服务之中。

物业租赁经营的内容一般包括以下几项内容:

(1)物业租赁信息的分析处理;

(2)物业租赁市场的调研;

(3)物业租赁条件的确定;

(4)物业租赁合同的审核;

(5)租赁物业的交接;

(6)物业服务费的收取;

(7)物业退房交接。

第二节 物业租赁经营的条件

为保证物业租赁经营的顺利进行，首先应熟悉房地产市场情况，做好市场调研工作，获取租售市场信息，然后再根据物业租赁市场情况、物业使用状况、公司经营现状、租赁经营经验等制定物业租赁条件，保证物业租赁经营顺应市场变化情况，取得理想的经营收益。

一、物业租赁市场的调研

为了掌握物业租赁市场情况，有针对性地开展市场调研工作，获取租售市场信息，为物业管理企业制定物业租赁计划提供依据，物业租赁市场调研工作应包括以下内容：

（一）拟定市场调研计划

1. 确定调研时间

根据开发商或业主制订的物业租赁开始时间，确定物业租赁市场的调研时间，一般提前一年左右。如果有过去租赁经营的经验，有潜在的客户群体，可以缩短调研时间。

2. 指定责任部门

一般由物业管理企业的市场部或经营部负责组织实施。

3. 明确调研目的

获取物业租赁市场信息，为物业管理企业进行物业租赁经营提供决策支持。

4. 确定调研对象

调研对象涉及到房地产市场、客户以及开发商和物业管理企业等许多方面，根据具体情况确定调研对象，例如房屋交易市场、房屋租赁市场、目标客户群体、物业管理企业自身管理服务水平、开发商或业主的收益目标、拟租赁物业的状况等等。

5. 选择调查方法

调研人员通过走访、咨询、信息资料查询等方式获取调研对象的真实可靠的信息资料。

6. 规定调研内容

根据不同的调研对象，规定一些必须的调研内容，例如房地产租售市场调研，包括：物业租赁市场、房屋交易二级市场、房屋交易三级市场的调研活动。其中又可以进一步调查某类物业的价格走势、空置率、客源组成、物业状况等等。

7. 得出调研结论

负责市场调研的责任部门对市场调研成果进行讨论，得出调研结论作为经营决策的依据，并根据新的市场状况决定租赁策略的调整。同时，调研人员通过分析租赁市场和调研对象实际情况，可以对调研内容、调查方法进行适宜的调整改进，提出对物业租赁经营工作的改进措施。

（二）编制市场调研报告

调研小组在完成市场调研工作后，将调查表，市场分析、会议讨论结果等原始资料，进行整理、录入、汇总、统计、分析，将市场情况以及调研心得进行分析总结，编制成市场调研报告。

（三）提出质量要求

为保证每次市场调研工作都应达到调研计划所制定的预期目的，市场调研必须保证深入、有效地了解调研对象的情况，保证调研信息的真实性。同时要注意调研结果的实效性，保证调研成果必须对物业租赁经营具有参考价值。

二、物业租赁信息的分析与处理

为了出租物业能够迅速有效地寻找目标客户，并识别和确认客户对物业有效的租赁需求，要做好经营性物业出租信息的发布和客户租赁需求信息的收集、记录、反馈及跟踪活动。

(一) 物业出租信息的发布

物业出租信息发布的目的是迅速地为待租物业寻找合适的目标客户。经营部根据待租物业的特点制定出租信息的发布计划。

1. 出租信息的发布计划

发布计划主要内容包括：出租信息内容、信息发布方式、发布时间、发布地点等。

2. 出租信息的内容

出租信息基本内容包括：物业名称、物业概况、户型面积、租金价格、联系人、联系方式等。业务员可以根据实际情况决定具体发布内容的增减。

3. 物业出租信息发布方式

物业出租信息发布方式主要包括四种：租赁信息单、楼体广告、媒体广告及互联网信息发布。以租赁信息单方式发布的，信息单的制定必须按照统一的格式，以给客户一个清晰的公司形象。以楼体广告方式发布的，广告的内容、式样经过审核批准后，交由专业广告公司制作。以媒体广告方式发布的，要研究决定广告选用的媒体、广告内容、形式、创意等。以互联网信息方式发布的，应发布于具有影响力的互联网站，并定期查看互联网的反馈信息。

(二) 物业租赁需求信息的处理

物业租赁需求信息的收集主要通过信息收集和受理咨询两种途径。

1. 信息收集

业务员通过报刊媒体、各个物业项目管理处等多种渠道获取潜在目标客户的需求意向，然后主动与有意向的客户联系洽谈，向客户介绍物业情况，并了解客户的需求。

2. 受理咨询

客户向经营部咨询时，业务员向客户介绍物业情况及租赁条件，了解客户的需求，并通过综合分析，判断其是否为有效需求。对于有效需求，要记录客户需求的基本内容，包括：物业类型、面积、价格、其他相关要求、联系人、联系方式等等。

在租赁需求信息的处理过程中还必须确定需求的信息反馈员，由信息反馈员负责对客户进行跟踪服务。原则上信息的受理者即为信息反馈员，根据实际情况可安排专人负责。信息反馈员安排客户到现场察看物业状况，负责跟进业务并为客户提供服务，进一步了解客户的需求，并进行分析、判断，确认客户的有效需求。当物业租赁情况发生变化时，信息反馈员应及时告知客户。

在对物业租赁需求信息进行处理的过程中，还要针对客户需求的物业类型、面积、价格、成交或未成交原因等进行数据统计。分析客户需求的变化趋势、满足客户需求的可能性等，形成分析报告作为租赁经营决策的参考。同时，对物业出租信息的发布必须遵循诚信原则，保证信息真实性、有效性。对所发布的信息根据实际情况及时进行更新，做好与客户的沟通，真实地了解租赁客户的需求。

三、物业租赁条件的确定

在物业租赁调研的基础上，结合开发商和物业管理企业自身状况，对物业租赁条件进行讨论。根据物业租赁市场情况、物业使用状况、公司经营现状、租赁经营经验等制定物业租赁条件。

物业租赁条件作为物业管理企业物业租赁的规范，租赁业务都必须遵循该条件。租赁条件包括：租金价格、装修期、优惠、折扣等等。

租赁条件的制定主要依据市场租金价格，并参考物业管理企业的经营现状。物业租金的确定可以参考市场指导租金，在具体实施过程中，为了吸引客户，对于大型客户及特殊情况要给予一定的优惠。在租、售策略上对重点客户、大型客户在租金水平或销售价位上可给予较大的优惠或折让，千万不要用单一的租金标准或销售价位将“大户”拒之门外。此外，对一次租用时间较长又能在前期支付较大比例预付款的也可在租金上给予折让。

在物业租赁期内，还要考虑装修所占用的时间，对新承租物业的客户可以给予一定的装修期限。对于大型客户及特殊情况确实需要给予延长装修期优惠的，可作适当调整。另外，对于其他的方面的优惠、价格折扣等影响公司租赁经营收入的关键因素要进行严格控制，以保证物业管理企业的经营收益。

第三节　物业租赁合同

一、物业租赁合同的审核

物业租赁合同审核是在确保遵循平等互利原则的基础上，与客户确立符合法律、法规要求的物业租赁合同关系。物业租赁合同的审核包括租赁合同内容所涉及的方面，例如对客户需求的满足、对物业状况的描述、对客户的资信审核以及对物业租赁合同的审核。

（一）对客户需求的审核

对客户需求的审核包括：拟租赁物业的坐落地点、房号、朝向、物业类型、物业用途等等；了解客户可接受的租金价格；了解客户要求的租赁期限及其他相关条件等等。

在对客户的需求进行审核的过程中，注意判断客户的需求是否符合公司制定的物业租赁条件；判断公司是否有条件、有能力满足客户的需求；同时还需要估算公司所需要付出的成本。

（二）对物业状况的审核

主要由工程部、保安部、物业管理部对合同所涉及的技术问题进行联合审核。审核重点是对供电、供水、消防、房屋结构、附属设施、智能化系统、物业管理服务等各方面进行技术审核，判断是否能满足客户提出的要求。

需要对物业进行改造的，相关部门根据客户的要求制定改造计划并进行费用预算，讨论物业改造计划的必要性和成本问题，决定是否进行改造以满足客户的需求。

（三）对客户的审核

对客户进行审核的内容主要是客户的基本情况，请客户出示具体的证明材料，包括：身份证明、营业执照等。对于物业租赁相关费用数额较大的客户，必须对客户的经营资质和经营能力等进行审查核对，对于大型商业项目，要求客户必须提交项目经营管理策划书等等，其目的是要求承租的客户具备相应的物业租赁经营的经济实力与经营策略。

（四）对物业租赁合同的审核

对于公寓、住宅、小面积标准写字楼等常规物业的租赁合同，不需要进行专门的审核，按标准合同执行。该类合同属于规范化合同文本，内容条款是相对固定的。对于物业租赁条件不能满足标准合同内容，有着特殊要求的写字楼、工业厂房、商业物业等特殊物业的租赁，需要进行严格的合同评审。

二、物业租赁合同的签订与终止

（一）物业租赁合同的签订

物业管理企业将物业租赁合同审核结果通知客户，双方就租赁意向达成一致的，进行草拟合同工作，合同的签订必须符合《合同法》的有关规定，杜绝违约行为的发生。合同的审核、签订过程中有关重要工作事项必须以书面形式进行记录。与合同相关的各种资料，包括：与客户的往来信函、客户申请报告、客户身份证明、客户营业执照等都必须妥善保管。

物业租赁是物业管理企业与其所管物业的产权人、使用权人之间的委托代理关系，在物业租赁关系建立的过程中，必须做到：

(1) 依法签订房屋租赁合同，凡未经产权人、使用权人认可而私下签订的房屋租赁合同不受国家法律保护。

(2) 房屋租赁合同要按统一格式和规定填写，不得擅自变更，需要说明的问题及房屋配套设施等情况需在租赁合同附记栏内注明。

(3) 房屋租赁合同通常一式两份，由双方各执一份。

（二）物业租赁合同登记备案

物业租赁合同采用登记备案制度是为了防止非法出租房屋，防止国家税费的流失，也是为了保护产权人的权益不受侵害。登记备案的过程中，要对房屋租赁合同就以下几方面给予审查：一是房屋租赁主体是否合格，出租、承租行为是否合法；二是所出租的房屋是否合法；三是房屋租赁合同的内容是否合法有效；四是合同当事人是否按规定缴纳税费等等。

（三）物业租赁合同的终止

物业租赁合同的终止有两种情况：一是合同期满自行终止；二是人为终止。人为终止的原因主要是双方当事人有违约行为。例如，承租人私自转租、转让、转换、调换所租房屋，承租人擅自改变房屋的用途，承租人拖欠房租，承租人故意破坏房屋或利用房屋从事非法活动等等。

三、物业租赁双方的权利与义务

（一）出租方的权利

一是按期收取租金的权利；二是有监督承租方爱护使用房屋的权利，承租人不得不经过出租方同意擅自对房屋结构进行改造和装修，出现上述情况，出租方有权要求承租人将物业恢复原状或予以赔偿；三是有依法或依照租赁合同收回房屋的权利。比如合同期满或承租人违反合同转租、利用房屋进行违法活动等。

（二）出租方的义务

(1) 有保障承租人合法使用房屋的义务；

(2) 有对房屋进行维修和保养，保障承租人安全使用房屋的义务；

(3) 参与协调由房屋原因引发的纠纷。

（三）承租人的权利

有合法使用房屋的权利。

(1) 在规定的期限内，出租方不得以任何理由提前终止房屋租赁合同；

(2) 有要求保障使用安全的权利，承租人有权要求出租方对房屋的自然损坏及设备破损等情况进行及时的修复，保障房屋使用的安全；

(3) 对所承租的房屋，有优先购买和续租的权利。

(四) 承租人的义务

(1) 按期缴纳租金，不得以任何借口拖欠或少交租金；

(2) 爱护所承租房屋，不得随意对房屋结构进行改造，承租人欲对房屋进行装修，须事先征得出租方的允许；

(3) 遵守房屋租赁合同，不得私自改变房屋用途或转借转租他人。

四、物业租赁合同纠纷的解决

(一) 协商

即双方当事人之间就房屋租赁合同本身或执行中出现的纠纷进行协商，协商一致时对原合同进行修订或签订补充合同。

(二) 调解

由双方共同认定的第三者，站在公正的立场对双方协商无法解决的纠纷来进行调解。

(三) 仲裁

由仲裁机构经调查取证后，所做出的有约束力的裁决。通常仲裁结果为最终裁决，具有强制性，如一方不执行则强制其执行。

(四) 诉讼

当事人一方对仲裁程序及公正性等有疑义时向法院提出诉讼，由人民法院作最后的裁定。

第四节 物业租赁管理

物业租赁管理包括租赁物业的交接、对租赁物业的日常管理与服务，以及租赁合同到期对物业退房的交接等项工作。

一、租赁物业的交接

物业租赁合同正式签署以后，物业管理企业的经营部为客户开具《租赁物业房产交接单》。一般由公司的管理部为客户办理租赁物业的交接手续，并告知客户相关的管理规定。客户需要进行装修的，管理部应告知客户装修的相关事项，并通知相关部门协调装修事宜。

物业管理企业应严格按照物业租赁合同的规定履行应尽的义务，保证提供与租赁合同相符的房屋，带领客户做好租赁房屋的验收工作，保障承租人安全合法使用房屋，为客户提供高质量的管理和服务。

二、物业租赁的日常管理与服务

(一) 物业租赁租金的收取

物业管理企业根据物业租赁合同规定，按照约定的物业租赁租金标准和收取的时间收取。在收费之前应开具物业费用收费通知单，定期向客户收取物业相关费用。如果有拖欠租金情况发生，可以对拖欠物业租金的客户进行欠款催收。

(二) 日常管理与服务

首先应做好与租赁客户的沟通工作，充分了解客户的租赁需求，根据需要实施主动性管理，为客户提供优质的管理和服务，提高客户的满意度。为此，许多物业管理企业通过利用先进的管理手段和管理工具，实施主动式管理，使物业管理行业出现了新的生机。所谓主动式管理，是指以满足客户对物业管理服务的需求为目标，通过利用先进的技术和手段以及规范化的管理服务，提高物业管理服务的水平和效率，从而提高物业管理的经济效益。在物业租赁的日常管理与服务过程中，要做好以下几点工作：

(1) 将物业管理与租赁经营紧密结合，在管理服务的同时达到经营的目的；

(2) 使物业四周环境尽善尽美、整洁高雅、秩序井然，符合租户对环境、卫生、安全和规范服务的期望；

(3) 建立并保持物业形象。在经济发展到一定阶段后，消费者购买的是概念和形象，物业管理人员有责任确保物业形象得以建立和保持，以吸引潜在的租户；

(4) 慎重使用管理费，确保物业管理费开支用得其所，物业管理的目标是以尽量低廉的代价，提供最佳的环境。因此，如果要发挥主动式管理的优点，就必须分析组织过程，及时收集和整理信息资料，以对管理过程进行有效的控制和管理；

(5) 建立物业管理信息系统，应用现代化工具来协助物业管理人员分析、处理和传递信息资料。通过物业管理的自动化，一方面可以提高工作效率，降低物业管理成本；另一方面可以向租户提供高水准的优良服务，从而提高物业租金水平，达到物业增值的效果。

三、物业退房的交接

对于物业租赁合同到期或提前解除租赁合同的客户，要及时办理物业退房手续，为客户提供快捷、方便的服务。注意不能因为客户退房而降低最后一个环节的服务质量。在物业退房工作中，应做好以下几项工作：

(1) 及时告知需退租的客户退房的有关管理规定；

(2) 为客户办理房屋退房验收手续时，注意检验物业在使用过程中有否违反合同约定的事项；

(3) 如果约定客户自行拆除租赁房屋的装修，应做好监督管理工作；

(4) 核算客户退房的截止费用，并办理合同的终止注销；

(5) 结算客户的各项费用。

四、物业租赁租金的有关知识

(一) 物业租赁租金的意义

房屋的租金是物业价值的货币表现，是物业产权权益的经济实现，是物业使用权分期出售的价值。它既要考虑建造房屋时的各种劳动消耗的补偿，又要考虑房屋使用过程中各种维修保养费用和管理费用，此外还需考虑市场的承受能力、房屋所处的地段及房屋的重置价格等等。因此，应通过房屋租金的确定和调整，体现和实现所有者权益，并能够保证房屋的简单再生产和进行更新改造。具体讲，租金的意义在于：

1. 调节房屋的供求关系

房屋租金是房屋的零售价格，房屋的供求状况通过租金进行调节，特别是租金的调整与房屋售价的变动，联合调解着市场的供求关系，促进物业租、售市场的活跃。

2. 保证物业经营活动的正常进行

物业运转过程中必然要发生各种费用。房屋租金不仅要补偿房屋建造过程中的劳动消耗，还应足以维持房屋的维修保养、折旧和局部更新等，并且物业管理企业在其运转中实现合理盈利。

3. 租金的调整是我国住房体制改革的重要内容

通过市场的磨合，逐渐形成与房地产价值相配套的租、售比价体系，这是近期我国住房制度改革的内容之一。形不成合理的市场租金，就无法平衡买房者和租房者之间的经济利益，也就无法启动房地产市场和实现住房制度改革的最终目标。

（二）物业租赁租金的分类

1. 住宅租金和非住宅租金

住宅租金指民用住宅的租金，由于它用于非经营性质，因此租金水平相对较低。还可以进一步分为：普通住宅租金和高档住宅租金，福利性租金、成本租金和商品租金；非住宅租金包括办公用房租金和商业铺面租金。根据区位的不同和功能用途的不同，非住宅租金通常高于住宅租金。

2. 公房租金与私房租金

公房租金指居民租住的房管局或单位住房所付的租金；私房租金指承租人承租私产房屋（物业）所付出的租金。租金可依据物业的地段、档次、朝向及室内设施等来确定。可按每平方米的月租计算，也可按每套的月租计算。

（三）物业租赁租金的构成

从理论上讲，物业租金的构成包括三个部分：即建造或重置房屋的全部投资和相应的投资利息；房屋经营的各项费用及相应利润；国家土地部门收取的土地使用税费或地租。具体讲，主要有以下八个方面：

1. 折旧费

指房屋投入使用后，为补偿各种有形、无形的损耗而在物业的耐用年限内通过租金的形式加以回收的房屋最初的投资价值。

2. 维修费

是为保证房屋在耐用年限内能正常使用而必须支持的费用。它包括经常性的维修（跑冒滴漏等）和定期保养维修。其费用的计算为：

$$年维修费=(造价\times修缮费比例)\div耐用年限$$

上述公式中，修缮费比例的确定是个关键问题。通常，经验数据为维修费率的8%。维修费的计提还可按事先确定的每平方米的年维修费定额，再根据面积计算出全年的维修费用。

3. 管理费

是从事物业经营和管理的企业，对所出租物业进行管理所需要的费用。管理费主要是物业管理费，目前由建设部规定，统一向业主（使用人）征收的费用。

4. 税金

房产税是以房屋为课税对象，按房屋的出售价格或租金水平，向房屋所有权者征收的税种，是随出租而转嫁的价内税，通常是按租金的一定比例计提。

5. 利息

指物业建造时，开发商为投资于该物业而向银行贷款的利息。利息是物业成本的构成部分，应该在租金中得到补偿。

6. 地租

我国目前是开发商为取得土地的使用权而向土地的所有者缴纳的土地使用费，应该通过房屋的出租而得到回收。

7. 经营利润

对于经营者，通过物业租赁经营应获取一定的利润回报。

复习思考题

1. 什么是物业租赁经营？包括哪些形式？
2. 物业租赁经营包括哪些内容？
3. 如何进行物业租赁市场调研？
4. 如何对物业租赁合同进行审核？
5. 物业租赁管理包括哪些内容？

第九章 档 案 管 理

第一节 物业管理档案的建立

物业管理档案的建立，是为了满足物业管理企业日常管理服务活动的需要，即在物业管理运作过程中运用科学的方法，将物业业主和使用人的有关资料整理、归档，以便更好地为业主和使用人服务。物业管理企业的日常管理服务活动贯穿于物业项目的前期管理、接管验收和日常管理的全过程之中，自始至终都应建立相应的管理档案，使档案管理真正为管理服务。

一、物业管理档案

物业管理档案是物业管理企业作为一个全宗单位，将物业管理服务中的原始记录和过程记录形成文件资料，按照一定的要求，收集、整理、保管和使用的档案。档案是直接的历史纪录，它具有原始性和记录性的特点，有着其他资料不可取代的重要作用和价值。

在日常工作中，并不是所有的文件都能够转化为档案的，档案的形成应具备三个条件：

(1) 办理完毕的文件才能归入档案；

(2) 对管理工作有参考利用价值的文件；

(3) 按照一定规律集中保存的文件。

建立物业管理档案，在物业管理企业的实际服务过程中具有重要的作用。档案具有凭证价值，是管理服务过程中留下的原始记录，未经过任何人改动的原稿和原本，可靠性较强，是令人信服的证据，在维护物业状况、评断各种纠纷、依据合同进行管理等方面具有凭证作用。同时，物业管理档案还具有重要的参考价值，档案记录了物业管理企业在前期介入、接管验收、用户入伙、管理和服务过程中的创造成果和经验教训。对物业管理企业查阅过去的情况，掌握历史材料，研究有关事物的发展规律具有广泛的参考价值。

二、物业管理资料的收集

（一）物业管理资料的收集原则

1. 系统、完整的原则

根据物业管理实体资料和信息资料，大到房屋本体、公共设施，小到一树一木都要有详细的资料收集。

2. 质量优化的原则

收集的资料要全面、完整，能够包含物业管理服务的全过程。质量优化指在文件、资料的收集过程中，只归档和接收有保存价值的档案，防止鱼目混珠。

3. 齐全、合理的原则

是指物业管理服务各项内容、各个环节的资料都要收集保管，同时还要有所侧重，将有特点、能说明问题的资料收集起来。

（二）物业管理资料的收集内容

在资料收集、形成档案的过程中，应保证所收集的内容丰富、渠道广泛，根据物业管理服务的程序，一般情况下通过三个阶段进行收集。

1．在物业接管验收阶段的资料收集

主要通过物业管理的前期介入，全面、准确地收集工程建设方面的产权资料和工程技术资料等。

2．在业主入伙阶段的资料收集

在业主入伙、房屋内部装修阶段收集业主、客户的资料，收集房屋装修管理的相关资料。

3．在日常管理阶段的资料收集

物业管理企业在日常管理过程中建立和收集的有关房屋维修档案、设备运行档案、投诉接待与回访记录等相关资料。同时还要收集政府主管部门和相关部门、社区管理、业主委员会等方面的资料。

三、物业管理档案的归档管理

（一）物业管理档案的归档

对于分类整理好的信息资料进行分类保存即为归档。

1．立卷

日常管理服务过程中形成的单份文件零散杂乱，很容易磨损和遗失。将单份文件形成案卷，加上封皮进行装订，可以避免文件破损和散失，便于管理和保存。立卷工作按照常规主要应由管理部负责，还要制定立卷归档制度，编制立卷类目，防止各部门立卷归档文件的重复和遗漏。提高立卷的质量和工作效率。物业管理企业立卷可以采取按照物业服务特征和工作环节来分类，注意保持文件之间的历史联系，便于随时查找利用。

2．归档

文件立卷工作是前期准备工作，归档是管理部将文件整理立卷后按照规定的时间移交给档案室集中保管。凡是在物业管理服务过程中形成的、经过办理完毕的具有重要参考使用价值的文件，都应属归档的范围。归档的时间一般应在次年的上半年向档案室移交，对于一些专业性较强的文件，为便于日常管理，可以适当延长归档时间。

3．案卷整理

在档案日常管理工作中，需要对归档的文件进行不断地收集与积累，根据管理需要系统地加以整理和编制目录。具体内容包括：

（1）调整立卷；

（2）拟写案卷标题；

（3）卷内文件的排列、编号；

（4）填写卷内目录与备考表；

（5）填写案卷封皮与装订。

（二）物业管理档案的整理

物业管理档案的整理工作主要是针对物业管理企业在管理中形成的案卷进一步系统化，实现由凌乱到系统，由无序到有序的转变，档案的整理工作包括三个部分：

1. 分类

档案经立卷归档后，只有通过科学、合理的分类，才能使物业管理企业档案真正成为类别清晰、条理分明的有机整体，便于系统地查找利用。物业管理企业档案分类，可以根据档案文件的来源，管理服务内容分成若干类别。

2. 案卷排列

根据一定的方法，确定每类案卷的存放位置和前后位置，并保持案卷之间的某种联系。案卷的排列方法很多，可以按照工作联系和重要程度来排列，也可以按照案卷内容排列。例如，以工作流程、管理环节、时间排列的较为普遍。

3. 编制案卷目录

编制案卷目录就是案卷的名册，它是反映案卷内容和成分并固定案卷排列次序的表册。案卷经系统排列后，应当将其逐个登记到案卷目录上，以固定前后排放顺序。案卷目录一般有两种类型：

(1) 以物业管理企业为单位编制一本综合目录；

(2) 按全宗内各种类别，分别编制几本分册目录。

档案管理员应编制统一的档案分类说明书及档案总目录，按照内容、部门、年度、保存期限及保密程度的分类顺序进行组卷、逐一编号，然后登记造册、编制目录、分柜保存。例如，业主档案的分类一般是按照组团按柜、每幢按位、每单元按盒、每户按册的方式来分类的。

第二节　物业管理档案的内容

物业管理的档案资料由两部分组成。一部分是物业本身的资料，包括开发建设成果的记录和物业管理企业接管后对物业进行维修养护和更新改造情况的记录；另一部分是物业业主和使用人的资料，包括业主、住户的姓名、家庭成员情况、工作单位、联络电话、管理费缴纳情况以及物业租赁租金等等。档案可以采用原始档案和电脑档案双轨制，以文字、图表、电脑磁盘、照片、录像等方式贮存档案，并采取相应的保管措施。

一、物业本身的档案资料

物业管理的对象是物业。物业本身的资料是物业管理中维修养护、更新改造所不可缺少的依据。科学技术的发展和人们对居住需求的不断提高，使现代建筑工程进入地下和埋入建筑体内部的管线、设施越来越多，越来越复杂，这些工程一旦发生故障，物业的档案资料就是宝贵的财富。它可以使物业的维修养护工作事半功倍，省时省力并减少对住户的影响。

在物业接管验收时，开发建设单位应将开发建设的物业资料同时移交给物业管理企业；更换物业管理企业时，原物业管理企业也应该将物业开发建设的资料、在物业管理过程中维修养护、更新改造的资料向新的物业管理企业移交。

(一) 工程资料

(1) 物业产权资料（项目开发批准报告、规划许可证、土地使用证、工程开工许可证、用地红线图等）；

(2) 综合竣工验收资料；

(3) 施工设计资料；

(4) 其他应保存的工程资料。

(二) 设备档案

(1) 设备台账;

(2) 设备出厂合格证;

(3) 设备使用说明书;

(4) 设备安装调试报告;

(5) 保修单、保修协议;

(6) 设备运行记录;

(7) 设备维修、保养记录;

(8) 设备更新改造记录;

(9) 设备管理制度;

(10) 其他应保存的设备资料。

(三) 物业管理运行档案

(1) 物业接管记录;

(2) 对外经营记录;

(3) 质量体系文件;

(4) 行政管理文件;

(5) 业务管理文件;

(6) 人力资源管理文件;

(7) 其他相关运作记录。

二、业主和使用人的档案资料

物业管理服务的对象是人,掌握物业业主和住户的情况是物业管理企业开展管理服务的前提和基础。物业管理企业应该从业主购房时或进行房屋租赁时就掌握业主和使用人的第一手资料,在业主入伙后及时将资料补充完善,并在物业管理过程中不断积累。

当更换物业管理企业时,原物业管理企业应该将物业业主和使用人的资料完整地向新的物业管理企业提供。

(一) 业主和使用人档案的内容

(1) 已签署的《业主公约》;

(2) 经业主签署的《消防安全责任书》;

(3) 经业主和物业管理企业共同签署的《业主入住验房表》;

(4) 有关装饰装修管理的《装修申请审批表》、《装修安全责任书》、相关图纸及装修施工队资料;

(5)《违约处理通知单》及处理结果资料;

(6) 业主的有关证件复印件;

(7) 业主产权确认登记资料(产权证书复印件);

(8) 其他应保存的业主资料。

(二) 业主委员会的档案资料

业主委员会应建立相应的档案资料,并指定专人管理。

(1) 各类会议记录、纪要;

(2) 业主委员会、业主大会或业主代表大会作出的决议、决定等书面材料；
(3) 各届业主委员会产生、登记的材料；
(4) 业主、使用人情况目录、清册；
(5) 订立的物业服务合同；
(6) 有关法律、法规和业务往来文件；
(7) 业主和使用人的书面意见和建议书；
(8) 维修基金收支情况清册；
(9) 其他有关资料。

三、物业管理企业来往文书档案

(1) 对外、对内发出的文件；
(2) 收取的文件。

四、各类合同档案

(1) 采购合同；
(2) 经营合同；
(3) 物业接管合同；
(4) 保险类合同。

五、人力资源管理档案

(1) 人员招聘与解聘的各类记录；
(2) 人员考核与奖励的各类记录；
(3) 人员日常管理的各类记录。

六、财务管理档案

(1) 固定资产类资料；
(2) 会计报表；
(3) 财务账册；
(4) 原始凭证。

第三节　档案管理的要求

档案管理在物业管理企业的日常管理工作中是非常重要的一项工作，主要应做好三方面的工作，一是制定严格的档案管理制度；二是明确档案保管的要求；三是维护档案的信息安全。

一、严格档案管理制度

为加强物业管理企业的档案管理工作，根据国家有关档案管理规定，需要制定一些档案管理制度，旨在规范档案的管理工作。档案管理制度一般包括以下内容：

(一) 档案的归档

(1) 各部门将需要保管的资料经处理后，移交给档案管理人员；
(2) 档案管理人员将资料登记在《档案目录》中，归入相应案卷并统一编号；
(3) 档案管理人员定期将《档案目录》输入电脑，以便查询；
(4) 档案应保管原件。

（二）档案的借阅

（1）重视保护档案，并按照阅档批准权限办理借阅手续；

（2）文书档案只阅不借。科技档案借出后 15 日内归还，书籍 30 日内归还；

（3）所借档案不得随意折叠和拆散，严禁对档案随意更改、涂写；

（4）借阅和归还档案时，应办理清点，签名登记手续，由档案员和借阅者当面核对清楚；

（5）档案如有丢失、损坏或机密材料泄密，须立即写出书面报告，按情节追究当事人的责任；

（6）调离公司的人员必须清理移交、归还借阅档案及归档资料，方可办理调离手续；

（7）外单位人员查阅本单位档案需持所在单位介绍信和本人证件，经档案主管经理批准，办理有关查阅手续后，在档案室内阅读；

（8）档案出室必须经过登记后方可借出，文件借阅者需妥善保管所借文件，不得涂改、撕毁等，否则追究相关责任。档案入室必须经过检查，如有轻微破损应立即修补，损坏严重需追究借阅人员的责任。

（三）档案的鉴定

（1）档案鉴定工作由档案鉴定小组负责进行，鉴定小组由主管档案工作的经理、档案员和有关管理人员组成。日常的档案鉴定工作由档案员负责；

（2）档案鉴定小组负责制订、修订本公司档案保管期限，对到期档案提出明确的存、毁意见；

（3）档案鉴定工作应定期进行，原则上每年进行一次；

（4）对公司有长远利用价值，并能够反映物业管理业务活动和历史面貌的档案应永久保存；

（5）凡是在一定时期有利用价值的档案，要明确保存的余限。

（四）档案的销毁

（1）根据档案的保存期限和性质，定期对过期和作废的文档进行剔除和销毁，防止档案的堆积和混淆；

（2）档案鉴定小组列出需销毁档案清单和销毁报告，并报档案主管经理审批。销毁档案清单和销毁报告由档案室保存；

（3）档案销毁时，要由鉴定小组成员二人以上监督销毁，并在销毁册上签名；

（4）销毁档案是要严格执行保密规定，对在销毁档案中出现失密或对单位造成损失的，将根据国家和公司的有关规定进行处理。

二、明确档案保管要求

档案保管工作是维护档案安全和完整的重要工作。档案保管得好，为档案工作的顺利进行提供了基本前提；反之，整个档案工作就会受到影响。在档案的归档管理中，为了便于档案管理，尽可能将档案储存方式多样化，运用录像带、录音带、胶卷、照片、表格、图片等多种形式保存，有利于档案的网络化管理。在档案的使用过程中，应充分利用计算机网络技术，采用先进的检索软件，充分发挥档案资料的作用。

（一）档案保管的任务

具体来讲有 3 项基本任务：

（1）防止档案的损毁；

(2) 延长档案的寿命；

(3) 维护档案的安全。

档案保管工作的任务，不仅仅在于防止档案的损毁，而且还要从根本上采取措施，提供优良的存藏条件，最大限度的延长档案的寿命。维护档案的安全，其中一个重要的因素是千方百计地减缓其自然本身的损毁，优化其所处的环境和保管条件。例如，不适宜的温湿度、光线、灰尘、虫、鼠、水、火以及机械磨损等因素对图书、档案都有着一定程度的破坏。

(二) 档案保管的工作内容

档案保管的工作内容主要包括以下3个方面：

(1) 档案的库房管理：主要做好库房内档案科学管理的日常工作。例如：配备合适的文件柜、文件盒以及消防器材等，并做好日常检查工作。档案室应避免无关人员任意进出，档案室钥匙由档案管理员专门保管等等。

(2) 档案流动中的保护：主要指档案在各个流动环节中的一般安全防护。例如，对原始资料的借阅者，要按照档案的不同密级，经相关负责人批准方可借阅等等。

(3) 档案保护中的专门措施：是为延长档案寿命而采取的复制、修补等各种专门的技术处理。例如，对于借阅频繁的档案，非常容易发生损坏，要及时修补破损的档案等等。

(三) 档案库房的管理

档案管理人员要对库房进行及时检查和清理，保证档案管理的环境良好。提供档案管理适宜的保管环境和条件，做好物业管理档案保管工作，应从8个方面加强管理：

(1) 防火。要求在装具及照明灯具的选用、其他电器及线路的安装等方面消除隐患，必须按照消防规定执行。

(2) 防水。管理好水源，在档案库房内外清洁过程中做好防水工作。

(3) 防潮。防潮与库房的温湿度控制密切相关，档案库房的温度应在14～20℃之间，相对湿度在50%～60%之间。在库房的温湿度超过标准时，及时作出调整。

(4) 防霉与防虫。防霉与防虫关系密切，管理人员在对档案进行定期检查时，管理处配合放置防霉、防虫药品。

(5) 防光。要求档案库房尽可能全封闭，使用白炽灯泡，尽量避免户外日光中的紫外线照射。

(6) 防尘。采用清洁性能好、封闭性好的工具进行公共区域清洁，对档案库房不造成影响。

(7) 防盗。物业公司提供公共区域的秩序维护，配合人员做好档案防盗工作。

三、档案的信息安全

维护档案信息安全，除了保证它的物质安全外，更要确保档案信息安全。

(一) 控制纸制档案的使用

很多重要的文件材料都是以纸制档案的形式保存的，因此，首先要保证纸制档案的安全。一方面要提高安全防范意识，建立健全借阅制度；另一方面还要明确档案的使用权限。

(二) 控制电子档案的使用

首先要安全保管电子档案，远离病毒的侵害；同时还要采取各种措施控制电子档案的使用，例如哪些文件控制拷贝，哪些管理人员能够打开哪一层文件等等。

复习思考题

1. 如何进行物业管理资料的收集？
2. 物业管理档案的归档管理包括哪些内容？
3. 物业管理档案包括哪些内容？
4. 档案管理有哪些要求？

第十章 财 务 管 理

财务管理是物业管理的重要组成部分。现代企业的运行，离不开各项费用的发生，只有通过多种方式经济合理、及时足额地筹措到所需资金并良性运转，才能保证公司的事业发展。而通过合理的财务安排，最大限度地实现利润是物业管理企业经济主体地位的要求。为此，要加强物业管理企业的费用控制与经济核算，完善制度、改进方法，做到组织和人员落实，经常分析、检查各项指标情况，实现管理精细化，向管理要效益，全面提高物业公司的盈利和发展能力。

第一节 物业管理企业的资金筹措

资金筹措是指为建立物业管理企业及满足公司运转对资金的需要，通过各种形式和渠道，集中使用内部资金和从外部借入资金。在市场经济条件下，外部资金的筹措只能通过健全的金融市场来进行，并且借入资金必须有偿，这些都直接冲抵了物业管理企业的经营收益。研究资金筹措的形式、要素及筹措方案，为物业管理企业的业务发展筹措到数量充足且成本较低的资金是财务管理的首要问题。

研究资金筹措的问题，首先要解决的是筹措资金的目的。筹资目的主要有两个：一是为组建物业管理企业或扩大公司规模而筹集所需资本金和长期资金；二是为经营管理过程中的资金不敷周转而筹集短期资金。资金筹措的方式有多种多样，不同的筹资方式，对物业管理企业意味着不同的资金成本。此外，不同筹资方式的限制性条件及操作上的难度也不同。物业管理企业应做好测算，慎重选择。

一、物业管理企业的资金筹措渠道

（一）自筹资金

自筹资金是物业管理企业由其创办人自已筹集资金组建物业管理企业或扩大公司规模。投资者从过去的经营收益或其他方面的资金来源中筹集并投入公司，用于公司的组建和启动，自筹资金通常构成物业管理企业资本金（净资产）或所有者权益。出资人对资金的使用和经营承担风险，但没有还贷付息的压力，同时享受资本经营的收益。物业管理企业的自筹资金是组建公司的基本筹资方式，通常自筹资金构成的资本金及其所占的比例表明物业公司抗风险的能力，这一比例过低表明物业管理企业的抗风险能力较弱。

（二）银行贷款

银行贷款是物业管理企业外部借款的主要形式。其特点是这部分资金不占股份，不形成股权，只要按期还本付息即可。但是贷款之前要接受银行对本单位贷款偿还能力的全面调查和审批，程序比较繁琐。使用贷款需要从公司的盈利中拿出一部分用于支付利息，而由于管理的对象不同，并非所有的物业管理企业的回报率都是高水平的，因此究竟能承担怎样的贷款额度和付息水平，是物业管理企业筹资之前必须慎重考虑的问题，必须做好测算。

（三）组建中外合资的物业管理企业或向境外金融机构贷款

组建中外合资物业管理企业，即资本金由拟合作的各方按照约定的出资数额以现金、固定资产或无形资产等方式组建的物业管理企业。向金融机构贷款是为了取得经营过程中所需的周转性资金。

此外，物业管理企业的筹资渠道还包括通过发行股票、发行企业债券等方式来筹措资金。但是，发行股票债券筹集资金的限定条件比较多，审批也极为严格，特别是物业管理企业能从这个渠道取得资金的可能性较小。目前我国的物业管理企业的资金筹措渠道还主要是以银行贷款为主，表明企业对银行的高度依赖，对于一个行业来说，狭隘的筹资渠道会严重阻碍行业的发展。因此，物业管理企业应该在拓宽筹资渠道、改善现有的资金构成方面进行更多的改革与创新。

二、物业管理企业的财务管理

物业管理企业的资金筹措解决了物业管理企业前期启动和运转的资金来源问题。物业管理企业在经营过程中一方面要发生各种费用和消耗；另一方面又要产生相应的收入和效益。做好这两个方面的工作，便可使物业管理企业获得比较满意的经济效益。而所有这些，都离不开物业管理企业经济合理、高效有序的财务安排。

物业管理企业的财务管理指公司在运行过程中通过健全的财务制度，落实财务人员岗位责任制，执行国家财务管理的制度与规定，合理安排经营中的财务收入与支出，实现经济、高效、节约与有序的要求。从而既满足小区（大厦）对物业管理企业各项服务的资金需求，又保证物业管理企业获得比较理想的效益。

（一）物业管理企业财务管理的原则

物业管理企业的财务管理是一个长期的课题，在财务管理的过程中，要严格遵守政府关于物业管理收费的规定，坚决抵制乱收费、乱摊派的现象，同时要合理调度资金，科学使用资金。物业管理企业财务管理的原则主要有：

1.“以业养业”的原则

物业管理企业是一个以经营管理为特征的服务行业，企业在经济上要独立核算、自负盈亏，在管理上要服务好、支出少、质量高。在财务上，要坚持取之于民、用之于民，在收费中，要坚持以房养房，然后在多种经营、提高管理服务效率、规模经营等方面广开财源，实现“管理、经营、服务”三统一。

2. 专款专用的原则

在财务管理中，实行专款专用原则，一能规范物业管理企业资金的规范化运作；二能确保业主的根本利益不受侵害，尤其是对维修基金的管理，必须确保专款专用，不得将基金挪作他用。

（二）物业管理企业财务管理的工作内容

物业公司财务管理的内容包括相互关联的三个方面：

1. 最大限度地组织各项租金收入和经营性收入

物业公司完成组建，进入运营之后，财务部门应配合业务部门，根据公司业务开展的情况，按照物业租赁合同与物业管理合同的内容和要求，组织相应的租金收入与管理费收入，加强有偿服务费用的收费环节。并根据公司开展多种经营的情况，及时组织各种经营性收入及营业外收入的收缴。力争形成物业公司“一业为主，多元经营”的经营格局。

2. 经济合理的安排物业公司的各项支出

物业管理企业的主要财务支出是日常的管理费用，首先要保证各项业务（维修、保洁、环境绿化、公共秩序维护等）的经费需要，分门别类地建立大修基金、专用维修基金、配套设施工程基金等，使之足额到位，满足各专项维修的需要，为业主及使用权人提供优质服务。其次要将所组织的收入根据有关财务制度的规定，用于设备设施的更新及其他物质技术的改进及人员的培训、公司对外的形象宣传等，从各方面致力于公司实力的积蓄和提高。最后，各项业务的支出都应遵守财务管理的有关规定，严格按照业务和财务的申报、审批制度和程序来进行，并及时足额缴纳相应的税费。

3. 全盘策划，合理使用资金，实现物业管理企业资金的良性循环

对物业管理企业的资金，必须进行全盘的策划与安排，因为需要资金的地方很多，受资金来源的限制，不可能满足每一方面的需求，因此，要分清轻重缓急，统筹安排资金。而且要注意保持资金的流动性，资金只有在流动中才能不断地升值。资金的流动状况也大致反映着物业管理企业的经营状况。通过对资金流动状况的分析，判定和监督公司的运营过程，并提出相应的解决办法，促使物业管理企业的业务处于良性循环状态。

三、物业管理企业的资金收入

物业管理企业在运营过程中的资金收入主要有：

（一）租赁收入

租赁收入是指公司依照物业租赁合同（契约）及物业管理公约的条款向物业承租人收取的租金。它由折旧费、维修费、管理费、地租、经营利润、税金、银行贷款利息及保险费等组成。在形式上有福利租金（标准租金）、成本租金、商品租金和市场租金等区分。其中租金构成的前3项内容大致形成标准租金（福利租金），前5项组成了成本租金，全部8项组成商品租金。市场经济条件下的租金以商品租金为基本依据，由出租方和承租方共同协商的租金即为市场租金。福利租金无法维持物业公司的运营，也影响物业本身的修缮等，在市场经济条件下应不断加以改革，最终向完全意义的商品租金和市场租金过渡。使物业的租金不仅能维持物业的使用和修缮，而且能维持物业管理企业的运转和合理的利益补偿。

物业的租金收入通常是按月收取的，也有的每季或半年收缴一次的。市场化的租金是由物业的出租人（或物业管理企业代理）与物业的承租人根据物业的地段、环境质量、设计建造质量及物业管理常规性基础服务所包涵的内容，由双方协商确定。租金水平要受宏观经济形势及供求关系的影响，物业的租金不是随意制定的。物业管理企业要争取较高的租金收益只能靠最大限度地减少所代管的物业小区或大厦的“空置”，使出租率尽量接近100%。

（二）物业服务费收入

物业服务费收入是物业公司的又一项重要的收入来源。这里的物业服务费主要是指对购买物业后入住的业主收取的费用。对物业的承租人，物业服务费的收取不尽相同，有的不再收取（即物业的租金中含有物业服务费），更多的则是按建设部公布的统一标准或地区制定的标准收取。

物业服务费中一般含有所管理的物业的基础性服务或称公共服务，如小区的环境清洁、清扫、垃圾清运、园林绿化、下水管道排污、公共秩序维护及一些设备的维修、保养、局部更新等。但执行中也不尽一致。有的清洁、清扫另收卫生费；园林绿化要收绿化费；下水管道清污要收排污费；公共秩序维护要收治安费等。对设施的维修，除公共设备设施外，室内设备的维修要用户自己准备零配件或负担零配件费用甚至包括维修费。作为物业管理企业在管

理物业中一方面应积极组织管理费的收入；另一方面要执行建设部文件的统一规定，减少收费项目，该合并的合并，该取消的取消，最终方便业主及使用权人。

（三）专项服务和特约服务收入

专项服务和特约服务是物业管理中公共服务或基础性服务所无法涵盖的，又是小区（大厦）的业主或使用权人在入住后会产生的服务需求。由于物业的性质和档次的不同，特别是高级公寓、别墅、写字楼等对专项服务及特约服务的要求很高，业主和使用权人也愿意为享受这种服务付出额外的费用。因此，这也构成物业管理企业运营中的一项收入来源。具体地说，专项服务包括：产权、产籍管理；室内仪器仪表及家用电器的维修；外墙翻修等等。这些服务都是有偿的，一般直接向业主及使用权人收取。

特约服务包括的内容很广，不同类型的物业有不同的特约服务的需求。如对住宅区主要有：家务服务，如室内卫生清洁，玻璃窗、百叶窗及抽油烟机（排风扇）的清洗，熨烫衣服，买菜做饭，接送小孩，照顾老人，代缴电话费，代请保姆等。还有家教服务，主要对业主家中的成员进行小学、初中、高中的补习及技能传授等。还有护理服务，如照顾病人、照顾孕产妇、家庭医生及家庭病床、医院陪床及特约诊治等。这些服务有的是按月收费，有的按劳动或工作的小时数收费，有的是按次收费。对办公写字楼则有礼仪服务，如代送礼品，代送鲜花、花篮等。还有商务服务，如打印、复印文件、代发传真，代译外文资料等等。上述各项服务是有偿的，由于服务项目及业主（使用权人）要求的不同，收费标准也就无法统一。国家发展改革委员会、建设部制定的《物业服务收费管理办法》规定，物业管理企业根据业主的委托提供物业服务合同约定以外的服务，服务收费由双方约定。

由于上述服务业务庞杂，提出的要求也包括方方面面。物业公司可对其中的熟练或非技术性服务项目，考虑一人多能以减少人员的设置，使专项服务与特约服务工作为物业管理企业带来较多的收入，增加物业管理企业的收入来源。

（四）经营性收入和营业外收入

经营性收入和营业外收入主要是物业公司根据自身的优势，结合所管理的物业的特征，兴办一些商贸项目、工程维修项目、室内装饰项目及娱乐项目等，以增加物业公司的收入来源。具体有：开办建材或装饰材料公司，开办装饰公司、卫生洁具公司、市政维修或房屋维修公司等；还可利用小区的配套设施开办商业服务、餐饮服务、娱乐服务（台球厅、健身房等），或与有关部门合作开办储蓄所、邮电局、职业介绍所等，有实力的还可涉足物业的开发经营。这些经营性收入或营业外收入是物业管理企业运营资金的重要来源和补充。它可以弥补房租过低、物业服务费过低甚至入不敷出的情况，使物业管理企业真正实现“一业为主，多元经营，自我发展”的目标。

上述几项收入来源中，租金收入及物业服务收费收入来源比较稳定 。而物业的专项服务、特约服务收入，以及经营性收入和营业外收入相对来说“弹性”大一些，经营得好可获得好的收益。因此，物业管理企业应组织得力的业务骨干，把这几个环节的服务和经营工作做好，使收入尽早足额兑现。

第二节　物业管理企业的费用支出

一、物业管理企业费用支出项目

物业管理企业的运营必然要发生各种形式的费用支出。物业管理企业的支出因在运营中的性质不同而分成若干项目。其主要构成有:人工费,行政办公费,劳动防护保护费,保险费,公共设施日常水电费,公共秩序维护费,环卫清洁费,绿化养护费,公共设施日常养护和维修费等。上述费用的发生数量有的与入住业主及使用权人的数量有关,我们称之为可变费用,如用户的电费、养护维修费用等;有的与入住业主及使用权人的数量无关,仅与物业管理企业的运营有关,我们称之为不变费用,如小区当中的公共照明及大厦中的中央空调、供暖费用等。前面所讲的减少空置率,提高出租和出售率等,其意义也在于可以最大限度地节约单位不变费用。具体费用项目有:

(1) 管理服务人员的工资、社会保险和按规定提取的福利费等;

(2) 物业共用部位、共用设施设备的日常运行、维护费用;

(3) 物业管理区域清洁卫生费用;

(4) 物业管理区域绿化养护费用;

(5) 物业管理区域秩序维护费用;

(6) 办公费用;

(7) 物业管理企业固定资产折旧;

(8) 物业共用部位、共用设施设备及公众责任保险费用;

(9) 经业主同意的其他费用;

(10) 法定税费;

(11) 合理的利润。

二、物业管理企业费用控制

物业管理企业费用控制指物业管理企业在运营过程中根据各项费用计划和预算,控制费用的实际发生,采取措施保证费用计划及费用预算的顺利执行。它是物业管理企业财务控制的主要内容,对物业管理企业节约开支和增加效益有决定性的意义。

(一) 物业管理企业费用控制的意义

(1) 物业管理企业的费用控制是提高经济效益的要求。在市场经济条件下,物业管理企业的运营必须依照国家的有关规定,如基础性管理服务费用的收取国家有明文规定,其他专项服务、特约服务等由于物业市场竞争激烈也趋于“微利”,因此,物业管理企业效益增加的各项措施中,节约支出尤为重要。特别是大型的、综合的物业管理企业,节约的潜力更大。而加强费用的控制就能实现这种挖潜和节约。

(2) 费用控制作为物业管理企业财务控制的基本内容,可直接堵塞公司业务及管理上的各种漏洞,为公司增加效益。

(3) 围绕费用控制所展开的各项工作,有利于提高物业管理企业的内部管理水平。通过细化的费用控制措施,可以杜绝财务上的混乱和资产流失,使物业管理企业的内部管理从粗放走向集约,从整体上提高管理水平。

(二) 物业管理企业费用控制的具体内容

“开源节流”历来是传统的、行之有效的理财办法,费用控制就是依据“节流”的思路对物业管理企业的财务支出予以控制。具体来讲,包括下述几个方面:

(1) 对办公经费的控制与节约。在尽可能节约的前提下制订正常开支的计划与标准,要注意的是:节约是在保证正常使用的前提下,减少不必要的损失和浪费。例如:必要的办公设施一定要有较大的投入;而日常的消耗、设施的维护更要注意节约;对交通费、差旅费等要严格控制支出;对公共性支出及广告费的支出要特别讲究效果;培训费用的节约应表现在培训效果的提高上,而不是绝对费用的节省。

(2) 对人工费的控制。要采取科学的措施,提高劳动生产率同样可降低相对人工费用。

(3) 对维修费用的支出要严格按维修计划来执行。房屋大修用专用基金来支付,而房屋中、小修列入日常维修费。对无法维修或维修成本过高的要坚决翻建或更新。

(4) 专项服务和特约服务的支出要事先明确用户的要求,并进行必要的成本费用测算,事先明确收费标准,并得到其认可。

(5) 办公设备的购置。必要的设施设备的购置要考虑业务的需要及设备本身的使用频率,使用频率不高的可以考虑租赁的方式,这样既满足使用的需要,又降低费用支出。

(6) 最大限度的减少物业的空置也是一种节约。有些固定费用可以因用户的增加而降低单位平均成本水平。

在费用控制中,节约是一种相对的概念,对于一些特殊的费用还应在某种程度上适当增加,如对外可树立物业管理企业的形象的费用,追加一些投入将换来物业管理企业声誉和无形资产的极大提高,可以为公司赢得有利的竞争优势和长远发展机会,不仅是值得的,也是一种从发展意义上的节约。

三、物业管理企业的经济核算

物业管理企业的经济核算主要包括各项收入的核算、成本费用的核算、流动资金的核算、经营成果的核算、管理及服务水平的核算等等。物业管理企业必须按照国家财务会计核算的有关规定和管理办法开展经济核算,通过对物业管理企业的经济核算,可以反映和监督企业生产经营过程的活劳动消耗、物质消耗和资金占用,而且可以准确地记录和反映物业管理企业的经营成果。具体的核算方法是根据审核后的原始凭证,设置符合规定的会计科目,填制记账凭证,登记会计账簿,编制会计报表,以货币为计量单位,连续、系统、全面地记录和核算企业的经济活动的过程和结果。主要核算内容有:

(一) 各项收入核算

收入的核算主要针对企业从事物业管理和其他经营活动所取得的各项收入的核算,包括:主营业务收入和其他业务收入的核算。主营业务收入包括物业管理收入、物业经营收入和物业大修收入。其他业务收入包括房屋中介代销手续费收入、材料物资销售收入、废品回收收入、商业用房经营收入及无形资产转让收入等。

(二) 各项费用的核算

费用的核算包括人工费用核算、管理费用核算、房屋维修费用核算和设备维修费用节约率核算等等。人工费用核算主要是指人均管理面积和人均费用发生额的核算,体现企业的劳动生产效率。管理费用核算主要针对管理费用降低率及管理费用计划的执行情况,体现企业成本管理情况。房屋维修费用节约率及设备维修费用节约率,这两项维修费用指房屋中修及日常的常规维修,房屋大修由专门的维修基金支付,不在此核算范围内。另外还有园林绿化费用计划执行情况、公共秩序维护费用执行情况以及其他费用支出等方面的核算。

(三) 流动资金核算

主要包括流动资金周转速度以及分项流动资金周转速度的核算。

(四) 经营成果的核算

主要包括利润的核算、各项收入成果分配的核算等。

第三节　物 业 服 务 收 费

物业服务收费，是指物业管理企业按照物业服务合同的约定，对房屋及配套的设施设备和相关场地进行维修、养护、管理，维护相关区域内的环境卫生和秩序，向业主所收取的费用。

一、物业服务收费的原则

物业服务收费应当遵循合理、公开以及费用与服务水平相适应的原则。

（一）合理、公开的原则

物业服务收费目前实行的是政府指导价和市场调节价，在收费过程中，纠纷和困难很多。要保证收费水平的合理性，物业管理企业往往要根据物业项目的房屋及其配套设施设备情况、规模大小、物业档次、业主的经济承受能力等因素进行综合测算，测定一个合理的收费标准。同时还要符合公开性的要求，符合政府部门制定的基准价及其浮动幅度，经过与业主进行协商，达成一致后，在物业服务合同中约定。

（二）与服务水平相适应的原则

物业管理企业不能收取超过所提供的服务管理水平的费用，业主也不能要求物业管理企业提供超出付费水平的服务。委托方和受托方的权利义务要对等。物业管理企业在物业服务中应当遵守国家有关价格的法律法规，严格履行物业服务合同，为业主提供质价相符的服务。

二、确定物业服务收费项目和标准

物业服务收费项目由政府价格主管部门会同同级房地产行政主管部门负责制定；收费标准则根据不同的物业管理服务水平，制订不同的收费标准，实现公平竞争，按质论价。目前收费标准的确定有以下几种途径：

（一）政府部门审定

物业管理中的最基本、最重要的收费项目和标准，是由房地产主管部门会同物价部门审定、通过颁发法规或文字予以公布实施的。物业服务收费根据不同物业的性质和特点分别实行政府指导价和市场调节价。物业服务收费实行政府指导价的，有定价权限的人民政府价格主管部门会同房地产行政主管部门根据物业管理服务等级标准等因素，制定相应的基准价及其浮动幅度，并定期公布。如开发商、物业出售者和业主等缴纳的维修基金、业主缴纳的物业服务费、建设施工单位缴纳的质量保证金等重要项目，应由房地产主管部门批准，提交物价局审定后执行。

（二）会同业主商定

物业管理是一种契约管理，是由业主委托的一种契约行为，因而有的收费标准不必由政府部门包揽，可由物业管理企业将预算、收费的项目和标准，提交业主委员会讨论、审核，经表决通过之后确定。同时，物业管理企业应及时拟订一份物业管理标准的审议会议决议，印发给每一位业主，从通过之日起按这一标准执行。具体收费标准由业主与物业管理企业根据规定的基准价和浮动幅度在物业服务合同中约定。实行市场调节价的物业服务收费，由业主与物业管理企业在物业服务合同中约定。

（三）委托双方议定

物业管理企业根据业主的委托提供物业服务合同约定以外的服务，服务收费由双方约定。对专项和特约服务的收费，如接送小孩、代订送牛奶、洗衣烫衣、代订书报杂志等项目，可由委托方与受托方双方议定。根据服务要求，不同的管理服务水平，确定不同的收费标准，由委托的住(用)户和受委托的物业管理企业双方自行商议决定。

三、物业服务收费的计费方式

业主与物业管理企业可以采取包干制或者酬金制等形式约定物业服务费用。

（一）包干制

包干制是指由业主向物业管理企业支付固定物业服务费用，盈余或者亏损均由物业管理企业享有或者承担的物业服务计费方式。实行物业服务费用包干制的，物业服务费用的构成包括物业服务成本、法定税费和物业管理企业的利润。

（二）酬金制

酬金制是指在预收的物业服务资金中按约定比例或者约定数额提取酬金支付给物业管理企业，其余全部用于物业服务合同约定的支出，结余或者不足均由业主享有或者承担的物业服务计费方式。实行物业服务费用酬金制的，预收的物业服务资金包括物业服务支出和物业管理企业的酬金。

实行物业服务费用酬金制的，预收的物业服务支出属于代管性质，为所缴纳的业主所有，物业管理企业不得将其用于物业服务合同约定以外的支出。

四、物业服务收费管理

在物业的管理过程中，及时足额地将应收缴的费用收齐，对许多物业公司来说是一项困难较大的工作，做好物业服务收费管理，对于保证物业管理企业资金运转、保证管理服务质量、强化业主的缴费意识有着十分重要的作用。

（一）及时向业主及使用权人送达收费通知

即每月末(或月初)将收费通知送达至每位业主及使用人，并由业主签收。遇有业主或使用人不在的应设法及时通知到本人，以便业主及使用人及时缴纳各项费用。

（二）向拖欠费用的业主及使用人进行费用追缴

业主应当按照物业服务合同的约定按时足额缴纳物业服务费用或者物业服务资金。业主违反物业服务合同约定逾期不缴纳服务费用或者物业服务资金的，业主委员会应当督促其限期交纳；逾期仍不缴纳的，物业管理企业可以依法追缴。如果业主未能在规定时间内缴费，物业管理企业有权收取未付款项的利息，并征收一定的滞纳金，以弥补由于追缴拖欠服务费引起的额外工作成本。在物业服务合同中应提及此内容，以便双方参照执行。

拖欠费用属于违约行为，不仅影响物业管理企业的经营，也在一定程度上影响国家有关部门的税收。因此，物业管理企业在组织收入的工作中对确有原因的可以给一个宽限期；对故意拖欠费用的情况应有相应的措施，如在签订物业服务合同前应向对方提出拖欠费用的惩罚措施；对长期拖欠费用的，物业管理企业要上门追缴；对恶意拖欠的可通过司法途径解决。

（三）提高服务费收缴率

物业管理企业只有提供了相应的物业管理服务才能收取相应的费用。在日常管理服务过程中，物业管理企业要尽职尽责、管理到位，在提高服务水平上做文章，让业主真正感受到物业服务的好处，使业主离不开物业管理，就能够促进业主“花钱买服务意识”的提高，促使业主自觉地缴纳服务费。另一方面，还应该将服务费收缴率与管理人员的业绩挂钩，将提高服务质量、采取有效的收费措施、收费结果与管理人员的业绩考核联系起来，增强每一位管理人员的服务意识，从管理服务上要效益。

复习思考题

1. 物业管理企业如何进行资金筹措？
2. 物业管理企业费用支出有哪些项目？
3. 物业管理企业如何进行费用控制？
4. 物业服务收费的计费方式有哪些？

第十一章　物业管理中的安全工作

第一节　安　全　防　范

安全防范是为维护物业正常的工作、生活秩序而进行的一项专门性的管理与服务工作，包括建筑物内外的安全、保卫以及对各种突发事件的预防与处理；同时还可以延伸为排除各种干扰，保持物业区域的安静等等。

一、安全防范中可能发生的事故

（一）意外灾害

（1）火灾

物业使用过程中发生火灾的可能性相对来说，比其他的灾害大些，应放在首位。

（2）爆炸。

（3）电路意外事故。

（4）液体燃料或有害、有毒液体泄漏。

（5）有毒、有害气体泄漏。

（6）建筑物结构意外事故。

（7）高空坠物。

包括建筑自身质量问题、装修影响了整体结构以及地震等自然灾害的破坏等。

以上这些事故，住宅和其他类型的物业发生的可能性都有，但相对来说非住宅物业发生的机会更多些。

（二）人为破坏治安秩序

人为破坏治安秩序主要是指故意犯罪，在物业中常见到的犯罪形式主要有以下几种：

（1）抢劫

1）办公室或住宅抢劫；

2）电梯内抢劫；

3）商店抢劫。

（2）盗窃

（3）计算机犯罪

计算机犯罪是一种新的犯罪形式，主要通过对计算机存贮信息的干扰，达到犯罪的目的。

二、保安措施

针对物业管理中经常遇到的一些意外事故和扰乱公共秩序现象，应采用积极的保安措施设法预防。

（一）公安人员派驻

属国家所有的或对外影响较大的大型的非住宅物业和规模很大的住宅小区，可由常驻的公安派出机构来维持治安。

（二）专业保安人员服务

这是采用最多的一种保安措施，各种类型的物业管理都可雇佣保安服务公司维持治安，目前社会上已有这种类型服务公司，这是物业管理社会化的一种措施。

（三）保安设施配置

随着科学技术的发展，许多先进的保安装置问世，现已陆续应用于物业管理的保安服务中。

1. 报警装置

可以用于防盗、防火，在发现有人行窃时可以立即报警，通知保安人员捕捉；或在发生意外事故时报警，通知有关人员采取措施及时制止灾情，并可使事故现场的人员及时撤离。现在报警器有许多种，如：红外线报警器、自动报警器、玻璃门窗报警器以及安全撤离系统等。

2. 门户密码开启装置

（1）密码钥匙

这是一种特殊的装置，它不仅是靠钥匙的形状不同打开锁，而主要是靠密码的差异来区分每把钥匙所能打开的锁。而且这种锁还有记忆功能，它能记录下来开锁的时间和持有钥匙的人。

（2）安全卡

安全卡实际上也是一种钥匙，它是一种磁卡的形式，它的作用与密码钥匙相同，而且更难以仿造。

（3）远距离控制门锁

它适用于高层或多层住宅，有客人来访时，他可以接通拟拜访的住户。当住户与来访通过对讲装置或电视监视器确认可以放行时，住户在自己家内即可打开楼门让来访者进入。

3. 安装计算机电缆

为了防止计算机信息泄漏或被干扰，一些物业项目在建造时已将电缆预埋于建筑物之中，这样避免计算机犯罪事件发生，保护了用户的利益。

4. 安装闭路电视监视器

在主要入口处、贵重财产存放处及容易发生事故的区域，安装电视监视器，发现异常及时采取措施。

（四）制定安全管理规章制度

制定有关治安管理的各项规章制度，约束和管理用户，同时对管理人员提出严格的要求，共同搞好治安防范工作。中华人民共和国国务院令第379号《物业管理条例》第四十七条规定："物业管理企业应当协助做好物业管理区域内的安全防范工作。发生安全事故时，物业管理企业在采取应急措施的同时，应当及时向有关行政管理部门报告，协助做好救助工作。"在治安管理方面，物业管理企业可以制定固定岗与巡逻制度、交接班制度、保安人员岗位责任制等等。例如，保安人员岗位责任制一般包括：

（1）熟悉业主、使用人和工作单位的基本情况和联系电话。有义务为其资料保密，不予外泄；

（2）掌握所管物业的各种保安设施的操作；

(3) 与业主、使用人保持联系,经常交换意见;

(4) 掌握暂住外籍人员的基本情况;

(5) 值班人员交接时,做好交班记录,以备核查;

(6) 有礼貌地询问来访者,做好查验证件和登记工作;

(7) 不定时在所管物业内巡逻,做好穿插检查,发现可疑的人或事故隐患,立即采取措施;

(8) 详细记录各有关政府部门电话,以便需要时寻求协助;

(9) 若发生犯罪案件,应立即报案并保护现场,协助公安人员调查;

(10) 对新员工上岗前应进行岗位培训和安全教育。

第二节 消 防 管 理

如前所述,在物业管理工作中最常见的意外事故就是火灾,给住(用)户的生命和财产带来最大危害的也是火灾。防火、灭火是物业管理工作中一项重要的工作,应把它放在首位。

一、宣传教育

消防工作应该"以防为主,宣传先行"。火灾发生的原因固然很多,但主要有两大类,即:物质因素和精神因素。而某些物质条件的防火缺陷,仍与人的消防意识和社会责任感有关。因此,消防宣传是防火灭火的根本性的长期工作。通过消防宣传可以增强管理人员和住(用)户的社会责任感,普及消防知识。

(一) 消防宣传的形式

1. 消防轮训

高层楼宇的危险性大,因此要对管理人员和住(用)户进行轮训,讲解消防常识,并进行必要的防火、灭火和疏散的训练。普通的物业要对全体管理人员进行这方面的训练。

2. 利用标语进行宣传

在楼宇内挂一些标语牌,如:"严禁烟火"、"注意火灾"等。

3. 开展消防知识竞赛

开展社区文化生活和企业文化生活都是物业管理工作组成部分,可以搞一些消防知识竞赛,既可以丰富了住(用)户的文化生活又可以起到宣传的作用。

4. 板报

在所管物业区域内可以搞一些板报进行宣传。

5. 发放消防须知

让住(用)户了解自己在消防工作中所应承担的义务,以及发生火灾时应采取的措施。

(二) 消防宣传的内容

1. 宣传消防工作的原则

根据我国消防工作经验,基本上总结制定出了"谁主管,谁负责"的原则。这个原则是落实各项防火责任制,实现消防管理社会化的有效途径。物业管理企业既然是整个物业的管理者,就应对其消防工作负责。要把这条原则植根于每个管理人员脑中。

2. 宣传消防法规

要对全体管理人员和住(用)户宣传消防法规,要让大家都知道该做什么,不该做什么,违反了会有什么后果,从而自觉遵守消防法规。

与物业管理有关的消防法规主要有:《中华人民共和国消防条例》和《实施细则》,以及《建筑设计防火规范》等。

3. 消防知识

(1) 燃烧知识

燃烧的三个基本条件为:可燃物、助燃物、火源等。

(2) 电气防火知识

(3) 化学危险物品知识

(4) 建筑防火知识

(5) 灭火知识

火灾初起如何扑灭,灭火器存放的位置以及怎么使用灭火器等。

(6) 紧急疏散知识

不同位置的住(用)户在疏散时安全通道的使用,如何有秩序地疏散等等。

(7) 火警发生时如何通知消防队员。

二、建立自防自救组织

(一) 建立义务消防队

义务消防队是群众性的基层消防组织,是我国消防力量中的一个重要组成部分,它由企事业单位在职职工和街道居民组成。物业管理企业可以组织住(用)户成立义务消防队。

1. 义务消防队的组织、建立基本原则

(1) 人数

对于非住宅物业义务消防队的人数一般不少于职工人数的10%。

(2) 队员条件

力求精干,应选热心消防事业,身体健康的中青年职工或物业使用人,每年应进行调整和补充。

(3) 组织

义务消防队应设正、副队长、指导员,他们应由具有一定的组织能力,熟悉消防基本常识的保卫部门的人员担任,义务消防队应由所在单位的行政、安全部门组织领导并应接受当地公安派出所的指导。

(4) 业务指导

义务消防队应接受公安消防部门的业务指导。

2. 义务消防队的基本任务

(1) 熟悉本单位和该物业的火灾危险性,熟悉运用配置的各种消防器材,掌握扑灭初起火灾的方法、措施;

(2) 认真执行本单位和物业内的各项消防安全制度,并负责督促其他群众共同遵守各项安全制度,积极主动宣传消防常识;

(3) 参加消防检查和整改火灾隐患的活动;

(4) 保养消防器材;

(5) 一旦发现火灾,及时扑灭和报警,向公安消防队指挥员提供火场情况,配合公安消防队疏散人员和物资,配合灭火。火灾扑灭后,保护现场,协助调查事故原因。

(二) 建立专职消防队

物业管理企业所管理的物业如果离公安消防队较远，可组建专职消防队。

1. 专职消防队的职责

(1) 在物业管理企业内防火负责人的指导下，组织物业的防火工作和火灾扑救工作；

(2) 拟定所管物业的消防计划，制定重点部位防火措施和灭火预案，当好公司经理的消防安全参谋；

(3) 对物业公司职工进行消防安全教育和消防培训；

(4) 训练义务消防队；

(5) 了解所管物业内各单位经营情况，对经营易燃品的企业提出消防措施；

(6) 积极参加地区消防联防活动。

2. 专职消防队的基本任务

(1) 参加执勤备战、灭火战斗、义务训练和物业管理企业的防火工作；

(2) 熟悉所管物业平面布置、建筑结构、楼宇通道、水源设施、消防器材装备和火灾特点，定期举办灭火实地演习；

(3) 协助公安消防队灭火和火灾后的调查。

(三) 消防训练

对专兼职消防队都要进行消防训练，并模拟火灾事故现场进行灭火、抢救伤员、抢救财产训练。演习时，组织其他人评议，提高每个人的消防意识。

三、消防自动报警

消防自动报警系统是用于探测初期火灾并发出报警，继而采取相应措施的系统，如：疏散人员、呼叫消防队、启动灭火系统、操作防火门、防火卷帘、防烟排烟机等等。自动报警系统有三种基本形式：

(一) 区域报警系统

由火灾探测器、手动火灾报警按钮及区域火灾报警控制器组成，用于小范围的保护，其构成见图 11-1。

(二) 集中报警系统

由火灾探测器、手动火灾报警按钮、区域火灾报警控制和集中火灾报警控制器组成，适用于较大范围内多个区域的保护，系统构成见图 11-2。

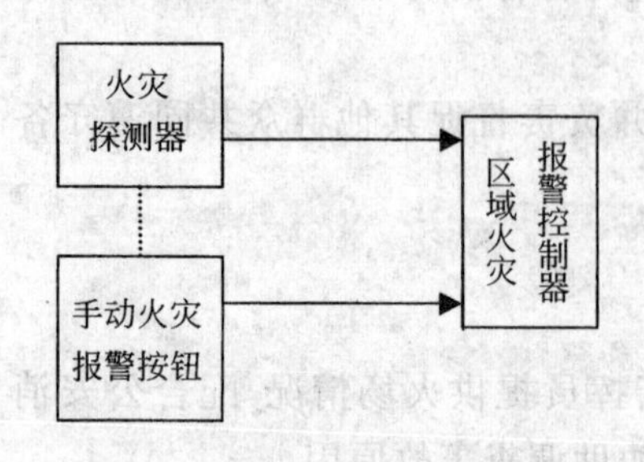

图 11-1 区域报警系统的构成

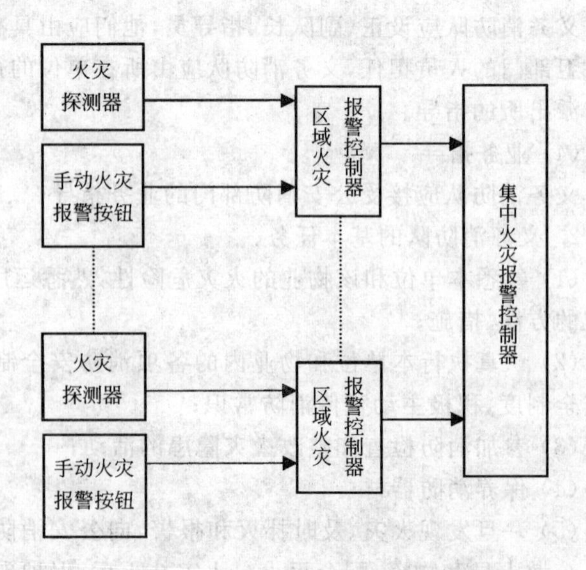

图 11-2 集中报警系统的构成

（三）控制中心报警系统

、由火灾探测器、手动火灾报警按钮、区域火灾报警控制器和消防控制设备等组成。适用于大型建筑的保护，系统容量大，能完成较复杂的输出控制程序，消防设施控制功能较全，系统构成见图 11-3。

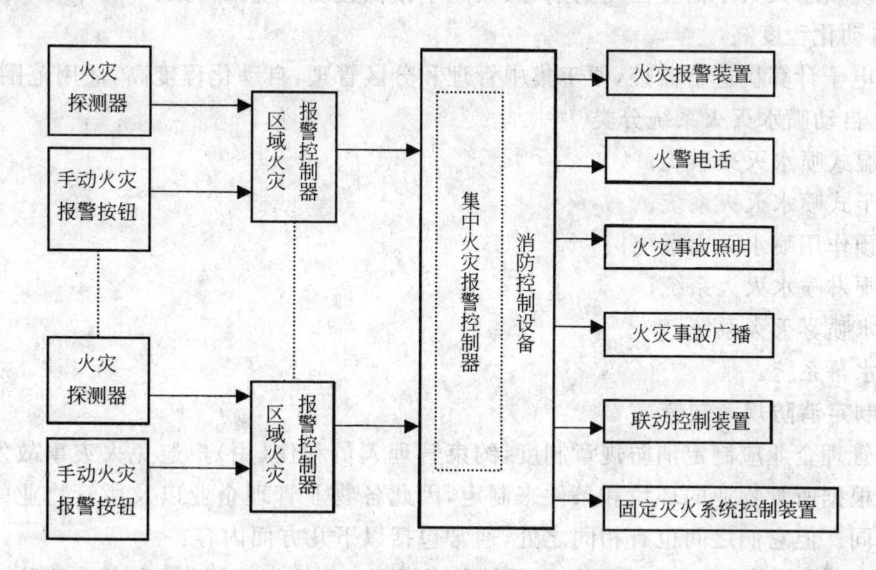

图 11-3　控制中心报警系统的构成

四、消防器材和装置

在所管物业区域内应常备一些消防器材，有些楼宇还应安置一些消防装置。有专职消防队的物业管理企业还应备有消防车和其他消防设施。

（一）消防栓

高层楼宇和商贸楼宇在设计建造时一般都在关键部位安置消防栓，遇有险情可及时扑救。

（二）灭火器

灭火器是一种比较方便、容易操作的灭火器材。火灾初起时，完全有可能用灭火器控制火势，因此楼宇内外都要安放一些。常用的灭火器主要有两种，即：泡沫灭火器和干粉灭火器，可根据火灾情况选用。

（三）自动喷水灭火系统

自动喷水灭火系统在我国尚未得到普遍应用，但一些高档公寓、别墅、酒店以及商贸楼宇都已安装了这种装置。

自动喷水灭火系统是按照适当的间距和高度装置一定数量喷头的供水灭火系统，它主要由喷头、阀门报警控制装置和管道附件等组成。

（四）自动喷水灭火系统的优点

1. 安全可靠

控制灭火的成功率高，据报道可达 96.2%～99.6%。

2. 结构简单

自动喷水灭火系统本身不复杂，成本也比较低，维修养护方便。

3. 使用时间较长

自动喷水灭火系统比较耐用，只要注意养护，一般可保持几十年完好无损，启动灵活。

4. 灭火成本低

因系统喷水灭火不需要任何药剂，灭火成本很低且对环境无污染。

5. 自动化程度高

可用电子计算机进行监控，便于集中管理和分区管理，自动化程度高，适用范围宽。

（五）自动喷水灭火系统分类

(1) 湿式喷水灭火系统；

(2) 干式喷水灭火系统；

(3) 预作用喷水灭火系统；

(4) 雨淋喷水灭火系统；

(5) 水喷雾灭火系统；

(6) 水幕系统。

五、制定消防规章制度

物业管理企业应制定消防规章制度，约束管理人员和住（用）户避免火灾事故发生。规章制度可根据所管物业的环境和条件来制定，因此各物业管理企业以及所管物业的消防制度不尽相同。但它们之间也有相同之处，通常包括以下几方面内容：

(1) 认真贯彻执行《中华人民共和国消防条例》、《条例实施细则》和有关消防法规及上级有关消防工作部署。

(2) 协助商贸楼宇内各部门制定逐级防火责任制，并检查、督促、落实。

(3) 对所管物业区域内的消防安全，实施监督、检查、协调，指导督促和整改。

(4) 进行消防安全宣传教育，每季度组织联合安全大检查，推动开展“自检自改”。

(5) 办理易燃、易爆物品准运手续。

(6) 组织消防演练及培训，每日检查消防设施及消防通道，发现问题及时解决。

(7) 负责消防安全管理委员会办公室的日常工作，定期组织物业全体人员开展消防活动。

(8) 完成上级领导交办的各项工作任务。

第三节　紧　急　疏　散

在物业管理工作中尽可能杜绝事故隐患，不让事故发生，但万一没能做好预防工作发生意外事故，而又无法制止和控制险情，就应立即组织疏散。

一、意外事故的发生

在物业管理服务过程中，物业管理企业及其所管物业的人力、物力、资源、信息等基本要素，由于遭受某种无法预测的灾难性事件，面对即将造成人、财、物重大损害的紧急情况，要求立即进行救助的都属于意外事故的范围。

（一）可能发生的意外事故

(1) 火灾；

(2) 爆炸；

(3) 电路发生意外事故；

(4) 汽油、其他液体燃料或有毒液体泄漏；

(5) 有毒、有害气体泄漏；

(6) 地震、洪水、台风等自然灾害；

(7) 建筑物结构意外事故。

意外事故除了毁坏财产、影响建筑物和设备之外，更严重的问题是威胁人的生命。因此，作为物业管理者，应探讨在事故出现时如何组织疏散，避免人员伤亡。

(二) 危及人员生命的原因

1. 毒热气体熏倒

在化学药品失火的现场上，人员伤亡的重要原因是因毒热气体把人熏倒，然后被火烧伤或中毒身亡。商贸楼宇中各单位经营范围较宽，不能排除一些商品容易燃烧，而且在燃烧中释放有毒气体。因此发生事故时要尽快疏散，即使普通的火灾也会在可燃物燃烧时释放大量一氧化碳，当浓度过大时，可使人中毒身亡。

2. 缺氧

火灾中由于烈火燃烧需要氧气助燃，造成急剧缺氧，很容易使人窒息。在火灾现场伤亡人员中，大部分是因缺氧所致。

3. 电击

现代建筑物中到处都是电器设备，使用不当或电器损坏都容易触电伤人。另外发生事故也容易破坏电器设备，使灾情扩大造成疏散困难。

4. 灼伤

火灾时烈火烧灼造成严重烧伤。

二、意外事故所具有的特性

了解意外事故的特性，对于规范管理服务工作、加强应变能力、减少损失、顺利进行紧急疏散有着积极的意义。意外事故具有以下几点特性：

(一) 意外性

意外事故的发生是不能或者难以预测的，当意外事故出现时，是一种打破既有的管理服务体系运作的一种意外事件。物业管理企业要事先有所准备，当意外事故发生时，能够临危不惧，秩序井然地处理事故。

(二) 危害性

对于一些灾害类的意外事故具有巨大的危险性及危害性，事故的出现有可能使物业管理区域内的建筑物、设备设施、人的生命、身体、财产等遭受严重的损害，排除危险、防患于未然、转移风险应该是物业管理企业的首要工作。

(三) 多样性

意外事故往往呈现出多样性和变换性，要求物业管理企业的应变措施具有随机应变性和可操作性。

(四) 紧迫性

由于意外事故的出现具有突发性、紧迫性的特点，一旦不能及时采取措施，就有可能导致事件恶化、引起混乱，使业主的财产及生命受到威胁。因此要求物业管理企业迅速实行救援策略加以应对。

三、进行紧急疏散的程序

对于商贸楼宇和高层住宅更应做好紧急疏散的准备工作。高层住宅疏散线路长，住户分散不好组织。商贸楼宇功能繁多，办公、住宿、经商、餐饮、娱乐、健身应有尽有，发生事故的可能性比较大。另外，一般商贸楼宇都是许多单位共用一楼，组织疏散困难。物业管理者应根据这些情况，分析可能发生的事故及其所带来的危害。

（一）做好紧急疏散的准备工作

紧急疏散不仅是楼宇发生事故时的组织和管理问题，而且是在楼宇设计建造时就应考虑的问题。

1. 楼宇设计建造时应注意的问题

现代建筑在设计建造时对安全问题十分重视，规划管理部门也有一些具体规定，对建筑单位提出要求，为紧急情况下人员疏散提供条件。

（1）通道

通道有紧急通道和消防通道。紧急通道是楼宇内紧急情况下撤离的途径，一般商贸楼宇里都有紧急出口、安全楼梯等。消防通道是指可以使消防车辆进出的道路，这种道路要大于消防间距。

（2）防火卷帘

建筑物内的分割装置，可将开间较大的商场或展厅等用防火卷帘划分成若干区域。在事故发生时可切断火源和有毒气体，阻止灾情扩大，保证其他区域迅速撤离。

（3）消防电梯

在较大的商贸楼宇应配有消防电梯，里面装有消防设备，平时备而不用，一旦发生火灾可以协助灭火，并可将灾区人员迅速疏散。

（4）室外疏散楼梯

是一种设在建筑物外侧的楼梯，楼宇发生事故时一般不容易立即受烟火威胁。它是一种辅助性的防烟楼梯，是一种疏散设施，也是消防人员灭火的通道。

（5）疏散天桥

在距离较近的两个建筑物之间架设轻便天桥，一个建筑发生事故，人员可从另一个建筑物撤离事故现场。

（6）在建楼宇的窗口可安装固定铁环，以备绑扎自救绳，身体素质较好的人可利用绳索向下疏散。

（7）屋顶广场

有些大型建筑物出现事故的机会较多而且人员比较集中，屋顶应设疏散广场。把屋顶广场作为疏散缓冲地带，等待直升飞机救援。

2. 紧急疏散的组织工作

事故现场疏散秩序的好坏直接影响疏散的效果，疏散的组织工作相当重要。平时应培训紧急疏散的指挥者，按区域编队进行疏散演练，遇到紧急情况可以迅速撤离。

3. 检查隐患

（1）楼内用户调查

对楼宇的用户进行调查，主要调查用户的经营范围。对于经营有毒、易燃、易爆物品的用户，敦促用户对物品严加管理，且应有紧急情况处理措施。

(2) 检查设备

对楼宇内各种设备进行经常检查,排除设备隐患。同时加强对公用消防设备进行检查,以备发生事故时使用。

(3) 制定安全管理办法

制定各种安全管理规章制度,对楼内用户提出具体要求,强制用户遵照执行。

(二) 紧急疏散程序

1. 人员疏散为主

发生事故时,首先应保证人的生命安全。如果事故可以迅速制止,应尽快采取措施排除险情,这是保证人员安全的积极办法。但如果发现不能制止事故扩大,则应尽快组织人员疏散。

2. 转移危险品

为了避免更大灾害,事故发生时在可能的条件下尽量将危险品转移。

3. 抢救贵重财产

在人员安全有保证的前提下,可将贵重财产运送到安全地带。

(三) 安装监测系统

现在有些商贸楼宇安装了自动监测系统,一旦发生紧急情况系统立即报警,并能通知指挥者,组织人员撤离事故现场。如前所述的火灾自动报警系统。

复习思考题

1. 为做好物业管理中的治安防范工作,可以采取哪些保安措施?
2. 怎样做好消防管理工作?
3. 进行紧急疏散的程序有哪些?

第十二章　物业管理中的投诉与处理

第一节　物业管理中的各种纠纷

物业管理企业所管理和服务的对象是物业及物业的业主，而且是融管理和服务为一体。在物业管理活动中，物业管理企业与业主之间出现一些矛盾是必然的，并且会发生一些纠纷。另外，异产毗连房屋的产权人之间、使用权人之间及产权人与使用权人之间在物业的使用、维修、管理过程中也会发生一些纠纷，发生这些纠纷的主要原因是由于物业管理的内容多、数量大，涉及到物业管理主体之间的利益，再加上相应的物业管理法律、法规尚不健全，许多人对物业管理的模式还比较陌生，观念还有待于进一步转变，物业管理行为尚不规范，因而在物业管理中出现一些纠纷在所难免。物业管理纠纷主要表现在以下几个方面：

一、前期物业管理纠纷

新建房屋的建造方或委托方是否承担物业的保修期限和保修范围的责任纠纷；前期物业管理费用承担的纠纷等等。

二、物业使用中的纠纷

业主、使用人是否遵守法律、法规，是否合理、安全地使用物业的纠纷；业主、使用人是否有法律、法规规定物业使用中的禁止行为（如损坏房屋的承重结构、破坏房屋的外貌、占用损坏房屋共用部位、共用设施设备或移装共用设施设备）的纠纷；业主、使用人房屋装修时的纠纷等等。

三、修缮房屋造成的纠纷

（一）共有部位和公共设施修缮不及时

房屋的共有部位和附属公共设备，应由物业管理企业负责修缮和养护。当故障发生后，如物业管理企业未能及时修缮，又没有适当的理由解释，必然会引起产权人和使用人不满而发生纠纷。特别是当修缮不及时引起了不良后果时，还会出现追究责任及索赔等问题。

（二）房屋损坏危及他人利益

相邻房屋中，因个别房屋或设施损坏，影响他人使用以及维修不及时造成纠纷。如：楼上厕所地面损坏致使污水渗漏到楼下，因未能及时维修影响他人正常生活而发生纠纷。

（三）修缮扰民问题

修缮施工与开发建设施工不同，修缮施工是在使用中进行的，在施工中，可能会影响用户工作和生活，造成一些纠纷。如：机器震动的噪声、电焊的弧光以及施工人员喧闹声等等。

四、物业管理服务时所发生的纠纷

《物业管理委托合同》中所约定的有关条款，物业管理企业是否履行或完全履行其职责的纠纷；物业管理企业对物业管理服务费的收取是否合理、规范的纠纷等等。

五、物业管理企业与专业服务部门之间的纠纷

有关小区环卫管理服务的职责和费用的纠纷；小区供水、供电、供热、供气设施管理职责

的纠纷等等。

六、物业租赁纠纷

对房屋租赁合同约定的有关条款是否履行的纠纷；房屋转租或转借的纠纷等等。

七、邻里纠纷

这里所说的邻里纠纷主要是指房屋使用过程中的邻里纠纷，而不涉及其他关系处理不当引起的纠纷。

（一）共有部位的使用问题

在异产毗连房屋管理过程中，都存在着公共部位的使用纠纷。共有部位是多个产权人共有财产，无法分割界定归属。任何一个产权人过多占用，都会引起其他产权人异议而造成纠纷。

（二）损害他人利益

在物业使用过程中，侵占他人的部位或妨碍他人正常生活等行为，也容易引起纠纷。如：装修共用墙体时可能会发出一些噪声，影响他人休息。

八、物业管理公司与产权人及使用人之间的纠纷

（一）管理不规范

1. 管理和服务未能达到标准

物业管理合同签订之前，应就物业管理服务标准进行充分讨论，在合同履行过程中，再去付诸实施。但有时物业管理企业往往不能达到拟定的标准，引起产权人和使用人的不满。

2. 管理者账目不清

业主或使用人在交纳物业费得到相应服务的同时，他们对资金的使用情况也十分关注。若物业管理者的账目不清时，肯定会受到业主或使用人的质疑，产生一些纠纷。

（二）产权人和使用人不服从管理

1. 无故拖欠或拒缴各种收费

业主或使用人缴纳物业管理服务费是应尽的义务，但有时个别用户往往拖欠不缴；有些业主停放机动车而不缴纳场地占用费等，使物业管理企业与用户间发生矛盾。

2. 私搭乱建

住宅小区私搭乱建是物业管理中的重要问题，必须严格控制。如不能及时进行处理，很可能造成管理者与业主或使用人之间的纠纷。

3. 改变物业结构、外观和用途

物业的所有权是相对而言的，产权人不能随意改变物业的结构、外观和用途，尤其是对异产毗连房屋更是如此。但有些产权人为了自己使用方便，擅自改变物业的结构、外观和用途，可能造成严重的后果。物业管理人员在制止和处理这些问题的过程中，也会与产权人之间产生一些纠纷。

4. 产权人或是使用人在其他方面违反管理规定

对任何类型的物业进行管理都要有一些规章制度，如：卫生清洁、安全保卫、园林绿化以及一些特殊办公楼宇的吸烟管理等都有一些规定。物业管理企业为了全体产权人和使用人的利益，在实施具体管理的过程中，也会与个别违反这些规定而又不服从管理的用户之间产生一些纠纷。

第二节　物业管理的投诉受理制度

一、物业管理投诉受理制度的建立

物业管理投诉是指业主委员会、业主和使用权人在物业管理过程中，对物业管理企业或其他物业管理部门违反物业管理有关法律、法规、委托管理合同等行为，向物业所在地行政主管部门、物业管理协会、消费者协会或物业管理企业的上级主管部门进行口头或书面的反映。

物业管理投诉受理制度是物业管理行政主管部门接受业主委员会、业主和使用人对物业管理企业违反物业管理法律法规、委托管理合同等行为投诉的受理及处理程序。

二、物业管理投诉的种类

（一）业主或使用人对其他业主或使用人的投诉

如私搭乱盖影响其他业主的正常工作、生活或物业区域整体美观，甚至违反物业管理有关条例的行为，由利益相关的业主或使用人对此行为进行投诉。

（二）业主使用人对业主委员会的投诉

如业主委员会不履行职责致使业主或使用权人的利益受到损害，而对其进行投诉。

（三）业主委员会、业主、使用权人对物业管理企业的投诉

如物业管理企业不履行物业管理服务合同中约定的有关条款，致使居住区域内的物业维护、治安、保洁服务不到位，物业管理企业乱收管理费，账目不公开等行为而产生的投诉。

（四）业主委员会、业主、使用权人对有关专业部门的投诉

如居住区内经常停水、停电；不定期清运垃圾、铺设地下管道而使小区路面不平整等情况影响业主正常生活和工作。

（五）业主委员会对业主、使用人的投诉

如业主、使用人在房屋装修时，损坏房屋承重结构或破坏房屋外貌，经业主委员会或物业管理企业劝阻无效而产生的投诉。

（六）物业管理企业对有关专业服务部门的投诉

如“统一管理、综合服务”的物业管理模式与各专业服务部门之间存在着分工不明、职责不清的矛盾，在具体矛盾出现的情况下向有关主管部门投诉。

（七）业主委员会、业主、使用人对房地产开发商的投诉

如房地产开发商建造的房屋存在严重的质量问题或配套不到位等问题，影响业主、使用人的生活和工作而产生的投诉。

（八）业主委员会、业主、使用人对物业管理主管部门的投诉

如物业所在地房地产行政主管部门或有关工作人员干扰组建业主委员会或变相指定物业管理企业等行为。

（九）其他方面的投诉

如街道监察大队或有关工作人员对物业管理区域内违反市容、环卫、环保、市政设施、绿化等城市管理的法律、法规规定的以及对违法建筑、设摊堆物、占路等行为执法不力、不能履行其职责的，要对其进行投诉。

三、解决纠纷的方式

（一）调解

调解是沿袭了街道管理的一些做法，在业主委员会里应设一至二名委员专司此职。一般的纠纷经调解可以得到解决。

问题比较严重的，业主委员会不能解决时，可到行政主管部门进行调解。请求调解时，申请人应填写纠纷调解申请表（如表 12-1 所示）。

房地产纠纷申请调解登记表 **表 12-1**

<table>
<tr><td rowspan="2">申请人</td><td>名称</td><td></td><td>地址</td><td></td></tr>
<tr><td>代表人姓名</td><td></td><td>职务</td><td></td></tr>
<tr><td rowspan="2">纠纷关系人</td><td>名称</td><td></td><td>地址</td><td></td></tr>
<tr><td>代表人姓名</td><td></td><td>职务</td><td></td></tr>
<tr><td>申请调解人的主要问题及要求</td><td colspan="4"></td></tr>
<tr><td>证人姓名</td><td colspan="2"></td><td>地址</td><td></td></tr>
<tr><td>证据</td><td colspan="4"></td></tr>
</table>

申请人签字盖章： 年 月 日

问题得到解决，双方达成协议后，再填写一份协议书（如表 12-2 所示）。

房地产纠纷调解协议书 **表 12-2**

<table>
<tr><td rowspan="2">申请人</td><td>名称</td><td></td><td>地址</td><td></td></tr>
<tr><td>代表人姓名</td><td></td><td>职务</td><td></td></tr>
<tr><td rowspan="2">纠纷关系人</td><td>名称</td><td></td><td>地址</td><td></td></tr>
<tr><td>代表人姓名</td><td></td><td>职务</td><td></td></tr>
<tr><td>达成协议的主要问题执行时间及方法</td><td colspan="4"></td></tr>
<tr><td rowspan="2">签订协议人签章</td><td colspan="4">申请人
纠纷关系人 年 月 日</td></tr>
<tr><td colspan="4">受理单位 调解人 年 月 日</td></tr>
</table>

（二）经济处罚

产权人和使用人违反“业主公约”或有关规定时，可按规定进行必要的经济处罚。如负责赔偿因违章造成的损失等。

（三）对拖欠或拒缴各种费用的处理

1. 取消或限制部分权利

当拖欠缴费超过三个月时，业主委员会有权取消拖欠者的部分权利，直到缴齐后方可恢复。取消的部分权利包括：

（1）不能出席“产权人及使用人大会”的年度大会和特别会议；

（2）不能建议召开“产权人及使用人大会”的特别会议；

（3）不能担任业主委员会委员。

2. 罚缴滞纳金

对于拖欠缴费的用户应罚缴滞纳金，因为他已影响了物业管理的正常进行。具体做法是把拖欠缴费时间分为三个档次，分别采取不同的处理方法。

（1）拖欠缴费三个月以内：除补齐缴费以外，每日按3‰缴纳滞纳金；

（2）拖欠缴费三个月以上至六个月内：除补齐缴费以外，每日按6‰缴纳滞纳金；

（3）拖欠缴费六个月以上：除补齐缴费以外，每日增加滞纳金缴费比例。

以上提出的应缴滞纳金仅供参考，各地可根据本地情况自定。

（四）依法起诉

现在大多数物业均为异产毗连房屋，按照《城市异产毗连房屋管理规定》，异产毗连房屋的所有人和使用人发生纠纷时，纠纷的任何一方均可申请房屋所在地行政管理主管部门调解，也可直接向房屋所在地人民法院起诉。

（五）其他办法

根据有些地区的经验，对违反规定和业主公约的行为，也可采取停水、停电和停气的办法纠正违约行为或追缴欠款。如果想采用这种办法，最好将有关条款写进业主公约，产权人及使用人签约认可后再付诸实施。

第三节　建立物业管理的约束机制

物业管理中的纠纷如果不能妥善解决，管理和服务势必陷入混乱状态而无法继续进行下去。想要避免或解决好这些纠纷，使物业管理有序地进行，就要建立健全约束机制。

一、国家制定有关法规

立法是使物业管理顺利进行的根本保证。目前各级政府都在抓有关物业管理的立法工作，一些与物业管理相关的法规已经或正在出台。如：国务院颁布施行的《物业管理条例》、建设部颁布施行的《房屋建筑工程质量保修办法》、《住宅室内装饰装修管理办法》、《物业管理委托合同示范文本》、《房屋接管验收标准》以及各地所制定的物业管理条例等。近年来物业管理立法进程的加快，促进了我国物业管理的快速发展。

二、物业管理机构制定的管理办法

按照国务院颁布施行的《物业管理条例》规定，物业管理企业应当按照物业服务合同的约定，提供相应的服务。根据物业服务合同，物业管理企业有权制定所接管物业的管理办法；业主大会有权制定、修改物业管理区域内物业共用部位和共用设施设备的使用、公共秩序和环境卫生的维护等方面的规章制度，经业主大会审议通过后即可施行。物业管理企业也可以编制一些《住户须知》、《用户手册》等管理手册，明确用户使用物业时的行为准则。

三、自我约束机制

住宅小区的业主和非住宅物业的客户，都希望有一个安定、舒适的生活环境和工作环境。国家立法和物业管理机构制定管理办法的最终目的，也是为了实现这一目标，从根本上说是为了产权人、使用人的整体利益。在立法和制定各项规章管理制度的同时，建立起物业业主的自我约束机制，是保证法律和规章制度得以实施的有效手段。多年来比较成功的经验是制定业主公约。

（一）业主公约的性质

业主公约是业主或使用人共同约定、共同遵守、互相制约的行为准则。业主公约是由业主承诺的，对全体业主都具有约束力。物业管理企业是企业，而不是国家执法机关。但为了产权人和使用人整体的利益，产权人和使用人通过业主公约把管理和处罚的权利交给了物业管理企业。物业管理企业可以采取一些大家共同约定的措施，对触犯产权人和使用人公共利益的人进行制裁。

（二）制定业主公约的目的

1. 补充法规

关于物业管理工作，虽然国家制定了一些法规政策，但不能包罗万象面面俱到，仅是一些原则规定。而且立法程序比较复杂，不完善之处也不能随时补充。这就需要产权人和使用人之间订立一些共同的约定，解决管理中实际问题。

2. 自治自理

物业管理工作与传统的房地产管理的区别之一，就是产权人和使用人可以参与管理。业主公约就是大家共同订立、共同遵守的行为准则，产权人和使用人既有参与制定业主公约的权利，又应承担遵守业主公约的义务。这样就形成了业主的自治自理，有利于物业管理工作的开展。

（三）业主公约的效力

1. 书面承诺或多数业主通过即可生效

《物业管理条例》规定，物业买受人在与建设单位签定物业买卖合同时，应当对遵守业主临时公约予以书面承诺。若要求每一位业主对业主公约每一条款都无异议，这是不可能实现的。一般情况下，只要多数人同意即可生效。《物业管理条例》规定，业主大会修改业主公约，必须经物业管理区域内全体业主所持投票权的 2/3 以上通过。业主大会通过后，全体业主都有遵守的义务。

2. 只约束因物权产生的客观行为

业主公约并不是法，它是为维护物业的正常使用而制订的。它只涉及因物权而产生的客观行为，而不影响主体的其他权利。

3. 业主公约可以有罚则

对于违反规定和拒绝缴费的行为，可以采取一些经济处罚等办法。

（四）业主公约的主要内容

《物业管理条例》规定，业主公约应当对有关物业的使用、维护、管理，业主的共同利益，业主应当履行的义务，违反公约应当承担的责任等等事项依法作出约定。各地政府应制定业主公约示范文本，在此基础上，业主大会或物业管理企业可根据具体情况适当修正，但主要内容基本一致。业主公约大致包括以下几个方面：

(1) 遵守物业管理法规、规章和规范性文件的规定；

(2) 支持、配合业主委员会的工作，执行遵守业主委员会通过的各项决议和有关规定；

(3) 支持、配合物业管理企业的各项管理服务活动，遵守各项物业管理制度；

(4) 在物业的维护使用、安全防范意识、精神文明建设等方面的规定和要求；

(5) 有关房屋使用方面的规定；

(6) 有关业主装修房屋应当遵守的规则；

(7) 在使用物业过程中，法律、法规和规章禁止的行为。

第四节 违 约 责 任

上述所讨论的问题，主要涉及的是产权人与使用人同业主委员会之间的纠纷以及用户之间的纠纷。这一节主要探讨业主委员会与物业管理企业之间的纠纷。物业管理企业与业主委员会之间所签订的物业服务合同，其中包括违约责任的追究办法。

一、什么是违约责任

违约责任是指经济合同当事人由于自己的过错，没有履行或没有全面履行应承担的义务，按照法律和合同的规定应该承担的法律责任。物业服务合同是经济合同的一种，物业管理企业和业主委员会任何一方如果不能履行或完全履行合同，都应承担责任。如物业管理企业未能达到合同规定的标准；业主委员会未能按合同规定提供必要的条件；尤其是首次选聘物业管理企业，房地产开发企业未能按政府规定和合同的规定提供物业管理用房等，都是未能履行合同。

二、承担违约责任的条件

从前面介绍的违约责任的定义可以知道，所谓违约，是指因当事人的过错而造成的不履行或不完全履行合同的行为。也就是说，无论是业主委员会还是物业管理企业，必须是因过错而产生违约行为，才能确认要承担违约责任。因此，产生违约责任的条件有两项，不履行合同和当事人有过错。

(一) 不履行合同的行为

这是签订合同的双方当事人承担违约责任的客观条件。当合同依法成立之后，发生了当事人不履行或不完全履行合同的行为，才能考虑认定违约。因此，在签订合同之前要充分进行可行性的探讨，勿使违约行为发生。

(二) 当事人有过错

这是当事人承担违约责任的主要条件。当违约行为发生时，当事人主观上确有过错，才能确定违约责任。当事人的过错，有两种情况：

1. 故意

故意是指当事人明知自己的某种行为可能发生不良后果，而希望或放任这种结果发生。

如：在公共设施养护时，发现了某保安设施有故障且知道可能会发生事故，但仍未及时修复，结果在保安设施未能达到合同规定标准的情况下，发生失盗事故。

2. 过失

当事人应当预见自己的某种行为可能给合同履行造成不良后果，由于疏忽大意而未能预见；或虽预见到不良后果，但轻信这种后果可以避免而未采取应有的措施，以致造成合同的不履行或不完全履行。在物业管理过程中，这种行为发生的可能性较大。如：在房屋或设施养护时发现了某些事故隐患，预计可能发生事故，但在某种侥幸心理的支配下而未及时修复，以致造成事故发生或设备不能正常使用。

三、承担违约责任的方式

无论是过失还是故意造成未履行合同，有关当事人都要承担违约责任，按《合同法》规定，当事人一方不履行合同义务或者履行合同义务不符合规定的，应当承担继续履行、采取补救措施或者赔偿损失等违约责任。一般情况下，当事人可以约定一方违约时应当向对方支付一定数额的违约金或赔偿金。

（一）违约金

违约金是指违约方按照法律规定和合同的约定，应该付给对方的一定数量的货币。这是违约方承担违约责任的法定方式之一，是目前普遍采用的方法。违约金是对违约方的一种经济制裁，具有惩罚性和补偿性，但主要体现惩罚性。只要当事人有违约行为且在主观上有过错，无论是否给对方造成损失，都要支付违约金。违约金的设置，主要是为了用经济制裁的手段督促合同双方严格信守合同条款和履行合同义务。在物业管理过程中，物业管理企业不履行合同行为表现得较为明显，用户反映也比较强烈；而业主委员会在某些方面未履行合同则较少直接表现在用户的面前。如：某些费用未能及时付给物业管理企业，短时间内未给物业带来明显的损失，但肯定会使物业管理企业资金周转不灵而直接影响物业管理整体工作。用违约金制裁业主委员会，可能会起到防止这类事情发生的作用。

（二）赔偿金

赔偿金是违约方的违约行为给对方造成损害事实时，单纯处罚违约金仍不足以补偿其经济损失，则应由违约方付给对方一定数额的损失补偿费。这是承担违约责任的法定方式。但用这种方式让违约方承担违约责任，必须具备四个条件：

（1）当事人有违约行为；

（2）当事人主观上有过错；

（3）当事人的违约行为给对方造成损害事实；

（4）当事人的违约行为与对方的损害事实之间有因果关系。

例如有些保洁服务未能达到标准和某些业主生病，两者之间未必有因果关系，不能据此处罚赔偿金。但因卫生服务太差而造成蚊蝇孳生，环境恶劣，致使用户生病，经鉴定确实有因果关系时，应当处罚赔偿金。

四、违约责任的免除

由于不可抗力造成合同不能履行或不能完全履行的，可以不承担违约责任。不可抗力是指当事人无法预见、无法控制、无法避免的自然灾害和社会动乱等。如：地震造成物业损坏，不能追究物业管理企业失职。

复习思考题

1. 物业管理投诉主要表现在哪些方面？如何通过管理和服务去减少投诉？
2. 解决纠纷的方式有哪些？
3. 从哪些方面建立物业管理的约束机制？
4. 什么是违约责任？承担违约责任有什么条件？

第十三章　物业管理与保险

第一节　物业管理与保险的关系

保险是因为自然灾害和意外事故的存在而产生的。在物业管理过程中，所管物业难免会受到自然灾害的影响或意外事故的破坏，在物业中生活和工作的人也难免发生不测。因此，应充分利用保险，减少损失，在意外事故发生后能尽快恢复正常生产和生活。

一、物业管理中自然灾害和意外事故

（一）自然灾害的影响

1. 对物业和其他财产的破坏

风、雨、雪、电、冰、雹对物业都有不同程度的破坏，最严重的自然灾害是水、火和地震等。这些自然灾害可以造成人员伤亡和财产损失，甚至物业灭失。

2. 对人的伤害

在物业中工作和生活的人，既有可能受到自然灾害的直接伤害，也有可能受到间接伤害。这里所说的间接伤害，是指物业的破坏导致人的伤害。如：房屋倒塌伤人，建筑构件坠落伤人等。

（二）设备故障

物业中有大量各种类型的设备，在使用、维修和保养过程中都有发生意外的可能。这些意外都会造成不同程度的财产损失和人员伤害。

（三）管理人员工作中的意外事故

物业管理人员在日常工作中也有发生意外事故的危险，有可能伤害自身或他人。如：修缮房屋时，从高空坠落摔伤自己或砸伤别人。

二、保险在物业管理中的作用

（一）减少损失

物业是非常贵重的财产，即使在一些发达的国家，平均每人一生中只能拥有一幢物业。在蒙受灾害的物业遭到破坏时，如果已投保可以很快得到补偿，迅速地恢复正常的生产和生活，能够最大限度地减少损失。

（二）有利于保证财产安全

保险人和被保险人的根本利益是一致的，对于保护财产安全有共同的愿望。保险人因业务需要掌握大量的资料，有防范事故发生的经验，可以指导被保险人消除不安全因素，提高财产安全系数。

（三）社会互助风险分担

被保险人在投保过程中，所蒙受的损失可转移给保险公司，而保险公司转嫁给未得到保金回报的被保险人。这样可以使受损失的被保险人得到社会化的帮助，大家共同承担风险，最大限度地减少了损失，使社会更加安定。

（四）有利于物业管理

物业管理企业负责管理着业主和使用人的物业，一旦蒙受灾难，物业管理企业根本无力赔偿。情况严重时可以导致物业管理企业破产，物业管理工作无法继续进行。投保后，一方面保险公司协助管理，使意外事故发生机会减少；另一方面偶有意外也可及时补救，有利于物业管理工作的持续进行。

三、物业管理中的保险服务

物业管理要做到全方位服务，只要是用户需要，物业管理企业有可能提供的服务都要提供。在物业中生活和工作的用户，都需要上一些财产保险和人身保险。物业管理企业也可以作为一种特约服务，替用户到保险公司投保，既方便用户也可以收取少量的服务费。

保险是利国利民的好事，物业管理企业也可以主动宣传，上门服务做好代客投保事宜。另外，大批客户主动投保在一定程度上可以减少保险公司成本，可以争取少收一些费用，则更能吸引投保客户。但需要注意有关规定，我国《保险法》规定，保险代理需向有关部门注册。因此，物业管理企业在代客投保服务之前，要先办理保险代理资质审批手续。

第二节　与物业管理相关的险种

我国保险险种名目繁多，最常见的与物业管理相关或有可能由物业管理企业代办的保险险种，大致有以下几种类型：

一、财产保险

（一）房屋保险

土地不能投保。在物业管理中主要是非公产房屋保险，住宅、办公楼、商业场所、工业物业都需要这个险种。物业管理企业应对共有部位和公用设施投保，还可以替产权人为其拥有的房屋投保。

（二）普通财产保险

普通财产保险是以存放一固定地点的多种财产为保险标的的一种保险。

1. 企业财产保险

与物业管理有关的企业财产保险有两种情况，一种是物业管理企业自有财产保险，另一种是为所管物业中的各个企业代办保险。

2. 家庭财产保险

家庭财产保险主要是承担城乡居民因其所有的财产受灾而造成的损失。家庭财产保险主要与住宅小区的产权人及使用人有关，物业管理企业可为自己所服务的产权人及使用人代办。

（三）运输工具保险

运输工具保险主要承保多种运输工具在停放和使用中的意外损失。与物业管理关系最密切的运输工具是车辆，在物业管理项目中，物业管理企业一般都对车辆的保管负有责任。常见的车辆保险有两种：自行车保险和汽车保险。除物业管理企业作为车辆的保管者需要投保以外，还可以替小区住户和所管物业的用户代理保险，对于汽车保险还应包括第三者造成的伤害的补偿。

二、人身保险

人身保险是以人的生命和身体为保险标的的保险。无论是物业管理还是生活和工作中在物业项目中的人都有投保可能。人身保险主要包括以下几个险种：

（一）人寿保险

1. 团体人寿保险

适用于单位集体投保，物业管理企业及在办公楼宇、商业场所的单位均可投保。

2. 养老保险

养老保险的设立，主要是使在职职工退休后生活有所保障。职工在退休前，定期向保险公司缴纳保险费，退休后可以按月得到一笔退休养老金。

（二）意外伤害保险

伤害是指由于各种外因所致的伤害，而不是由于疾病所致伤害。一般是指由于器械对器官的作用而引起解剖学上的器官不完整或机能的破坏，才能算做伤害。所谓意外伤害应该具备非本意的、外来的和突然的等三个基本条件。为了准确地界定是否为意外伤害，通常保险公司采取了列举的办法，把意外伤害事件的种类统定为：爆炸、倒塌、烫伤、碰撞、雷击、触电、扭伤、中暑、窒息、淹溺、坠跌、急性中毒、被人兽袭击、车船飞机失事以及操作机器时发生的工伤事件等。

倒塌、坠跌和工伤在物业管理中发生的可能性较大，用户对于列举的其他各项伤害都有发生的可能。因此，物业管理企业可以为自己的职工或用户办理保险。

（三）医疗保险

又称疾病保险或健康保险，指被保险人支出医疗费用时，按照保单的规定由保险人给付保险金的一种险种。它可使被保险人在患病时得到及时的治疗。

三、物业管理责任保险

《物业管理责任保险条款》在 2000 年 9 月 8 日由中国保险监督管理委员会核准备案后推出的险种，凡是在工商行政管理部门登记注册，取得合法资格的物业管理者，均可作为被保险人。

物业管理公众责任保险是专门为物业管理行业推荐的险种，其目的在于转嫁经营过程中由于疏忽或过失而发生的意外事故造成业主的损失或产生的费用，依法应由物业公司承担的经济赔偿责任，由保险公司负责赔偿。目前与物业管理相关的保险大致有以下几种：

（一）物业管理基本责任保险

物业管理基本责任保险适用于所有物业管理项目，主要保障物业管理企业管理范围内的物业管理项目，因物业管理企业在管理上的疏忽或过失而发生意外事故造成的损失或费用，依法应由物业管理企业承担的经济赔偿责任，保险公司负责赔偿。基本责任保险保障的只是物业管理项目中最普通的公共区域内的人身伤害，以及最普通的财产损失。

（二）物业管理附加责任保险

物业管理基本责任保险中责任免除范围内不保的项目，均可由附加责任保险提供保障。例如在对电梯、游泳池、锅炉、广告牌等进行管理过程中所发生的管理风险进行保险。

（三）附加停车场机动车辆盗窃、抢劫责任险

附加停车场机动车辆盗窃、抢劫责任险扩展承保停放在被保险人管理物业范围内的停车场中的机动车辆，因被保险人管理上的疏忽或者过失造成全车被盗窃、被抢劫、恶意破坏、

划伤等意外事故，经县级以上公安刑侦部门立案证实，满三个月未查明下落，依法应由被保险人承担的经济赔偿责任，保险人在附加险赔偿限额内负责赔偿。

在停车场管理中，物业管理企业可以通过采取一些有效的管理手段，来降低可能发生的风险。如果物业管理企业把防范工作做到位，管理工作做好，即使发生了丢车事件，也能把赔偿风险降至最低。

（四）公共设施设备财产损失风险

由物业管理企业进行管理或使用的公共设施设备，由于意外事故发生损失或损害，物业管理企业需要承担赔偿责任。例如建筑物、电梯、智能系统等由于自然灾害所造成的损坏，仅仅依靠物业维修基金是不够的，也需要通过保险来降低管理风险和减少损失。

（五）商业经营场所、公共场所、工业物业项目的意外事故风险

对于商业经营场所、公共场所、工作物业项目都存在着公共责任风险、财产损失风险等。

（六）物业管理企业员工意外伤害风险

物业管理企业员工担负着大量的物业及公共设施设备的管理维护工作，负责物业管理项目的安全防范、保洁、绿化工作，随时可能遇到自身的意外伤害、造成他人的意外伤害等事件发生，此类风险事故的发生，物业管理企业需要承担连带的赔偿责任。

物业管理企业面对经营风险，一方面要树立风险意识，防范和化解潜在的风险；另一方面在物业管理企业履行自身义务的同时，如果管理工作存在漏洞和失职，万一发生意外事故，可以通过物业管理责任保险，最大限度地避免因管理失职而导致承担巨大责任，从而把经营风险降到最低。

第三节　保　险　合　同

物业管理企业既然要为自己的服务对象代办保险，就应该对保险业务运作中的主要问题有所了解。特别是应该掌握有关保险合同的签订，如何分清保险责任以及怎样选择保险单等。

一、保险合同的概念

保险合同是经济合同的一种。保险合同是指投保人与保险人约定保险权利义务的协议，是制约投保人交付保险费，以换取另一方在发生灾害事故或约定事件时按照协议履行赔偿或给付的有法律效力的文件。签订保险合同，应该遵循公平互利，协商一致，自愿订立的原则，不得损害社会公共利益。

保险合同既然是经济合同的一种，它应该有经济合同所具有的特点。即：合同是双方的法律行为；经济合同是有偿的协议；经济合同必须合法；经济合同当事人必须有行为能力。但保险合同还有它自己的特点。保险合同是保障合同，这是相对于普通的交换性合同而言的，保险合同的保障性是签订合同的基本目的。保险合同是最大的诚信合同，任何合同都应以诚信为基础，但保险合同要求当事人的诚信程度甚于其他合同。

二、保险合同主体

保险合同的主体可分为当事人和关系人两大类。当事人是与保险合同直接发生关系的人，包括保险人、被保险人和投保人。关系人是指与合同发生间接关系的人，如受益人、保险代理人、保险经纪人。

（一）保险当事人

1. 保险人

保险人是指与投保人订立保险合同，并承担赔偿或者给付保险金责任的保险公司。在保险合同成立时，保险人有收取保险费的请求权利，在保险事故发生时，负有按合同规定补偿损失和给付保险金的义务。

2. 投保人

投保人是指与保险人订立保险合同，并按照保险合同负有支付保险费义务的人。投保人必须有行为能力，保险合同才能生效。

3. 被保险人

是指受保险合同保障的人，享有保险金请求权，有权按保险合同的规定向保险人取得赔款或给付的人。

（二）保险合同的关系人

1. 受益人

是指人身保险合同中由被保险人或者投保人指定的享有保险金请求权的人。

2. 保险代理人

是根据保险人的委托，向保险人收取代理手续费，并在保险人授权的范围内代为办理保险业务的单位或者个人。保险代理人是为保险人招揽和代理保险业务而赚取佣金的人。

3. 保险经纪人

保险经纪人是被保险人的代理人。保险经纪人是基于投保人的利益，为投保人与保险人订立保险合同提供中介服务，并依法收取佣金的单位。保险经纪人的法律地位与保险代理人截然不同，经纪人的权利，在被保险人授权的范围内行使，经纪人的行动不能约束保险人，可以约束被保险人。因纪纪人的疏忽或过失而使被保险人遭受损失，经纪人要负赔偿责任。

物业管理企业一般情况下是保险经纪人，他为被保险人代理。当然也不排除某保险公司雇佣物业管理企业为其代理的可能。

三、保险合同所包括的主要事项

（1）保险人名称和住所；

（2）投保人、被投保人名称和住所，以及人身保险的受益人的名称和住所；

（3）保险标的；

（4）保险责任和责任免除；

（5）保险期间和保险责任开始时间；

（6）保险价值；

（7）保险金额；

（8）保险费以及支付办法；

（9）保险金赔偿或者给付办法；

（10）违约责任和争议处理；

（11）订立合同的年、月、日。

四、合同变更

（一）合同变更的条件

(1) 在合同有效期间内；

(2) 投保人和保险人双方经协商一致同意。

(二) 变更方法

(1) 原保险单批准。保险人在原保险单或者其他保险凭证上批注或附贴批注单；

(2) 订立变更协议。由投保人和保险人订立变更的协议。

第四节 保险责任

一、保险责任

保险责任因保险险种不同而异，但险种很多不能一一列举，这里仅介绍"企业财产保险"的保险责任和"物业管理责任保险"的保险责任。

(一) "企业财产保险"的保险责任

由于下列原因造成保险财产损失，保险公司负赔偿责任：

(1) 火灾、爆炸；

(2) 雷击、暴风、龙卷风、暴雨、洪水、破坏性地震、地面突然塌陷、崖崩、突发性滑坡、雪灾、雹灾、冰凌、泥石流；

(3) 空中运行物体坠落；

(4) 被保险人自有的供电、供水、供气设备因第 2 条所列灾害或事故遭受损害，引起停电、停水、停气以致造成保险财产的直接损失；

(5) 在发生以上所列灾害或事故时，为了抢救财产或防止灾害蔓延，采取合理的、必要的措施而造成保险财产的损失；

(6) 发生保险事故时，为了减少保险财产损失，被保险人对保险财产采取施救、保护、整理措施而支出的合理费用。

(二) "物业管理责任保险"的保险责任

责任保险的本质是为被保险人的个人或法人可能对其他人所负的法律责任提供保险。因被保险人管理上的疏忽或过失而发生意外事故造成下列损失或费用，依法应由被保险人承担的经济赔偿责任，由保险人负责赔偿：

(1) 第三者人身伤亡或财产损失；

(2) 事先经保险人书面同意的诉讼费用；

(3) 保险责任事故后，被保险人为缩小或减少对第三者人身伤亡或财产损失的赔偿责任所支付必要的、合理的费用。

二、除外责任

除外责任是保险合同中所规定的保险人不打算承担的损失赔偿责任和不属于承保范围的风险和情况。

(一) "企业财产保险"的除外责任

1. 由于下列原因造成保险财产的损失保险人不负责赔偿

(1) 战争、军事行动或暴乱；

(2) 核辐射或污染；

(3) 被保险人的故意行为和违法行为。

2. 保险人对下列损失也不负责赔偿

(1) 保险财产遭受以上所列灾害或事故引起停工、停业的损失以及各种间接损失；

(2) 保险财产本身缺陷、保管不当导致的损坏，保险财产的变质、霉烂、受潮、虫咬、自然磨损以及罩棚由于暴风、暴雨造成的损失；

(3) 其他不属于保险责任范围内的损失和费用。

(二)"物业管理责任保险"的除外责任

1. 下列原因造成的损失、费用和责任，保险人不负责赔偿

(1) 被保险人及其代表的故意行为；

(2) 战争、敌对行为、军事行为、武装冲突、罢工、骚乱、暴动、盗窃、抢劫；

(3) 政府有关当局的没收、征用；

(4) 核反应、核辐射及放射性污染；

(5) 震动、移动或减弱支撑；

(6) 地震、雷击、暴风、暴雨、洪水、火山爆发、地下火、龙卷风、台风等自然灾害，但因被保险人管理、维护不善，造成灾害来临时本不应发生的损失除外；

(7) 大气、土地、水污染及其他污染；

(8) 直接或间接由于计算机 2000 年问题。

2. 下列各项损失、费用和责任，保险人不负责赔偿

(1) 被保险人根据非经政府有关部门核准，且保险人未书面认可的协议应承担的责任；

(2) 被保险人或其代表及雇员的人身伤亡，以及上述人员所有的，或虽非其所有但由其保管或控制的非物业的财产损失；

(3) 罚款、违约金、罚金或惩罚性赔款；

(4) 本保险单明细表或有关条款中规定的应由被保险人自行负担的免赔额；

(5) 因保险责任事故引起的停产、减产等间接损失；

(6) 精神损害。

三、保险赔偿

如果发生了承保损失，被保险人有权根据保险单请求损失赔偿。通常情况下包括正常赔偿和拒绝赔偿两种情况：

(一) 正常赔偿

1. 通知保险人

投保人、被保险人或者保险受益人知道保险事故发生后，应及时通知保险人。

2. 请求赔偿

保险事故发生后，依照保险合同请求赔偿或给付保险金时，投保人、被保险人或者受益人应当向保险人提供所能提供的与确认保险事故的性质、原因、损失程度等有关证明和资料。保险人按合同规定认为资料不足时，有权要求补充。

3. 核定与赔偿

保险人接到请求后应及时核定，属于保险责任的，在与被保险人或受益人达成有关赔偿协议 10 日内，履行赔偿或者给付保险金义务。如合同另有约定，按合同规定执行。

(二) 拒绝赔偿

如有下列情况发生，保险人有权拒绝赔偿。

1. 投保人未履行如实告知的义务

(1) 投保人有意不履行如实告知义务

保险人有权解除合同,对解除前发生保险事故,不承担赔偿或者给付保险金的责任,并不退还保险费。

(2) 投保人过失未履行告知义务

保险人对解除合同前发生的保险事故,不承担赔偿或者给付保险金的责任,但可以退还保险费。

(3) 谎报险情

被保险人或受益人在未发生保险事故情况下,谎报发生保险事故,向保险人提出赔偿或者给付保险金请求的,保险人有权解除保险合同,并不退还保险金。

(4) 故意制造保险事故

保险人有权解除保险合同不承担赔偿或者给付保险金的责任。

(5) 证据不实

保险事故发生后,投保人或者受益人以伪造、编造的有关证明、资料或者其他证据,编造虚假的事故原因或夸大损失程度的,保险人对虚假的部分不承担赔偿或者给付保险金的责任。

2. 法律责任

投保人、被保险人或者受益人有下列行为之一,进行保险欺诈活动,构成犯罪的,依法追究刑事责任:

(1) 投保人故意虚构保险标的,骗取保险金的。

(2) 未发生保险事故而谎称发生保险事故,骗取保险金的。

(3) 故意造成财产损失的保险事故,骗取保险金的。

(4) 故意造成被保险人死亡、伤残或者疾病等人身保险事故,骗取保险金的。

(5) 伪造、编造与保险事故有关的证明、资料和其他证据,或者指使、唆使、收买他人提供虚假的事故原因或夸大损失程度,骗取保险金的。

有前列行为之一,情节轻微,不构成犯罪的,依照国家有关规定给予行政处罚。

第五节 保 险 单

保险单也是一种合同,是标准化的、投保人与被保险人之间签订的正式合同。

一、保险单的选择

(一) 根据投保的目的

保险公司根据有关法规的规定,针对不同险种的要求制作了各种保险单。客户首先应根据自己投保的目的来选择险种,再比较各公司对某险种设定的条件和赔偿办法,选择适宜自己投保的保险单。

(二) 根据保险费和保险金选择

根据需要投保人支付的保险费和事故后可能得到的保险金进行测算,选择适宜的保险单。

二、保险单的主要内容

保险单的内容不尽相同,但大多包括以下几个方面的内容:

(一) 声明事项

声明事项包含两个方面的内容，一方面是投保人在申请时所提供的重要资料；另一方面是保险人声明与所提供保障范围有关的情况。一般包括：

（1）被保险人名称；

（2）保险标的种类和存放处所；

（3）保险金；

（4）保险期限；

（5）保险费的确定和支付。

（二）保险责任

是具体规定保险人承担的意外事故造成的损失的保障责任，包括损失赔偿、责任赔偿及保险金给付等。

（三）除外责任

属保险人不负责赔偿的部分，如：道德危害，保险标的物固有瑕疵，自然损坏和特殊危险等。保险人对除外责任所引起的损失，不予赔偿。

（四）附注条件

是签约双方所应履行的义务。如：损失发生后被保险的责任，保险单变更、转让、经销、索赔期限、索赔手段、争议处理等。

例如：财产保险投报单（见表 13-1）。

财产保险投保单 **表 13-1**

<table>
<tr><td colspan="3">被保险人
insured：</td></tr>
<tr><td colspan="3">保险财产地址
insured property sitated at：</td></tr>
<tr><td colspan="3">主要原材料和主要辅料
raw material and other stores：</td></tr>
<tr><td>安全设施情况
security facilities：
自动报警或灭火装置
automatic alarm or fi—fi equipment
消防水门、灭火器
fire house，extinguisher
保安值勤
security guard</td><td colspan="2" rowspan="3">建筑类型及周围情况
construction type and surroundings
建筑理性
construction type
周围邻公路、河流、其他建筑
close to road river other constructions
邻近有无易燃、易爆等危险单位？
Any inflammable and easy-explosive units nearby?
距消防队最近距离
distance form fire brigade</td></tr>
<tr><td></td></tr>
<tr><td>以往损失情况
past loss record：</td></tr>
<tr><td>保险期限
中午 12 时正至
period of insurance：
12noon to</td><td>个月
中午 12 时正至
months
at 12noon to</td><td>自

from
at</td></tr>
</table>

续表

被保险人 insured：			
保险财产地址 insured property siruated at：			
主要原材料和主要辅料 raw material and other stores：			
保险财产名称 description of property insured	投保金额 sum insured	投保金额确定方式	如加保盗窃险，请在下列各栏注明 if additional burglary insuredagainst，state 每次事故免赔额为： deductibles a. o. s. in the：
房屋建筑栋 m buildings flat			
装置及家具 fittings，fixtures and. ſurniture			损失金额的 %或 loss amount or
生产或营业用机器设备 equipment in operation：			损失金额的 %或 loss amount or
库存原材料 stored materials			损失金额的 %或 loss amount or
库存产品及半成品 stored products and semi-products			损失金额的 %或 loss amount or
其他物品 others：			损失金额的 %或 loss amount or
总保险金额 total sum insured：	（大写）		
费率 rate：	保险费 premium： （大写）		
备注：如选择部分财产投保应列出明细单。 Remarks：	承保审核人意见：		

投保人签名盖章 signature/seal of proposer： 电话 地址 telephone： 投保日期 date：

第六节　保　险　代　理

一、保险代理的产生

伴随着保险业的发展，保险代理人和保险经纪人的作用越来越明显，他们不仅进行保险营销，而且参与保险合同的订立，担负损失评估和理赔、索赔工作，他们的行为对保险合同当事人的权利义务有着极为重要的影响。

（一）保险代理人

保险代理人是根据保险人的委托，向保险人收取代理手续费，并在保险人授权的范围内代为办理保险业务的单位或者个人。

保险代理人是代表保险人利益的保险中介，一般情况下，保险代理人与其所代表的保险公司具有固定和长期的代理关系。保险代理人有权为保险人与被保险人订立保险合同，并出具保单或者续保，收取保费，有时还可以为保险人评估承保损失、处理索赔。

（二）保险经纪人

保险经纪人是基于投保人的利益，为投保人与保险人订立保险合同提供中介服务，并依法收取佣金的单位。

保险经纪人根据投保人的要求，向他们提出如何购买保险的建议，寻找适合于他们的险种，并在保险市场上以最合理的价格为他们购买。同时，保险经纪人还代表投保人与保险人达成合同。当发生承保损失时，保险经纪人还要代替投保人向保险人提出索赔，并负责处理相关事宜。

需要特别注意的是，保险代理人、保险经纪人在办理保险业务时，不得利用行政权利、职务或者职业便利以及其他不正当手段强迫、引诱或者限制投保人订立保险合同。

物业管理企业可以根据实际情况，进行保险知识的学习，可以成为保险代理人或者保险经纪人，在进行保险业务代理过程中，以保险代理收入补充物业管理费。这里需要说明的是，从事保险代理业务需要具有一定的资格条件。

二、保险代理的资格条件

根据《中华人民共和国保险法》规定，从事保险代理或者经纪业务的单位，应具备下列资格条件：

(1) 取得金融监督管理部门颁发的经营保险代理业务许可证或者经纪业务许可证；

(2) 向工商行政管理机关办理登记，领取营业执照；

(3) 缴存保证金或者投保职业责任保险；

(4) 有自己的经营场所，设立专门帐簿记载保险代理业务或者经纪业务的收支情况；

(5) 接受金融监督管理部门的监督。

三、保险代理关系

（一）保险代理关系的建立

保险代理关系建立的意向可以是书面的，也可以是口头的。保险代理关系的建立可以通过书面代理合同，有时也可以是非书面合同的方式。一般情况下，书面保险代理合同并没有统一的格式和内容，要根据物业公司自身的情况与保险公司订立保险代理合同。

《中华人民共和国保险法》规定：保险代理人根据保险人的授权代为办理保险业务的行为，由保险人承担责任。

在日常管理方面，保险公司应当设立本公司保险代理人登记簿。

此外，《中华人民共和国保险法》还规定：经营人寿保险代理业务的保险代理人，不得同时接受两个以上保险人的委托。

（二）保险代理关系的终止

终止保险代理关系可以通过书面通知或口头通知的方式，保险代理关系的终止以后，保险代理人的行为则不能对保险人产生具有法律效力的约束力。保险代理关系可以通过以下方式终止：

(1) 规定的代理期限结束，代理关系终止；

(2) 代理人有欺诈、违法行为，或者违反代理合同，代理关系终止；

(3) 委托人或代理人死亡或者丧失行为能力，代理关系终止；

(4) 当代理授权无法履行时，代理关系终止。

一般情况下，通常会在合同中具体规定保险代理关系的终止条件，通过协议的方式终止；也可以依法终止保险代理关系。

复习思考题

1. 简述保险在物业管理中的作用。
2. 与物业管理相关的险种有哪些？
3. 什么是保险合同？
4. 什么是保险代理人？什么是保险经纪人？
5. 保险代理的资格条件是什么？

第十四章　各种类型物业的管理与服务

第一节　居住物业的管理与服务

居住物业是物业的基本类型之一，也是目前物业管理业务覆盖面最广的业务类型。运用物业管理的理论和技术手段，围绕居住物业的特点组建的物业管理机构，有针对性地实施物业管理，不仅是物业自身的居住功能的要求，同时还是营造优良的人居环境、实现城市总体规划的重要组成部分。居住物业的物业管理内容涵盖非常广泛，几乎涵盖了物业管理所有的物业形式，物业管理的基本点是通过完善、规范和创造性的服务，营造优良的居住环境和社会环境，实现和优化住宅的居住功能。

对居住物业的物业管理，在组织实施上物业管理企业应注意管理模式的选择和规模、机构的设定，并积极协调同业主委员会的关系，做好日常管理工作，特别是要彻底转变经营机制，拓宽思路，开创小区物业管理的新局面以适应竞争形势，并在管理小区的过程中实现自身的经济效益。此外，还要按照建设部颁布的物业管理优秀住宅小区的标准，创造性地开展工作，制定工作计划和实施方案，组织对先进的物业管理小区的参观学习，抓各项管理制度的落实，不断创造新的服务形式，致力于从整体上加强对居住物业的管理，提高居住物业的文明程度与生活质量。在居住物业的管理与服务中，本节重点介绍住宅小区的物业管理与服务。

一、住宅小区的特点与物业管理内容

（一）住宅小区与住宅小区的物业管理

1. 住宅小区的概念与分类

住宅小区通常指按照统一规划、综合开发、配套建设和统一管理的原则开发建设的，具有比较齐全的公共配套设施，且建筑面积达到一定规模，能满足住户正常物质文化需求，并为交通干道所分割或自然界限所围成的相对集中的生活区域。

住宅小区的类型有如下几种：

从建设时间上分为新建住宅小区、原有住宅小区及旧城区的住宅小区。其中，新建住宅小区在建设时多数都考虑了实施物业管理所需的各种条件，实行封闭或半封闭式的管理；原有的住宅小区也在进行半封闭式的改造及逐步引入物业管理。而旧城区中的住宅小区由于受当时的设计观念和管理体制的影响，在形态上是比较松散的、开放的，在物业管理上是狭窄（只负责维修房屋及公共电路等）和粗放的，亟需进行改进。

从建设的规模上可以分为单元性住宅小区、普通住宅小区、大型住宅小区和巨型住宅小区（超级住宅小区）。单元性的住宅小区，一般建筑面积在3～5万m^2，是配套设施相对独立的住宅区；普通住宅小区指建筑面积在5～30万m^2的住宅区，这是当前住宅小区的主要规模形态；大型住宅小区主要是大、中城市内建筑面积在30～100万m^2的住宅区；巨型住宅小区指建筑面积在 100 万 m^2 以上的住宅区，主要存在于特大型城市中，其建筑的聚集程度、土地的利用水平、总体规划和功能配套等方面都属于领先水平。比如北京的方庄住宅小区，最初建设时有 54 栋高层和多层住宅，并在小区内设有购物中心、百货商场、幼儿园、中小学校、体育场、餐饮娱乐场所等，总建筑面积超过 130 万 m^2，为当时亚洲最大的住宅区。后来又不断新建，现有建筑物超过 60 栋，其他设施也在扩建；而近些年投入使用的北京望京住宅小区，总建筑面积超过 150 万 m^2，超过方庄小区；北京正在规划的北苑住宅小区，规划建筑面积达 160 万 m^2，建成后将成为名副其实的"亚洲第一"住宅小区。

按照建筑主体楼宇的构成，可分为多层、中层、高层和超高层建筑（住宅）等。多层建筑（住宅）指不设电梯的 3～6 层的建筑，往往由多组建筑群错落有致地排列组成，是我国城市特别是中小城镇的主要建筑形态，其建筑对居民生活较方便；但土地利用集约程度不高，更多地适用于土地资源不十分紧张的中小城镇建设。中层住宅指至少需设置一部电梯的 7～9 层住宅。由于它的土地利用程度也不高，且由于设置电梯造成的建筑面积分摊和运营成本增加等，在我国城市中为非主导型住宅。高层住宅指 10～13 层建筑，其中 10～16 层为二类高层建筑，17～30 层为一类高层建筑。高层住宅必须设置 2 部以上的电梯，并且在建筑耐火等级、防火间距及安全疏散通道方面有严格规定。超高层住宅指 30 层以上的住宅，这在我国一些特大城市 90 年代的高级公寓中已经出现，通常要设 4 部以上的电梯，其中要有 2 部为快速电梯（或 17 层以下不停的电梯）以提高住宅内的竖向交通效率。此类建筑除防火间距、耐火等级方面有严格的要求外，楼层顶部必须为平台，可停降用于紧急救灾、救险的直升飞机，其设备构造极为复杂，对物业管理的要求极高。

2. 住宅小区的物业管理

住宅小区的物业管理就是在住宅小区范围内，以住宅房屋为主体的各类房屋建筑及设备、公共建筑以及其他公用设施与整体环境为基本对象，以为物业业主提供全方位服务为核心任务的一系列管理活动的总称。住宅小区物业管理的范围，既包括小区内各类建筑和基础设施的修缮、养护，也包括小区内公共卫生、庭院绿化、道路交通、社会治安及环境方面的治理和维修；既包括对区域内物业的管理，也包括对居住者居住行为的管理，通过制定相应的制度和公约用以协调居住者的居住活动和行为的关系，对不良行为进行约束、监督、疏导和教育，使之规范化和秩序化。住宅小区物业管理的目的是营造舒适、祥和、整洁的人居环境。住宅小区管理的对象是物业，服务的对象是业主或使用人。住宅小区物业管理的内容几乎涵盖了物业管理的所有内容。

（二）住宅小区的特点

住宅小区的特点由住宅小区物业的特点及入住小区的业主与使用人的特点共同组成。

1. 配套性强，功能齐全

住宅小区的房屋具有系统性，与此相适应，小区物业具有典型的配套性，包括地下地基、各种管线与地上建筑的配套以及建筑物、构筑物、设备设施等功能方面的配套和物与人的使用要求的配套。功能齐全指小区既满足人们居住的要求，同时又具有满足人们购物、就餐、就读、就医、通讯联络以及休闲娱乐和其他日常工作、生活等方面的需求。这一特点要求物业管理企业接管物业后要实行统一管理，要对业主及使用权人在物业使用方面提出具体要求，不能破坏建筑及设备的配套性，影响其功能的发挥。

2. 建筑规模庞大，整体性要求高

通常住宅小区的单体建筑面积往往要数千平方米或上万平方米，小区的平均建筑面积要在 5 万 m^2 以上，且要求的建筑风格统一，高低错落有致，建筑密度适当，建筑与绿化、场地及区内道路交通相互协调，也就是说小区的住宅建筑及其他建筑和相关设备设施是作为整体发生效应的。

3. 小区建筑物及相关设施的规划尤为重要

无论是新建小区或是旧城改造小区，都在建筑限高、容积率、主体建筑与附属建筑及设施等方面有严格的要求，不能随意突破。在规划上要求使各项功能得以协调。不仅如此，小区的规划还必须具有预见性和前瞻性，对小区未来的发展有超前的部署。例如，应该预见到业主将来具备购车能力而应考虑预留出停车泊位，考虑到业主居家办公方式的出现而配置发达的通讯联络系统，考虑到业主闲暇时间的增多而增加健身娱乐方面的设施，考虑到社会治安状况的恶化和犯罪手段的多样而增加防范设施等。再例如，80 年代及以前的建筑对住户用电容量的考虑普遍过低，最初是 1A，后来改为 2.5A，最多为 3A，远远不能满足住户普遍拥有大功率家用电器（一拖二空调或柜式空调，电饭煲及微波炉等）的使用要求，北京市不得不为此投资 120 亿元巨资，进行全市范围内住宅基础线路增容改造工程，使所有住户线路经改造后达到每户用电量 2000W。这些事例都提醒我们，今后对住宅小区的建设必须更加注重规划的科学性和适度超前，在真正了解人类居住环境可能变化的趋势后，就可以在住宅小区的规划中体现出超前的眼光和胆略。

4. 住宅产权结构趋于多元化，业主构成呈现多样化

随着我国住房制度改革的深入及 1998 年下半年全面停止福利分房，新建公房一律实行只售不租，各项推进住房商品化措施的出台，使我国个人购买新建公房和原住公房的比例明显增加，加上“老房老办法”保留的福利公房的存量，形成住宅小区内的产权结构极为复杂：既有国有、集体所有产权的住房，也有个人（私人）所有的住房，还有混合所有的联建房屋（住宅）的产权；既有所有权与使用权合一的情况，也有两者相分离的形势，还有自管房、托管房、承租房、廉租房等多种形式。小区内业主构成呈现多样化，从职业构成上有各级机关干部，也有大专院校、科研院所的教学科研人员；有个体工商户、私营业主、外企白领，也有一般职员；既有离退休人员，也有下岗职工；既有本市人员，也有外地甚至外籍人员长期居住本地。住户的文化层次不齐、民族各异、信仰不同。所有这些，构成了住户迥然不同的文化背景和差异，从而派生出方方面面的需求，一方面增加了物业管理的难度，同时也为物业管理企业的发展提供了机遇。

5. 住宅小区具有社会化的特点

住宅小区集中化、综合化、现代化的实现，加上小区的功能多元化和产权的多样化，使许多小区就像一个小社会。小区的公用设施、绿化、环境保护等服务既服务于业主，又服务于社会，小区已经跳出了原先的“单位家属院”的模式，开始全面进入社会化。

（三）住宅小区物业管理与服务的内容

1. 力争实现住宅小区物业的保值、增值

首先，物业管理通过对房屋与设备的保养与维护，使小区物业的使用寿命延长，从而使其使用价值得以保值而不致提前损坏或报废；其次，通过环境绿化、美化工作，提高小区整体的环境质量，提高物业的综合环境效益指数，这是物业增值的一个重要方面；再次，结合房屋的大修或翻修、设备的大修或更新，努力更新和完善物业的功能，使之能跟上社会进步对居

住提出的要求，在保值的基础上实现增值；最后，定期（一年一次）组织有关部门和专业人员，对物业的资产保值和增值的状况进行专业评估。通过评估，明确问题的所在和努力的方向，进一步从多方面探索实现物业保值增值的有效措施。

2. 营造温馨、舒适、安全的人居环境，最大限度地发挥住宅的居住功能

住宅对于现代人类来说，就是为人们提供了一个身体和心灵的休憩空间。人们居住的条件和环境的好坏、是否安全等，不仅决定着人们的体力恢复，而且可以决定人们的精神状态及人们对社会、对生活的整体看法，从而决定着人们的行为取向。当物业管理企业通过精心服务为业主营造出一个邻里互助、安全有保证、环境优美、祥和平安的区域，在此居住不会产生由于不便或缺乏安全而引起的不良心境，从而可以心情舒畅、精力充沛地全身心投入工作和事业，这就是物业管理的目标。因此，在住宅小区的诸多功能中，首要的或基本的是居住功能。保证这一功能的充分实现，是住宅小区物业管理的首要内容。

3. 完善住宅小区的各项服务，方便人们生活

在小区内物业管理企业为业主提供的服务有专项服务和特约服务。结合住宅小区的实际情况和业主的需求，完善住宅小区的各项服务，一是可以方便业主及使用人的生活；二是可以弥补物业（房屋、设备、环境）的先天或硬件上的不足，改善住宅区的综合质量指标，形成具有特色和优势的社区环境和人居环境；三是可以使物业管理企业在服务业主及使用人需要的同时，树立自身的信誉和形象，实现自身的经济效益。

4. 培植小区文化，促进小区内的公民道德建设

由于住宅小区的地域性和物业管理企业的创意和培养，每一个住宅小区都应该有符合自己特色的小区文化，通过物业公司接管后颁布物业管理公约和住户手册，以及组建业主委员会并通过相应的章程，明确对住宅小区住户居住行为的管理和良好道德风尚的培育，将管理、约束与引导相结合，通过在小区内开展文明户、守法户、五好家庭等的评比，形成小区内良好的社会风气和行为准则，争取使区内刑事案件和其他事故明显下降。为此，物业公司要与所在地的居委会和派出所相互配合，全面推进区内的公民道德建设，为创建物业管理优秀住宅小区奠定良好的基础。

5. 更好地实现城市总体规划

小区规划是城市总体规划的构成要素。小区规划得是否合理、科学与否、功能是否完善，直接影响着城市总体规划的水平和总体规划的实现。住宅小区的建设首先要符合城市规划，在后期的使用上也要与城市规划相衔接。小区虽然是封闭或半封闭管理，但是毕竟不能脱离城市而存在，而是城市规划的一部分，对住宅小区进行物业管理，努力实现和完善小区的规划，使布局和功能更加科学、合理，努力在整体上符合城市的总体规划。

二、住宅小区物业管理的组织实施

对住宅小区实施物业管理，就要建立相应的组织机构，这种组织机构既有物业管理企业，也有业主代表组成的业主委员会，并配合城市街道办事处、居委会及派出所，开展住宅小区的日常行政管理和专业管理，用细致周到的服务和对精神文明的倡导，使小区内居民的文明素养得以提高，争创物业管理优秀住宅小区，并努力探索市场经济条件下物业公司转换机制、拓宽思路、谋求发展的新举措。

（一）围绕住宅小区的接管，组成物业管理机构

我国城市住宅小区的物业管理有多种模式，每种模式有其优点及适用性，将各种模式的

优势加以组合和发扬，探索市场经济条件下我国住宅小区物业管理新模式，是摆在我国物业管理工作者面前的一项紧迫任务。具体讲，现行的住宅小区物业管理模式主要有：

1. 以房管所为主的管理模式

这种模式主要针对城市中旧城区的直管或托管住宅。其特点是范围较大，往往是以街道的行政区划来确定管理范围。这种形式可充分发挥房管所在过去长时间内积累的管房经验和技术特长，保证房屋完好或基本完好，对破损的房屋、照明线路等及时组织维修或翻修、改造更新等，保证用户的使用。但这种模式也有不足：不容易实行封闭或半封闭式的管理，只能是一种粗放的或接近粗放的管理；只有对房屋、设备的管理而没有对居住者居住行为的管理，如无法也无力制止辖区内的私搭乱建；只有一般的维修而没有更多的服务；只收取传统意义的房租，在没有收取商品化的房租的情况下，造成入不敷出，工作受到掣肘；工作中责权划分不清、互相推诿等，在经营作风上也亟待作根本性的改进。

2. 以街道办事处为主的三结合管理模式

这种模式主要以街道办事处牵头，由派出所及小区的开发建设单位共同组成管理委员会，负责小区的日常事务管理与专业维修及其他服务。这种方式把基层政权的行政和组织优势及对辖区情况的熟悉与物业管理业务结合起来，便于开展工作，动员各方面的力量参与物业管理，有利于形成小区完整的物业管理体系。这种模式的不足体现在专业管理方面仍然薄弱，且易造成大包大揽，而专业服务无论从质量还是效率上都难以满足用户的多种需求；还可能造成政企不分，不利于物业市场的竞争与规范，行政机构的参与也不利于物业管理市场机制作用的发挥。

3. 专业化物业管理机构为主的管理模式

这是物业管理市场发展的取向，目前是由开发商选定的物业管理企业或是通过招标投标的方式将住宅小区的管理业务委托给专门的物业公司，由其统一管理小区的物业，实行房屋、设备、场地、环境、绿化、治安、消防等的统一管理，以经济手段组织公司的专业力量从事日常管理及专项服务与特约服务。根据国家的有关规定结合所管理的物业，开展多种经营项目，同时与街道、居委会、派出所进行沟通与协调。这种方式既保证了管理的统一性和效率，又体现了市场经济的要求，将管理与经营结合起来，同时又充分发挥了街道等基层组织的作用和优势，是一种比较好的物业管理模式。只要物业管理企业注意纠正只重视经济效益，忽视社会效益和环境效益的偏向，就能收到理想的效果。从近年来建设部表彰的全国物业管理优秀住宅小区和全国物业管理优秀示范住宅小区的情况看，大多数都是这种模式。因此，这种模式代表着我国住宅小区管理的发展方向。

（二）住宅小区日常物业管理与服务

住宅小区日常物业管理与服务的核心内容是：小区房屋、设备的日常管理、维修与大修；小区的环境管理与绿化管理；小区的治安管理与消防管理；小区的公共秩序管理等等。在此，我们从住宅小区的特点和要求方面进一步明确小区日常物业管理与服务的几项重要内容。

1. 住宅小区房屋与设备的日常管理与维修保养

小区房屋与设备的日常管理主要应结合住宅小区的特点进行以下工作：一是根据住宅小区用户构成复杂、对住宅使用和管理的知识掌握不一致的情况，向住户进行房屋与设备正确使用的指导和教育，并通过住户手册以及物业管理公约等，明确住户进行装修、改造以及对设备进行拆除和安装的规范、要求和报批程序，必须明确约定对房屋不允许私下装修，不允许擅自改变房屋结构或承重结构而影响房屋的使用寿命，不允许对各种设备任意拆、装造成各种隐患和影响他人使用；二是建立健全住户档案制度，对住户情况和住户房屋与设备情况掌握基本事项，便于进行有关房屋与设备维修养护的上门服务；三是建立房屋与设备状况的巡查制度，定期或不定期走访用户，进行巡查，既巡查设备及房屋的状况，也巡查用户对房屋与设备使用上有无不当行为等。对发现的问题，或及时组织维修，或及时予以制止和纠正，对造成实际损失的进行一定额度的经济处罚。

房屋与设备的维修保养是根据小区物业的实际情况，制定相应的房屋维修计划，明确维修的项目和范围，维修的等级（小修还是中修）、维修费用预算以及日常养护的规程。根据维修计划，合理安排人员，备好维修用料、零配件，备齐维修使用的设备和工具。同时建立报修制度和维修值班制度。物业公司对住宅小区的常规维修，应设值班人员负责接待，对住户提出的水、电等常规维修应随时上门服务，做到小修不过夜，中修不过两日。

房屋与设备的大修应根据住宅小区房屋与设备使用及小修、中修的情况（次数），确定大修的时间。按照维修计划，动用专项基金，备齐需用的物料、配件、设备和工具，组织人员进行房屋设备的大修。大修之前还要进行实地考察，明确需要修理和更换的部位或项目，制定周密的大修方案，继而实施维修工程。经大修后的房屋和设备，在状况和使用功能上必须达到相应的国家标准的要求。

2. 住宅小区的环境管理与绿化管理

住宅小区的环境管理主要包括三方面的工作：一是对入住业主及使用人要经常进行环境及环境保护方面的宣传和教育，旨在使业主及使用人于潜移默化中树立和强化环境及环境保护意识。宣传教育的形式可以多种多样，但要结合住户的特点使其易于接受；二是组织好小区的环境清洁、清扫和垃圾清运工作，维护小区的环境整洁，对住户行为加以约定或劝告；三是采取必要的手段强制性地维护小区的环境，对私搭乱建、有碍观瞻的行为进行劝说教育，限其在规定的时间内自行拆除和恢复原貌，对逾期不拆的，物业公司将报告相关的政府主管部门对其进行行政执法检查和管理，并做相应的经济处罚。

住宅小区的绿化管理与环境有密切的联系，绿化构成环境的一个重要方面，同时又有自己的特殊性。小区的绿化水平是衡量居住文明的直观指标。一个住宅小区，绿荫如盖、满目葱郁、青翠欲滴，其环境综合效益指数就比较高，居住在这样的小区内人们会感到心满意足。此外，住宅小区绿化应与外部环境中的绿化相匹配，可提高整体的居住环境质量。

小区的绿化一方面靠选址时的原有景观，另一方面是靠后天的培养，两者都十分重要。前期项目选址时若选在光秃秃的地段建造，待形成高质量的绿化环境往往要 10～15 年，甚至更长时间，其绿化费用也较高。后天的培养应结合小区的特点，动员各方面的力量，开展“立体绿化”、“垂直绿化”等工作。既包括小区内的植树种草，也包括业主的阳台、露台的绿色植物养植，还包括园林小品的重点绿化及人造景观的维护。

为保护小区的绿化，对住户的行为就应有所约束，如不占用绿地，不随意践踏草坪、攀折树木，不在公共绿地内停放机动车辆，不在树木间系绳搭晒衣物等等。同时还要注重培养业主的文明意识，使业主与物业管理企业在环境保护方面思想统一、利益一致，有利于提高总体绿化管理水平。

3. 住宅小区的治安管理与消防管理

住宅小区治安管理的目的是为小区内的住户提供和创造安全的居住环境，降低小区内的治安案件和刑事案件的发生率。为此，要在措施上对小区实行封闭或半封闭的改造，使小区在一定程度上与外界“隔离”。物业管理企业还要加强治安防范宣传教育，提高治安防范意识，积极配合业主搞好区内的治安管理。物业管理企业主要是加强门卫值班制度和巡查制度，既方便住户进出，又管理有序。小区应建立昼夜巡查制度，每晚 11 时至次日 6 时小区的门卫应加强对进出人员的管理。要聘用专门的保安和巡逻人员维护小区的治安，保安人员到岗后要尽快熟悉区内的住户，对陌生人进入小区的，要主动、礼貌地上前进行询问或予以注意。凡从小区搬出的大件物品要有物业公司或居委员的手续，保安人员还要查对搬出物品与手续所列是否相符。对小区业主或工作单位的常驻车辆，要办理通行证并安排好车位；对临时进入小区的车辆要办理临时通行证，特别对出小区的车辆要不失礼貌地核查，以确保区内车辆不致丢失。

住宅小区的消防管理是一个重要的问题，稍有疏忽就会酿成恶性事故。在消防方面，一是要加强宣传教育，如不定期地进行消防知识、防范措施的板报、园地宣传，强化区内业主及使用人的火险意识和防范意识；二是定期进行消防措施落实情况的检查，检查的内容有住户室内煤气、天然气管线是否密封，有无泄漏；消防通道是否通畅，有无被堵塞的情况；消防栓是否易于取出，消防水井是否有水，水井龙头是否灵活等；三是有条件的可不定期地组织区内居民的消防实战演习，以备不测，减少险情发生时的伤害事故；四是动员区内居民每户购买简易灭火器，以备火情发生时应急使用。

4. 住宅小区的公共秩序管理

住宅小区的公共秩序管理包括：住宅小区的场地管理、行车和停车管理以及乘用电梯的管理等等。

首先要做好住宅小区的场地管理工作。对住宅小区有限的场地做好规划和管理，使有限的场地更好地服务于人们散步、休闲的需要。具体讲，要做好小区内的场地规划和使用指导，明确哪些地方停放车辆，哪些地方供人散步，对违反规定随意堆放物品、乱停车辆的可劝其自行移走，对不听劝阻的执行强制措施。此外，物业公司自己不能将公共场地用于经营，对小区内有关单位和个人进行这类经营行为的，也要劝其让出公共场地。

住宅小区的行车、停车管理是小区公共秩序管理的重要内容。所有车辆进入小区后必须减速行驶，注意避让行人；不得抢行、超车和猛拐；会车时应礼貌让对方先行，避免因车速过快而造成的交通事故。大型居住小区在上下班时由公司保安人员在小区的交通干道处指挥、疏导车辆，既避免堵车又确保车辆的安全行驶。对车辆停放管理可在区内设定专门的机动车停放区和自行车停放区。对常驻的机动车辆可根据其车型在小区内专门为其指定位置和场地（场地上可喷上车号），使停车秩序井然。对外界其他车辆的停放可安排其停在临时指定的车位。

住宅小区乘用电梯的管理也十分重要。住宅小区特别是高层楼宇中，乘用电梯的秩序也是小区秩序的一个方面。要讲究文明乘用，在电梯间门口要有醒目的乘梯须知，如老人、儿童和女士优先乘用，在电梯较忙，又运客人又运货物时，运货的住户应主动礼让乘梯的住户先行，住户不得携带宠物乘用电梯，也不允许着装不文明者乘用电梯等等。

（三）积极推进住宅小区的精神文明建设，培育社区文化

住宅小区的物业管理，既要注重房屋设备的维修、环境、绿化和公共秩序的管理，又要注

重“社区文化”的营造和培育，使人们在休息、居住之余获得文明意识和文化氛围的熏陶。从而更好地调整自己与他人、与环境、与社区之间的关系，这是物业管理的最高境界。因此，物业公司应在对小区管理的过程中，在精心构筑优美环境的同时，刻意栽培根植于住户心间的“社区文化”，用这种文化协调人的行为，增加人们的沟通、理解与互助，从而全面推进小区的精神文明建设和居民的道德建设。

1. 订立住宅小区精神文明公约

物业管理企业要与管辖区内的居委会做好协调，在对小区住户情况进行摸底的同时，制定、讨论和颁布住宅小区的精神文明公约，并结合本住宅小区内居民文化层次与职业特点，提出一些更为具体、带有约束性和向导性的内容，在小区内由大家共同遵守、执行或加以限制。住宅小区精神文明公约可以通过小区的广播或专栏、园地等形式向小区内的住户广为传播、宣传重点，使之成为促进小区精神文明建设的行动纲领。

2. 对公众利益的维护及住户行为文明的引导

小区内是居民密集的场所，对公共利益的维护是一个重要的问题。物业管理企业应与居委会携手，对小区内发生的损坏公物设施、破坏绿地以及制造污染（乱倒污水、乱抛杂物等）、危害他人利益的公众利益的现象根据情节和出现的频率，在小区范围内以不点名批评、事件曝光直至经济处罚等方式加以制止，使这种不良的行为没有市场；同时表彰先进、树立典型，对热心维护公众利益、爱护小区公共财产，并为小区环境的维护和改善做出贡献的事迹，应大力提倡和弘扬。物业公司还可与居委会携手，对住户的行为文明予以引导，提倡邻里间的互敬、互助，抑制不文明的行为。

3. 培育社区文化，使住宅小区成为业主的精神家园

社区文化的建设也是小区管理的内容之一。现代人不仅讲究物质文明，同时开始更多地关注精神文明，物业管理企业在这方面应该成为社区文化的设计者和推行者，在为业主提供服务的同时，也提供精神服务，刻意营造出小区的特色文化，使业主同时享受有形服务和无形服务。

4. 为住户邻里间的沟通、交流与联络创造条件

物业管理企业可结合所管小区内住户对文化生活的需要，可以根据不同的季节和场所，利用住宅小区的空余场地，免费组织播放露天电影或举办文艺演出，在活跃文化生活的同时，提供机会和场合，使大家从自己的住所走到一起、坐到一起，在共同欣赏演出、享受生活的愉悦的同时也增进彼此的了解和交流，更好地体现“社区文化”的亲和力。

第二节　办公物业的管理与服务

办公物业又称写字楼，是指用于办公的大楼。该类物业多为高层或超高层建筑，大多坐落在城市的中心或交通干道附近的高级金融区、商贸区或办公区。由于其建筑物档次高、设备设施复杂、专业化程度高，且集中办公的单位多、人员密度大，因而管理的要求高、难度大。办公物业的物业管理在我国开展近十年，对多数物业管理企业仍是一个较新的课题，需要在探索中前进和完善。围绕着办公物业在管理方面提出的要求，物业公司应重点抓好消防安全和治安保卫工作以及设备的完好运行和水电的正常供应，并能应付各种突发事件，从而为入住单位创造安全、舒适、便捷、文明的办公环境。为此，物业管理企业要抓好日常的基础管

理，全面做好办公物业的各项工作，提高服务水平，并积极探索办公物业经营和管理的有效形式。通过建立物业管理企业的计算机管理系统，提高数据处理和运用的能力，实现管理的精细化和科学化及办公楼宇运作的智能化，使高新技术在办公物业的管理中得到充分应用，全面提高我国办公物业的物业管理水平。在办公物业中，本节重点讨论高层办公楼宇的物业管理和服务。

一、高层办公楼宇的特点及对物业管理的要求

高层办公楼宇主要是指那些建筑层数在 10 层以上，建筑体积大、规模较大，档次较高，内部设施设备专业配套、先进，功能比较齐全，一家经营，多家使用，以接待公司或机关、机构等企事业单位，主要用作办公用途的建筑物。

（一）高层办公楼宇的特点

1. 高层办公楼宇的建设、装修考究，风格独特，智能化与现代化程度高

现代高层办公楼宇，其结构、外观、造型、布局、色调等无不体现着设计师对建筑美学、对建筑与城市、对建筑与环境、对建筑与人的独到的理解与刻意的追求，其形态壮观，装修考究，风格独特。而建筑物内更是运用多种智能化、现代化设施与手段保证运行的高效与安全。

2. 高层办公楼宇的设备复杂，专业化程度高，管理难度大

高层办公楼宇的设备主要有供电系统（高压电配电室、备用发电机组等组成）；中央空调或小中央空调；供暖系统；给水或排水系统；电梯系统；安全监控系统及卫星通信系统；有时还有同声传译设备，以便接待和召开国际性会议。由于这些系统都是在一个建筑物内布置，各种管、线、网密布，错综复杂，任何一处出现疏漏，不仅影响功能的发挥，而且可能给整栋办公楼的安全运营带来隐患。所以，如此高度专业化的设备设施必须由专业化的人员进行安装、调试、检测和维修，甚至一些检修工作要多工种、多专业人员到现场协同完成。而管理如此复杂的设备和物业，对物业管理企业的业务水平、应付复杂问题的能力、管理的效率都提出了挑战。

3. 高层办公楼宇的功能齐全，配套设施要求高

高层办公楼宇内办公室、大小会议室、洗漱室、前台或大堂服务、商务中心、小型酒吧、餐厅、商品部及车库等一应俱全，加上管理手段比较先进，既可满足进驻单位的一般性要求，又能满足其召集会议、进行商务谈判等要求，并为其提供工作和生活上的便利。

4. 高层办公楼宇办公单位集中，人员密度大，信息流量大

办公楼的优越地理位置便于收集大量国际性或国内的经济变化信息，以利于发现商业机会。通常地理位置较好，出售、出租率较高的办公楼宇一般要集中十几家、几十家甚至上百家的公司、办事处、代表处、联络处或其他单位办公。人员密度大，人员的进出频率高，对办公环境的要求高，对服务的效率也提出很高的要求。高层办公楼宇的物业管理企业应为这些进驻的公司或单位提供尽可能周到的服务。

5. 高层办公楼宇坐落在市中心，充分体现城市的风貌和现代化水平、文明程度

高层办公楼宇一般坐落在城市中心或城市交通干道两侧的高级办公区，交通便利，地理位置优越，对需求者有很好的吸引力，如北京的京广大厦、京城大厦、国贸中心、亚运村的汇宾大厦、中关村的希格玛大厦；深圳的帝王大厦；上海的金茂大厦；天津的金皇大厦等，无不体现着现代建筑与现代科技的结合。管理好高层办公楼宇，有利于实现城市整体规划，美化

城市、体现现代城市的风貌和文明程度。

（二）高层办公楼宇物业管理的要求

1. 消防安全和治安保卫是物业管理的首要工作

现代化的高层办公楼宇设备复杂、管线密布、设施先进、科技含量高。各种管线中电线、电缆线、煤气（或天然气）管道等的任何泄漏或设备维修中产生的火花以及设备老化、过载等隐患，都有可能酿成严重的火灾事故。通常高层办公楼宇中的消防系统由烟感（温感）报警装置、自动喷淋系统等组成，远比一般性建筑及高层住宅楼宇要复杂得多，所有这些对高层办公楼宇的消防安全提出的要求也高于其他类型的物业。且高层办公楼宇一旦发生火灾，由于楼内工作人员数量多，楼内人员安全撤离火场难度大，因此，必须确保办公楼宇的消防安全万无一失，确保楼内各种消防设备的高度灵敏，这是对办公楼宇物业管理的首要要求。

在治安保卫方面，由于办公楼内集中的办公单位多，人员进出往来频繁，给办公楼宇的治安工作增加了难度。因此，要增加楼宇内的保安巡逻，划定责任区，有条件的对在大楼进出口、楼道、电梯间、楼层通道等设置摄像探头，直接由大楼的中央控制室对治安状况进行动态监控，以提高楼内办公单位的安全系数。

2. 电梯安全运行、水电暖供应等要充分保证

电梯是楼宇内的垂直交通通道，电梯的安全运行，不仅保证进驻楼宇单位的人员的工作效率，而且也反映了楼宇物业管理部门的基本管理水平。如果乘梯人被卡在电梯内，这种情况不仅对乘梯人的安全构成威胁，对其精神造成伤害，而且极大地败坏了办公楼宇及物业管理企业的声誉。甚至个别办公楼宇还出现过电梯坠落的严重事故，究其原因，无非是电梯保养不当、失修而“带病”运转、控制系统发生故障、违章操作造成。这些恶性事故一旦发生，要彻底挽回恶劣影响则非一朝一夕。所以充分保证电梯的安全运行是对高层办公楼宇物业管理的一项基本要求。

高层办公楼宇的水电暖供应同样重要，特别是电的正常供应，由于楼内的办公单位大都借助现代通迅工具与楼内外、境内外进行联系和沟通，并且大量采用电脑处理公司的日常各项业务。一旦大楼供电突然中断，不仅影响楼内办公单位的正常工作及与外界的联系，影响效率和许多稍纵即逝的宝贵商机，还会给办公单位造成数据丢失甚至永远无法恢复的严重损失。此外，意外停电造成的中央空调停机使楼内夏季闷热难耐，冬季供暖发生故障不能供热，二次供水不能正常进行。所有这些对楼宇造成的恶劣影响都将直接地阻碍着潜在的租用和进驻。因此，充分保证楼内水电暖的供应特别是电的供应，保证通讯的畅通无阻，是高层办公楼宇对物业管理的又一项基本要求。

3. 日常的清扫、保洁及专业的清洁工作，事关办公楼宇的形象和优良办公环境的形成

办公楼宇的日常清洁、保洁工作主要是楼内办公场所、活动场所及会议室的清扫保洁。其中人员出入频繁的公共场所的清扫保洁应每日进行数次，卫生间的清扫保洁要至少每日3次。此外，还有楼外场地（广场和停车场）的清扫保洁及草坪杂物的拣拾，绿化带的剪修及隔离栏杆的擦拭等。专业清洗主要是由专业的清洁公司，借助专用的清洁设备、工具对高层办公楼宇的外墙、玻璃幕墙定期进行重新喷涂或清洁，使整幢大楼保持常新、整洁的外观。上述工作事关办公楼宇的形象及优良办公环境的形成，对物业公司同样是一项不能丝毫怠慢的工作。租房单位对办公楼宇的选择及对大楼物业管理水平的考察，除了地理位置、价位等因素外，还有物业管理所有细节上的考虑。

4. 做好应付突发事件的准备

突发事件指由于高层办公楼宇的结构、设备及人员的复杂性所引发的诸如火灾、电梯运行中的故障、供电与照明中断及重大刑事案件等。对这些可能出现的种种不测，物业管理企业一是应事先有所防范，制订出各种事故的应急措施，并保持足够的警惕；二是要有足够的快速反应能力，能有效地把突发事件控制和消灭在萌芽状态；三是要有一些物质方面的准备，如备用发电机，备用消防通道等；四是要有足够的训练有素的专业人员，一旦出现险情能到现场迅速控制局面，防止事态的扩大和蔓延，必要时组织人员及时疏散，把损失降至最低程度。所有这些工作，防范是第一位的，安全防范要常抓不懈。

二、高层办公楼宇物业管理的模式

（一）发展商自行管理的模式

发展商自行管理的模式是指办公楼宇的发展商（产权单位、投资者、第一业主）在楼宇建成后自己调集物业管理骨干，再通过从社会上招聘相应专业和层次的各类专业人员，注册成立物业管理企业（或不再注册成立公司而下设管理处或物业管理处等非独立法人的物业管理机构），对建成后投入使用的办公楼宇进行管理和经营，并与相关的专业公司建立业务联系。这种物业管理模式的优点在于：管理单位由于充分参与物业前期的规划、设计、施工、验收等全过程，对物业的“底数”比较清楚，包括楼宇的结构、设计的特点、施工的质量，以及上述方面存在的“硬伤”，都有透彻的了解，因此情况熟悉，没有复杂的交接和磨合期，进入角色快，并在后期的管理中对物业的某些“先天不足”能有所弥补。这种模式的局限是其在专业方面缺乏丰富的经验、技能技巧、专用设备及工具，只能借助专业公司来协同完成，需要一定时间的积累才能形成一套成熟的管理制度和规范，并且在运作过程中通常费用较高，而效率也往往不能令人满意。在管理初期还有可能因服务不到位造成用户投诉较多。另外，此种模式若是采用非独立法人管理处的形式，其经营活动无论是权限还是范围都会受到极大的限制，如何转变机制和完善职能也有待探讨。

（二）发展商委托管理的模式

发展商委托管理的模式是指办公楼宇的发展商（建设单位、投资者、第一业主）在楼宇建成前后，聘用或经招投标选定专门的物业管理企业，将管理办公楼宇的业务全权委托其承担，并用物业管理合同来明确和界定双方的权利、责任和义务。物业管理企业接受委托后依据过去管理类似物业的经验和本办公楼宇的特点及物业管理合同的要求，对办公楼宇实施全面的管理和经营，并对其保值增值向发展商全面负责。这种模式可充分发挥物业管理企业专业管理的优势，提高运营的效率，降低成本费用，特别是还可能借助比较著名的物业管理企业的“品牌效应”提高办公楼宇的出租、出售率和相应的租金水平与出售价位。这种模式的局限在于物业管理企业对于办公楼宇的前期建设情况及存在的缺陷不了解，需要有个熟悉过程。比较稳妥的办法是在办公楼宇建设前期甚至更早一些介入。为日后有针对性地、高效科学地管理本物业奠定基础。

（三）物业管理方式的选择

根据办公楼宇硬件设施和管理要求的不同，可以对办公楼宇选用不同的物业管理方式，习惯上分为封闭式管理和一般性管理。封闭式管理是指以办公楼宇的整体为管理对象，用隔离绿化带或护栏等将办公楼宇与外界隔开，在封闭的场地内预留不超过两个出入场地和大楼的进出口，对进出办公楼宇的人员、车辆统一进行管理。所有人员及车辆须凭有效证件领取的牌证出入。并在场地进出口处设置自动护栏，在进出口处或大堂处有盘查、询问。这种模式由于限制了闲杂人员及推销人员进入楼宇，并在楼内多处装有摄像探头，对楼内办公单位的安全提供了较高的保障。在这样的办公楼内偷窃及其他刑事案件通常远远低于管理比较松散的办公楼宇。但整体管理费用、相应设施设备的购置、安装及日常运营和维修的费用较高，通常只适合于比较高档次的办公楼宇，而进驻其间的也多是一些著名机构、团体、大公司甚至跨国公司的代表处，他们也愿意为自己获得较高的安全程度而多支付一些费用。

一般性管理是以保证进驻单位的基本办公环境和条件为管理目标。通常这种模式在办公楼外的隔离设施没有封闭式管理严格，办公楼内也较少设置摄像探头等监控设施。其特点是能保证进驻楼宇的办公单位基本安全、方便和清洁的办公环境，管理费用也因而相对低廉，相应地安全设施及其运行费用也大为降低。物业公司对楼宇治安的保证措施主要是靠内部巡查及对陌生人的盘问。由于这种模式较难从管理制度和设施上杜绝闲杂人员的进入，因此安全系数不是很高。许多治安、失窃案件都是在这类办公楼宇内发生。所以，探讨非完全封闭、低管理成本条件下，如何提高办公楼宇的安全保障，就成为这类管理模式的一个现实课题。

三、高层办公楼宇物业管理的组织实施

（一）做好进驻物业之前的组织准备

（1）成立物业管理机构，确定管理模式

物业管理机构的规模大小、人员编制、层级设置、岗位及人员的定编等均要以所接管办公楼宇的特点来确定，要考虑建筑面积及场地、结构与档次、地理位置与功能定位、管理的细致程度和服务深度的设计等因素。

（2）制定相应的管理制度和规范

通过制定管理制度和规范，对内约束职工的行为，对外形成整齐划一、管理有序的公司形象，保持对客户的足够的吸引力。

（3）进行各类人员的招聘与岗前培训

要根据所管理物业的规模、特点和岗位要求，分专业、分层次地按公司内的定编要求招聘人员。并根据人员的到位情况和岗位要求，组织相应的岗前培训。

（4）制定对管理办公楼宇的整套工作实施方案

包括管理制度和规范的制定及人员的招聘与培训、设备的购置、业务的开展、费用的收取和财务管理等方面。

（5）进行物质上的充分准备。

（6）进行办公楼宇接管的各项工作

经过逐项验收，验收全部合格才能签署有关文件，办理交接手续。

（7）接待客户集中进驻办公楼，办理相应的进驻手续，颁发《大楼管理制度》。

（8）选择办公楼的购买客户和租赁客户

一般档次较高的办公楼，尽管都力求多销售一些、多出租一些以减少空置、增加效益，但对购买者和承租人也不是没有选择的，这种选择既包括购房者或承租人的经济实力，也包括其信用和经营作风，通过选择客户来降低物业管理企业的经营风险。

（二）进行高层办公楼宇的日常管理与服务

日常管理的主要内容包括以下几方面：

1. 营销管理

商业化办公楼宇的营销任务就是租赁经营。物业管理企业接受业主委托，为其进行办公楼宇的租赁工作，就要根据租赁经营的范围、方式、期限等级做好营销管理工作。办公楼宇日常性的租赁业务是办公楼宇经营必不可少的环节，也是保证业主经济效益的一个基本组成部分。营销人员可在办公楼宇前台工作，也可有单独的办公室。营销人员实际上是办公楼宇的销售代表，他们的责任是：

(1) 接待来访的潜在承租客商，陪同客人参观办公室，解答问题，介绍办公楼宇的情况，搞一些促销宣传，并做好与客人的联系工作；

(2) 处理办公楼宇的具体租赁工作，如与承租户联络、洽谈、签约；

(3) 接受和审理承租客商的投诉和要求，及时通知有关部门，做好协调工作；

(4) 营销负责人还要负责对长租客户的定期访问，组织客户参加业主举办的各种联谊活动。

2. 前台服务

办公楼宇的前台服务主要是为承租户提供一些日常服务。

(1) 接待办公楼宇的内外客人，帮助他们解决有关问题；

(2) 接收外来电话，并耐心回答问询；

(3) 为承租客人提供打字、传真以及订(船、车、飞机)票服务。

3. 安全保卫服务

办公楼宇的安全保卫服务十分重要，它不仅涉及到国家、企业和个人生命财产的安全，还涉及到大量的商业机密。它的任务是采取多种安全保护措施来维护大楼的安全和治安秩序(包括防火、防盗、防毒等)。其具体工作包括中央监控、前后人门警卫、大楼巡逻和消防工作等。

4. 物业及设施设备管理

办公楼宇物业及设施设备管理的主要任务是保证办公楼宇的安全使用及设施设备的完好，保证办公楼宇的通讯网络、供水、供电、供气、空调和排水等设备设施的正常运行。随着办公楼宇设备的越来越现代化，管理工作也越来越复杂。

5. 清洁卫生服务

用户对办公楼宇，尤其是出入口、大堂、卫生间和公共通道等地方的清洁卫生要求非常高。因此，物业管理企业的清洁卫生工作要保证电梯、过道随时清洁，办公室内无杂物、无灰尘、门窗洁净，会议室及茶具保持清洁卫生。每年要定期做办公楼的外檐清洗。

6. 用户投诉的接待和处理

物业管理企业应在客户服务中心或管理部内设专人接待和处理办公楼内进驻单位的投诉。对用户提出的投诉要做认真的记录，能当即解决的当即予以解决；不能当即解决的要向用户说明情况和承诺在什么时间内解决，并迅速将情况反馈给有关部门，使问题能够及时圆满解决。

第三节　商业物业的管理与服务

随着城市化进程的加快，商业物业的数量也在快速增加。商业物业又称收益型物业，由于它的服务对象的主体是商家(零售商、证券、期货经纪公司等),物业的经营水平对业主或租户的盈利和创收产生重大影响,因而对物业管理提出一系列的特殊要求。并由于此类物业自身的特点,在管理内容上也与住宅小区、高层办公楼宇类型的物业有较大的差别。对此类物业实施有效的管理,是新时代物业管理企业面临的新问题。

一、商业物业的特点及对物业管理的要求

(一)商业物业具有商业特性

商业物业是以商品形式存在的,具有商业特性。随着人们生活水平的提高,对这类物业的需求也越来越多样化和高档化,为满足这些需求,其功能的开发也越来越多样化和高档化,于是其商业特性更加突出了。商业物业的使用功能是以商业贸易和房屋出租为主、其他营业性经营为辅。尽管商业物业是耗资巨大、功能多样化的特殊商品,但它作为商品形式存在,就要在交换过程中遵循价值规律。投资者或租客付出货币而获得物业永久或一定期限的使用价值,这就决定了投资性物业经营的主要方式是出租或出售,从而具有商品属性。

(二)以出租出售为主的商业物业具有价值不能库存的特点

以出租出售为主的商业物业中的房屋建筑物及其设备设施的价值及管理服务费是不能库存的,若当天出售不出去或当天出租不出去,就失去了当天价值与费用回收和补偿的机会。例如,酒店中客房的数量是固定的,即使第二天的出租率为100%,也无法挽回前一天的空置而造成的损失。而且不论物业的出售出租情况如何,与物业出租出售有关的所有管理服务支出是相对固定的,一般不会因为物业的空置而减少,也不会随物业的出租率、出售率的变化而变化。仍以酒店为例,即使某天客房出租率仅为5%,也不可能马上裁减员工,停开中央空调或其他服务设施,减少清洁保安服务等。酒店如此,出租的写字楼与商场购物中心也一样。

(三)商业物业具有不断保持设施先进的特点

以房屋出租出售和其他附属性商业服务为主的商业物业,必须保证其设施的先进性。因为只有良好的、舒适的、高层次、智能化的先进设施,才能保证其出租率、出售率和营业收入,才会带来商业贸易的繁荣。所以,与一般物业的不同之处,便是商业物业要不断的更新设备设施,保持先进性,才能吸引租客、投资者和顾客。

(四)商业物业具有综合性的特点

随着社会的进步和市场经济的发展,人们的物质文化需求日益增长,商业物业也随之发展成为功能多样化的综合性物业。一幢现代化综合性大楼,既有解决居住的供出租的房屋,又有供购物的商业购物中心,还有解决吃饭的餐饮店和文化娱乐休闲的康乐设施等,因此与一般物业不同,商业物业功能具有综合性的特点。

(五)坐落地点影响着商业物业的价值

商业物业的用途决定着这类物业从人流、物流、车流各方面有着较其他物业特殊的要求。商业设施的经营者为实现经营业绩,必须考虑客流量、购买力水平及成交率。因此,在商业设施的选点上有很多讲究,要求极为苛刻。大多选在城市的繁华地段或传统的商业热点。

(六)商业物业对所在地的交通状况有苛刻的要求

商业店铺的物业坐落的位置一般在市区的主要交通干线或干线的放射线两侧;火车站、公共汽车站、地铁站周围;从理论上讲,大型商业设施应选在距大型交通枢纽1.1~1.5km

处比较理想。根据上述要求，在北京选择适合兴办商业的物业以西三环、西北三环、北三环、东北三环及东三环为宜。这些地方的交通、客流量和购买力可满足商家的基本要求，物业的招商或招租的难度也小一些。此外，展览中心、展览馆等商业性设施对交通条件亦有严格的要求，要能使各类顾客方便地抵达。

（七）对物业的建筑结构等有严格的要求

由于此类物业的客流量较大，作为商业店堂，室内必须有足够的挑空大厅。此外，有的商场还需考虑为残疾人购物方便而设置无障碍坡道等等。经营场所人多杂乱，要考虑人、货的流量和流向安排，还要格外注意结构的安全和经营中的安全隐患。

（八）商业物业的物业管理难度大大增加

商业设施是完全开放型的，与小区或办公大楼的封闭或半封闭的管理完全不同。由于营业时间货流和客流量极大，人员成分复杂，因此，秩序的维持，反扒窃和保安等管理工作极为重要，这些管理工作又只能在开放和动态中完成，给治安管理、环境卫生管理、消防管理带来的难度大大增加。

因此，商业物业的管理工作难度大，不确定因素多，所面对的管理对象是不断变换的。物业管理覆盖了人、房、货等多方面，时刻处于动态控制中，对物业管理的要求与其他类型物业比较有较大的差别。

二、商业物业的物业管理目标

（一）利润目标

商业物业的管理利润目标包括商业物业的委托方要求达到的盈利目标和物业管理企业自己的盈利目标。物业管理企业接受委托，运用委托方授予的经营管理权，通过有效的经营管理服务，最大限度地发挥物业的功能，提高物业的出租率和出售率，提高租金收入，降低经营服务成本，既可以满足委托方的要求，又可以达到自身的盈利目标。

（二）信誉目标

通过良好的物业管理，在物业保值增值的过程中，实现企业自身的效益，从而使物业管理企业得到社会的认可和接受，为企业的后续发展积累资本。

（三）服务目标

通过了解和研究市场，设定物业管理企业的服务标准和管理目标，使物业管理企业可以适应物业管理市场的竞争。

三、商业物业管理的组织实施

有些类型的商业物业有着自身经营和管理的特殊性，在此我们只探讨一般性，即探讨一些商业物业中基本经营形态的物业管理。

（一）成立物业管理机构，对商业物业进行招商和招租活动，并明确物业管理企业与商业物业经营者的责任划分

成立物业管理机构是实施商业物业管理的组织前提。管理机构的成立，可根据发展商的意愿及对物业管理提出的要求，考虑是直管型还是托管型的物业管理机构。在物业管理企业全面接管物业之后，就应根据本商业物业的规模和结构，设计一整套管理方案，开展物业的招商、招租活动。

在招商、招租活动中，首先要用市场营销的思维对整个招商、招租活动进行策划和运作，在策划中要注意物业的地理位置、周边环境和商圈的调查，尽量在专业化经营或填补空白上

做文章；二是围绕招商、招租活动进行宣传；三是明确物业管理企业与商业物业经营者(零售商，证券，期货经纪公司)的责任划分。物业管理企业的责任主要是提供比较完善的后勤保障，提供场地及室内外环境、治安、公共秩序的维护等，但无权过问和干预经营者的经营活动，而完全不同于商业场所的经营者。但经营者在经营过程中不得破坏或损坏物业的原有结构、功能和使用寿命，不得对物业进行恶意的使用和违章滥用。一切都须按物业租赁合同来进行，出现违约或毁损的，要依合同进行赔偿。

(二) 根据物业的结构、造型等特性，向商业物业的经营者提供改造、装修及陈列布局的专业性意见

物业管理企业由于职业的特点，加上物业管理前期介入，一般对商业物业的结构、造型比较了解，可根据物业的结构和造型等特点及物业的限制性条件(如承重墙、承重梁等)，向商业物业的经营者提供其在进行二次装修或改造方面的专业性意见，提供在经营面积内商品与设施的陈列布局方面的意见，使有限的经营面积得以充分合理地利用，使经营者能突出经营的特色，从而有助于实现经营者的预期经营目标。物业管理企业还要对经营者的装修和布局中的消防设备安装、消防通道设置方面进行技术把关，提高物业经营的安全性。

(三) 指导商业物业的经营者在进行二次装修时按规范施工，避免对物业内设施及各种管线的损坏

物业管理企业由于了解物业的构造和特征，又代替物业发展商负责对装修项目进行审批及相应的装修管理的任务。因此，要对经营者的二次装修严格把关，对比物业的施工图特别是各种线路、管道的布置和走向，审查和批准装修方案。并在装修过程中派员到现场巡查、指导，监督装饰公司按规范要求施工，努力避免装修施工中对楼内设备及管线的破坏及由此而留下的隐患。

(四) 努力实现商业物业经营区域内的全面智能化，为经营者提供高效、便捷、安全的经营或交易环境

较高程度的智能化能够为物业的经营者提供高效、迅捷的通讯手段，提供经营、交易便利，安全舒适、管理有序的经营环境，并通过管理的自动化及建立相应的计算机管理系统，提高物业公司自身的办事效率和物业管理的科技含量。

(五) 对商业物业的经营者的有序运营提供完善的后勤保障和多方位的优质服务

全方位物业管理服务的内容很多，主要取决于管理服务覆盖的深度和广度。如设置磁卡电话或公共电话、设置自动滚梯及运送货物的货梯、设置大屏幕电子墙板及座位、设置中央空调和风幕机、提供信息查询服务、报纸销售服务、快餐服务、代送礼品、代发信函、代订机票火车票、代叫出租车等。这些服务项目的提供，主要是根据经营者及顾客的需求以及物业管理企业的人手等来进行安排。

(六) 积极探索商业物业的治安保卫、防盗反扒的有效措施，提高经营者及顾客的安全感

由于商业物业的高度开放性，使得治安保卫成为物业管理的一大难题。其中包括对经营(交易)场所外场地的治安和秩序管理；也包括对楼宇内经营场所或交易大厅的治安和秩序管理；还包括交易信息的安全性管理等等。尤其是对于发生在营业大厅的治安案件，则须由物业管理企业的保安系统和措施办法来防范。这方面目前仍有许多问题有待探讨和加以解决。

四、商业物业管理实施中应注意的问题

（一）加强前期的物业出租方案及策略的设计

要根据物业的实际情况制定租金方案和出租策略，通过出租方案及出租策略的科学设计，首先保证能找到比较理想的承租商，减少物业空置的时间。出租方案和策略的设计主要从两方面入手：一要根据投资成本和管理费水平确定租金水平；二要分析影响租金水平的因素。在此基础上，通过对租户心理期望值的研究和对市场需求的研究，制定出租策略。成功的出租策略来自于对本物业功能和潜在价值的了解和对市场需求的准确判断。

（二）通过强化管理，实现利润目标、信誉目标和服务目标的统一

市场经济条件下利润是企业生存的最重要基础和运行的基本目的。物业管理企业正是要通过理顺各方面的关系和强化内部管理，保证各项收入及时足额地进入公司的账户，将费用及一些不可预测的损失降至最低限度。只有服务没有利润的管理不是物业管理。物业管理服务的特殊之处就在于通过人为的努力，可以改变物业的价值，包括发挥出潜在价值和使物业升值。在实施管理中锻炼物业管理企业的服务队伍和管理队伍，物业管理企业才能进入服务、信誉及利润的良性循环状态。

（三）处理好与进驻商家的利益关系，共存共荣，实现共同发展

物业管理企业与进驻商家客观地存在着极为复杂的利益关系。这种利益关系既有一致性，又有相斥性，要认真、谨慎地处理好这种关系。既要保证物业管理企业的管理费和有偿服务费用的收取，又不能仅盯着收费而忽视管理和服务。对于进驻的商家不守信用或破坏、损毁物业的要依合同行事，同时要有高超的处理问题的技巧，两者之间只有共存才能共荣，只有在商家业务不断发展、业绩不断扩大中，物业管理企业才能赢得更大的实际利益和持续发展的条件。

第四节　工业物业的管理与服务

工业物业既包括传统意义上的工业厂房和货仓，也包括工业园区的物业。工业厂房主要是由生产车间组成，是用来生产产品的建筑物，它关系到产品的生产。货仓是储存和保管生产原料和成品、半成品的建筑物，它关系到原料和产品的安全完整。工业厂房和货仓是较难管理的一种物业，管理矛盾突出、困难较大。随着我国经济发展，高科技企业迅速发展，各地出现一些工业科技园区，从而促进工业物业管理向专业化、规范化发展，此类物业将会成为物业管理的又一个业务热点。

一、工业物业管理的现状和发展

在我国传统生产经营方式中，工业厂房大多由企业自行组织力量建造、维修和管理，由房管科、绿化科、水电科、维修队等多部门协同完成。随着经济的发展，企业的工作重点由生产转为经营，继续在厂区管理方面投入大量的人力、物力和财力已经不经济了。同时，随着社会治安状况的复杂化，工厂内的产品安全、设备安全、原料安全、厂区卫生、环境绿化等一系列问题急需得到解决。不论是一般工业还是高科技企业越来越需要后勤管理服务的专业化、集约化，从而降低管理成本，实现经济高速增长。

从发展的眼光看，企业的管理模式存在如下变化：企业的生产与经营相分离；生产可以不固定在某一地区，而是追逐市场；厂房可以自建，也可以租赁；企业重点关注生产经营，而

减少对非生产经营设施的投入；一片物业可以由多家企业承租等等。于是，现代化的企业呈现出对工业物业管理的需求，也为物业管理行业拓展业务领域提供了机遇。

二、工业物业管理与服务的主要内容

工业物业管理除履行常规的管理与服务之外，从工业物业的特点出发，主要包括下面几个方面：

（一）厂房货仓建筑物及其附属设备的管理

由于工业厂房和货舱内多是存放在生产而用的笨重的机器设备和为生产准备的原料、半成品和成品等货物，其重量往往会超出楼面结构的负荷，再加上这些机器设备一旦开动起来，震荡严重，易造成房屋建筑物的严重损坏。因此，其保养和维修是频繁的、重要的，而且保养费和维修费都较其他物业昂贵。这类房屋建筑物的具体维修保养过程与其他物业相同。

由于工业生产离不开水电，因此，工业厂房物业管理中最重要的是确保水电供应，保证生产顺利进行。为了做到这一点，平时就要注意对房屋建筑物内附属供水供电设备系统的精心养护和及时维修，定期检查其性能是否完好。另外，设置备用发电机组对工业厂房的管理也是至关重要的，因为这样可保证在突发事故引起停电时，生产能继续进行。

（二）工业厂房和货仓的安全保卫管理

由于生产产品的特殊性，有些工业厂房储存的原料和成品是易燃易爆货物和材料，极易造成火灾危险。为了工业厂房和工人生产安全，因此，工业厂房及货仓的消防管理应比其他物业更严格、更细致。

此外，对工业厂房及货仓来说，防盗防窃的保卫工作也很重要。这是因为工业厂房和货仓内储存着大量原料、成品、半成品和机器设备，一旦发生丢失和损坏损伤都会影响工业生产的顺利进行，造成国家财产的损失。因此，加强防盗防窃的安全保卫工作是工业厂房和货仓管理的重要内容。其主要内容包括：

（1）订立严格的值班守卫制度，对人员、产品、货物、原料的进出进行认真检查登记；

（2）做好门卫的登记管理工作，对人员进出严格管理，无关人员不得进入厂房和仓库重地；

（3）严格执行两人以上进入仓库和锁门等制度；

（4）下班后厂房仓库要严格执行值班巡逻制度以及其他安全措施。

（三）保持厂区内货物运输畅通的管理

厂区内货物运输是否畅通，关系到原料、物资、工具设备能否及时供应，成品能否及时运送出去，它直接关系到生产能否顺利进行。因此，保持厂区内货物运输畅通的管理是工业厂房和货仓管理的非常重要的一个环节。保持厂区内货物运输畅通的关键是要正确设立和管理厂区内的货物装卸区和货物堆放区，使材料、货物的装卸、堆放不影响厂区道路的畅通，也便于货物的取放。物业管理人员要经常检查厂区内的货物装卸堆放点是否符合规定，是否损坏厂区的道路地面，发现问题及时整改以保证厂区道路完好畅通，发挥其应有的作用。

（四）工业厂房和货仓的绿化卫生管理

搞好工业厂房和货仓的绿化卫生管理工作，能够为工人的工作、生活、娱乐提供一个优美的环境，从而能够让工人工作时精神饱满、心情舒畅，减少工伤事故的发生。因此，同其他物业一样，工业厂房和货仓的绿化卫生管理也很重要。当然，在具体管理上有些差别，如绿化方面应根据工业厂房生产特点种植一些能适应工厂排除的异味和废气的植物。卫生保洁工作也会因工业生产内容的不同而有不同的要求，由于工业厂房使用功能上的特殊性，有的厂房难于保持清洁，如重工业生产厂房；有的工业厂房要求清洁度相当高，甚至要求车间内一尘不染，如生产精密化仪器仪表的工厂和食品加工厂的厂房。因此，对不同的工业厂房应有不同的卫生保洁制度和方法，对难以保持清洁的工业厂房，应勤清洁、清理、清扫。清洁要求高而严的厂房平时要采取保护清洁措施，如进入车间要严格管理，要更换衣帽鞋子，戴好手套和帽子等。总之，尽管工业厂房和货仓的清洁难度大，但仍要设法做好，以保证生产顺利进行。

（五）防火、防水、防风、防虫、防鼠、防冻、防暑等工作，都构成工业物业管理的业务内容，针对不同的物业种类，在某些方面提出具体严格的措施，从而提供全面周到的管理与服务。

（六）对工业园区入住企业提供的服务

为了更好地为入住企业提供全方位的服务，完善物业管理的服务特性，可以为园区内企业提供多样化的服务，例如票务订购，资料快递，开办企业产品推介会等等；或者为各企业提供员工招聘与培训的服务，以降低入住企业的人事管理成本；以及提供进出口产品的报关服务等，从而使物业管理与服务更好地融为一体。

第五节　其他物业的管理与服务

其他物业是指除居住物业、公共商业场所物业、写字楼物业和工业物业以外，有必要、有可能运用物业管理的方法实施管理的物业。

随着市场经济的发展，企事业单位的行政职能、管理职能和经营职能的划分逐渐清晰，企事业单位在对所拥有的资产实行管理时，常常会遇到许多难题，有的单位经过几次机构精简、人员精简，除核心工作外，没有能力去对所拥有的物业实施专业化管理。例如：许多国有企业，由于市场的竞争而处于停产状态，使厂房、设备、土地出现大量闲置，为了减少损失，或者为了激活存量资产，急需用合适的方法对这一部分物业进行管理；再例如，有些单位在计划经济体制下，承担了相当一部分不属于本单位职责范围的管理事务或业主经营业务，像国有企业的幼儿园、食堂、开水房、休息室、文体活动室等物业的管理，进入新体制后，如不将这一部分物业的管理事务剥离开，势必会影响到企业的经营效益。

事实上，还有一些单位则因为物业管理不能到位、配套服务的缺少而影响了工作的进一步开展。像我国的高等院校，长期以来，因学生的住宿、吃饭、生活配套设施不能满足需要而导致招生能力不能扩大，或者影响到教学质量的进一步提高。

因此，由于经济发展的需要，社会需要一个行业来满足这些方面管理服务的需求，这就是物业管理业务进一步发展的空间。由此可见，物业管理可以覆盖许多部门和领域，在这里，仅对有较大需求的部门的物业管理与服务进行介绍。

一、学校物业的管理与服务

学校的基本任务是对学生进行教育和培训，在我国的高等院校中，除教学、科研的任务以外，还需要对学生的住宿、吃饭、生活服务加以安排，对学生的课余活动加以管理和约束，同时许多教学设施需要进行维护和修理，于是物业管理需求在增大，校园物业管理服务悄然诞生并得到快速的发展。对高等院校可以提供的物业管理与服务有：

(1) 学校校舍及设施设备管理

对学校教学楼、图书馆、学生公寓、教师公寓、活动场馆、食堂等房屋的维护管理及设备设施的管理；

(2) 教学设施管理

对学校内的操场、足球、篮球、排球场地、体操房、游泳池、礼堂、电脑机房、教室等场所的清洁保洁，对实习场地、实验室、实验设备的保养、清洗和保管等等；

(3) 校园内的供暖、供气、排水等服务；

(4) 校园环境管理

包括对校园内的卫生，校园的绿化美化，路灯、垃圾箱、广场鸽饲养、喷泉管理、校内绿地和绿化景点、雕塑、园林小品等；

(5) 校园内的治安、消防管理

包括门卫、保安、校园巡逻、校园治安、闲杂人员的管理；

(6) 经营性服务

餐饮服务、食堂管理、录像馆、网吧、理发、洗澡、乒乓球室、健身房等赢利性场所的管理和服务；

(7) 学生生活服务

为学生的生活便利而开展的洗衣、开水供应、公用电话、拆洗被褥、小商品销售等服务；

(8) 专项服务

包括通勤车、学校及其他用车、参观用车、新生入学接待、毕业生离校的服务工作、校园重大活动的筹办等等。

高等院校的物业管理有其自身的特点，但是最根本的要求，就是要做到服务的规范化和标准化，要求物业管理人员具备较高的业务素质和文化水平，能够了解校园物业管理的特点，在充分了解高知群体和大学生群体的需求特征的基础上，更有针对性地开展服务。

二、行政办公物业的管理与服务

随着国家行政机构和行政人员的精简，行政办公物业缺乏管理人员的问题就显现出来。传统的行政办公物业的管理，由于所处的经济环境比较简单，对物业的管理也比较单一。进入市场经济后，必须要建立一种机制来对这部分物业实施专业化管理，使其处于良好的使用状态，发挥存量物业的功能。

(一) 行政办公物业管理的内容

(1) 房屋及其附属设施设备管理

包括房屋、电梯、水电及暖通设备和其他设备的维修与养护；

(2) 对办公物业的环境管理：包括绿化、美化、鲜花和绿色植物的摆放等；

(3) 行政机关的安全保卫；

(4) 办公区域的清扫保洁；

(5) 办公区域的车辆管理；

(6) 专项服务

包括工作餐、开水饮料、车辆服务、重要活动安排、人员接待及其他服务；

(7) 商务代理

包括复印、打字、邮件收发、传真、印刷等。

物业管理服务，就是用经营的方式取代原先行政事务管理部门所做的工作，通过物业管理企业的专业化的服务，达到转换经营管理机制的目的。

行政办公大楼委托社会物业管理企业进行专业管理的好处是：一是大量减少机关事业单位后勤人员的编制及冗员，能集中精力从事行政事务；二是与传统管理相比，使得物业管理费用开支比原来减少成为可能；三是通过专业化管理提高了物业管理服务的质量；四是大楼保值增值的目标变得更为现实。

（二）行政办公物业管理应考虑的问题

物业管理是有偿服务的，聘请什么样的物业公司，要怎样规格的服务，以及原有后勤职工的安置问题等，是不可避免的现实 。以下围绕这些问题进行分析。

1. 物业管理企业的选择和考察

一般来说，人们总是倾向于选聘高资质或品牌物业管理企业来进行物业管理。然而市场经济决定了“优质优价”的价值规律。大多机关事业单位受经费的限制，难以高价聘请一流物业公司，同时行政办公大楼也无需顶级大厦的管理服务水平。另一方面，高资质的品牌物业管理企业定位于高级或涉外办公楼，追求较高的利润，低微的利润会使他们敬而远之。但对于资质等级较低或转制的物业管理企业，往往为了打品牌、为了发展、为了扩大管理面积以提升资质等级，他们大都会看准这个市场，争取接管物业，通过优质的管理服务争得业主和物业公司的双赢，在发展企业规模的同时逐步提高企业的资质和品牌，最终也提高了企业的利润。

由此看来，具备适当的资质等级并有一定办公楼管理经验的物业管理企业，是管理行政办公大楼较为适宜的选择。

2. 管理服务标准的合理定位

一般而言，新建大楼的设施设备和装潢材质较为现代化，在硬件管理方面要求标准高一些，费用相对也高一些。高档商务楼或涉外大楼的管理所需的工具、养护和保洁材料所构成的成本要远远大于一般大楼，这是不难理解的。此外，服务标准越高，对物业管理人员的数量要求和服务水平的要求也越高，工资费用成本也就越大。因此，根据办公楼的实际需要以及经济承受能力，来确定合适的服务档次和费用标准显得十分重要。

因此，从保证行政办公大楼的基本功能出发，再根据需要提出修正提高管理服务要求的方案，犹如量体裁衣一样，使之做到既合适贴切又经济实惠。

3. 后勤员工的安置问题

一些单位在进行物业管理社会化改革的过程中会遇到后勤员工的安置问题，以下提供两种参考办法：

（1）与社会上物业管理企业组建新的物业管理企业

对一些物业项目原先后勤人员多的单位，可以与社会上的物业管理企业合资组建一个新的物业管理企业，并将原有的后勤人员剥离到新的物业管理企业中去。

（2）对一些物业规模不大，原先后勤人员不多的单位可以与物业管理企业进行具体洽谈。物业管理企业按市场聘用价格对原后勤人员支付聘用工资，并按本公司的规定对被招聘人员进行统一管理。被招聘人员可以在原单位从事物业管理工作，也可以被物业管理企业派往其他物业。目前这种方法正在一些单位实施之中。

4. 多家单位合用的大楼，要成立“大楼管理办公室”

如果一幢大楼由多家机关事业单位所用，并与物业管理企业达成了委托管理意向或签订了物业管理合同，则成立“大楼管理办公室”是一种较好的做法。“大楼管理办公室”相当于居民住宅小区的“业主委员会”，代表大楼各家业主与物业公司进行联系、协调，避免了与物业管理企业“多头”联系的弊病。

总之，各个单位物业管理社会化目前还处于探索实践阶段，在实施过程中，它既有操作上的技术问题，也有各家单位不同的遗留问题，同时还存在着诸如目前国家财政拨款数额有限等经费问题，这些都是需要进一步研究和解决的。

三、医院物业的管理与服务

医院的主要职责是为病患者提供治疗和护理方面的服务，医院在整个的治疗过程中，需要由外部提供多种配套服务，用物业管理的方式，可以满足这方面的要求。另外对于病人来说，在整个治疗期间，除了需要治疗外，更多的是需要全面的护理和相关的便利服务。这里需要区分的是，属于专业性的、技术性的工作，应由医院来完成；属于服务性的工作，可以由物业管理企业来承担。目前医院物业的管理与服务主要内容有：

(1) 房屋及其附属设施设备管理，包括房屋、电梯、空调设备和其他设备的维修与养护；

(2) 医院的供暖、通风、热水等设备的维修养护和管理；

(3) 医院的卫生保洁，包括清扫、消毒、垃圾处理等；

(4) 对医院环境的管理，包括绿化、美化、鲜花和绿色植物的摆放等；

(5) 供热、供水等服务；

(6) 陪床服务，包括病人手术后的陪伴、护理，重症病人的长期护理；

(7) 病人的生活服务，洗衣、喂饭、洗澡、取药、煎药、送饭等；

(8) 其他杂务，包括为医院各部门、治疗的各环节、医院的治疗功能的发挥所能提供的各种服务和管理。

四、公共物业的管理与服务

城市公共物业的管理目前还未采用经营手段，但是，目前存在的问题比较多。根据城市绿化管理的有关部门规定，城市的公共绿地、绿化带等地区归城市园林部门管理，城市街道和城市的雕塑等公共地区的环境卫生归环卫部门管理。但是我们经常可以看到，在管理中存在着真空地带。因为，园林部门管理的重点是植物的生长、树种的选择等技术性问题，环卫部门管理的重点是卫生。但是，对绿化区域的环境管理与美化，却缺少全面周到的原规划和管理，常常因管理不到位而使景观遭到破坏。在这里，如果以物业管理的方法来管理，则效果要好得多。此类物业管理的内容有：

(1) 对绿化地带的管理，包括卫生清扫、剪枝、喷药、浇水、除枯枝等；

(2) 制定有关管理的规章制度，并监督实施，包括不随意地乱丢垃圾、不摘花折枝、不践踏草坪、不能乱摆摊设点、不能随便占用公共绿地等；

(3) 对城市公共水面的管理，包括对城市中的河道、湖面、水塘等的管理，如水面的保洁、废弃物打捞、制止向水中倾倒垃圾、禁止捕捞水生物、保护禽鸟、河道两边的卫生与清扫等工作；

(4) 对城市中目前新出现的商业一条街、特色产品一条街、高科技一条街等新的物业单位的综合管理。

对上述这些区位的管理，传统的行政管理的方法存在着许多弊端，难免有管理不到位、发生纠纷的情况，如果通过物业管理企业以委托合同的方式进行管理，分清委托方和受委托方的责、权、利，物业管理费从城市的公共事业费中开支，相信会有比较好的经营效益和管理效果。

由物业管理行业的性质可见，它是一种将管理、服务、经营功能融合为一体的行业，可以为需要者提供多方面的管理和服务，只要明确物业管理的这种功能，就可以为物业管理业务的拓展找到广阔的发展空间。除此之外，还可以在下列类型的物业中试行用物业管理的模式实行管理：

(1) 旅游景点

为旅游景点提供保安、保洁、配套服务。尤其是有一些寺庙、特色景观，由于管理不到位，被盗、被毁、环境状况下降等问题十分突出；

(2) 码头、机场、大型桥梁物业；

(3) 群众文体场所

例如城市广场、非盈利性健身场所、体育场等物业。

从对其他类型物业的管理介绍可见，物业管理行业在社会上有着广阔的发展空间，尤其在我国的经济体制改革阶段，解决不同的管理体制、不同的管理范围、不同类型物业的管理问题，要靠行业内外人士的共同探索和努力，把更多类型的物业纳入物业管理服务的范围之内，充分体现物业管理的社会化和专业化。

复习思考题

1. 简述居住物业的特点与物业管理服务的内容。
2. 简述办公物业的特点及对物业管理的要求。
3. 简述商业物业的特点及对物业管理的要求。
4. 简述工业物业的管理与服务内容。

参 考 文 献

1 徐振源.实用物业管理教程.天津:天津人民出版社,1996
2 孙兰.物业管理实务与典型案例分析.北京:中国物资出版社,2002
3 陈欣.保险法.北京:北京大学出版社,2000
4 文杰.物业标准管理大全.北京:光明日报出版社,2003
5 众行管理资讯研发中心.文书档案管理技巧.广州:广东经济出版社,2003
6 黄安永.现代房地产物业管理.南京:东南大学出版社,2001
7 贝思德教育机构.物业管理培训教程.兰州:西北大学出版社,2003
8 王家福.物业管理条例释解.北京:中国物价出版社,2003
9 余凯成.人力资源开发与管理.北京:企业管理出版社,1997
10 徐源.人事主管实务.广州:广东经济出版社,2002
11 章达友.人力资源管理概论.厦门:厦门大学出版社,2003
12 王垒.人力资源管理.北京:北京大学出版社,2001
13 劳动和社会保障部,中国就业培训技术指导中心.企业人力资源管理人员.北京:中国劳动社会保障出版社,2002